中国中小城市科学发展研究丛书

拥江而立，向海而兴

——启东市高质量发展之路

中国中小城市发展道路研究课题组
国信中小城市指数研究院 编

社会科学文献出版社
SOCIAL SCIENCES ACADEMIC PRESS (CHINA)

启东市高质量发展之路研究
课题组名单

课 题 组组 长：**牛凤瑞** 中小城市研究院院长、原中国社科院城市发展与环境研究所所长

课题组秘书长：**吕伟华** 中小城市研究院常务副院长兼秘书长

课 题 组成 员：**杨朝飞** 原环境保护部总工程师

　　　　　　　张央青 中小城市研究院执行院长

　　　　　　　李兵弟 原建设部村镇司司长

　　　　　　　程学斌 中国乡村发展协会副会长

　　　　　　　李京峄 中组部政策研究室原副主任

　　　　　　　杨跃承 科技部火炬中心原副主任

　　　　　　　杨子健 中国城镇化促进会副理事长

　　　　　　　郭建军 国家欠发达地区产业发展基金财务总监、原国扶办规划财务司副司长

　　　　　　　蔡继辉 社会科学文献出版社副总编辑

　　　　　　　王军锋 南开大学循环经济与低碳发展研究中心主任

　　　　　　　顾永涛 国家发改委城市和小城镇中心综合所所长

　　　　　　　岳永兵 中国自然资源经济研究院改革研究所副所长

　　　　　　　华宏杰 中小城市研究院研究室副主任

　　　　　　　梅　婷 中小城市研究院研究员

　　　　　　　王　倪 中小城市研究院研究员

　　　　　　　高建勇 中小城市研究院研究员

目 录

主报告

启东高质量发展之路

党的二十大报告指出，高质量发展是全面建设社会主义现代化国家的首要任务。党的十九大就提出，"我国经济已由高速增长阶段转向高质量发展阶段，正处在转变发展方式、优化经济结构、转换增长动力的攻关期"，在随后召开的中央经济工作会议上，中央对推动高质量发展做出了战略部署，高质量发展成为时代主题。高质量发展是能够更好满足人民日益增长的美好生活需要的发展，是体现创新、协调、绿色、开放、共享发展理念的发展。

随着长三角一体化等多重国家战略在启东交会叠加、重大基础设施工程加快推进，启东由过去长江北岸"神经末梢"变成发展前沿。按照江苏省和南通市沿江沿海发展规划要求，启东抓住机遇，深入实施向海发展战略，贯彻落实长江经济带"共抓大保护、不搞大开发"战略部署，加快推进通州湾新出海口吕四起步港区开发建设，大力实施产业转型升级，全力推动沿江沿海高质量发展。翻开高质量发展的答卷，启东蓬勃向上、收获满满。迈向"十四五"，启东牢牢把握高质量发展的鲜明导向，全力打造沿江沿海高质量发展样板。

一 启东高质量发展优势

（一）地理区位与交通优势

启东位于长江入海口北岸，是江苏省日出最早的地方。长江、东海、黄海在启东交汇，三面环水，形似半岛，集黄金水道、黄金海岸、黄金大通道于一身，是出江入海的重要门户，被誉为"江海明珠"，长江经济带与沿海经济带在此对接。启东北接苏州张家港市、南与上海浦东新区隔江相望，与上海市区直线距离仅为 50 公里，是连接南通和上海的唯一交点。

启东是接轨上海的桥头堡。崇启大桥（G40 沪陕高速）及宁启、扬启高速公路穿境而过，江苏启东、崇明岛、上海浦东三地在长江入海口形成了一条完整的南北向越江大通道。到上海外高桥港区仅 35 分钟车程，到上海市中心仅 1 小时车程。启东从传统定位上的"北上海"一跃成为真正意义上的"上海北"，完全、彻底融入了上海一小时都市圈。可以说，启东已经成为上海北大门的交通枢纽。

启东境内交通便捷，已形成"六纵六横两沿一环"公路网，"六纵"即天汾至启隆公路、吕北公路、志圩公路、335 省道、海惠公路和东和公路；"六横"即王海公路、南海公路、通海公路、北环公路、336 省道和启隆镇—崇明界公路；"两沿"为苏 221 线沿海公路和沿江高等级公路；"一环"是启东城区绕城公路。境内吕四港属国家一类开放口岸，是我国长三角地区不多的 10 万吨级深水大港。随着一系列交通基础设施的加快推进，启东大交通体系逐步成型，交通条件实现颠覆性改变，区位优势更加凸显。

（二）自然资源与环境条件

启东属长江口沉积平原，除通吕水脊区成陆千年以上外，大部分陆地仅有二三百年历史。市域总面积 1714 平方公里，境内地势平坦、沟河纵横，属沿海低平地区。成土母质系海相沉积物和长江冲积物，吕四地区土壤类型为壤性或砂性潮盐土；蒿枝港以南、头兴港以西、协兴河以北地区主要为黏性灰潮土；沿海、沿江地区主要为壤性或黏性潮盐土。启东陆域面积 1234 平方公里，海域面积 296 平方公里，江域面积 184 平方公里；江海岸线 178 公里，其中江岸线 70 公里、海岸线 108 公里，可利用深水海岸线 30 公里、中深水长江海岸线 20 公里，滨海生态滩涂达 60 余万亩。沿海大部分滩涂长期处于淤涨过程中，每年淤积的滩涂面积约 13 公顷。丰富的沿海滩涂资源为启东沿海开发提供了充裕的土地后备资源和巨大的发展空间，最显著的就是工业用地成本优势明显。启东市属北亚热带湿润气候区，海洋性季风气候特征明显，四季分明、光照充足、气候温和、雨水充沛、土地肥沃，素有"粮棉故里、东疆乐土"之誉。启东潮间带滩涂平坦广阔，滩涂水域的水产资源和水栖生物资源丰富，既有大量的天然资源可以开发捕捞，又有许多鱼虾贝藻类资源可供养殖。

启东湿地资源得天独厚。启东共有三个重要生态功能区，分别为启东市饮用水源保护区、启东市重要渔业水域、启东长江口（北支）湿地省级自然保护区，主要保护长江口（北支）湿地生态系统和湿地生物资源。启东长江口（北支）湿地省级自然保护区由原启东兴隆沙鸟类自然保护区扩建而成，分南区和北区，总面积为214.91平方公里。其中核心区75.15平方公里，缓冲区74.44平方公里，实验区65.32平方公里。南区位于长江入海口部位，西起吴仓港外，东至启兴沙东，南起崇启交界，北至长江大堤外2.4公里，保护区面积202.18平方公里，其中核心区75.15平方公里，缓冲区74.44平方公里，实验区52.59平方公里。北区位于长江口北侧黄海部位，恒大海上威尼斯大堤外300米以东黄海潮间带，保护区面积12.73平方公里，全部为实验区。圆陀角滨海省级湿地公园地处启东市东南部，2017年获批省级湿地公园，是南通首个省级湿地公园。

启东海滩风光优美，四季风景轮回。圆陀角原生自然生态资源优越，岸线资源丰富、滩涂湿地广袤，自然景观独特，生态环境良好，拥有丰富独特的江海旅游资源。圆陀角旅游度假区景色壮观，是江苏省级旅游度假区，是我国远近驰名的大型淡水湿地保护区，面积达477.3平方公里，也是江苏最早观赏日出的地方。圆陀角旅游度假区位于江苏省最东部，东临黄海，西至连兴港河，南依长江，北至国道336线，规划总面积45平方公里，下辖3个自然村。这里是万里长江的入海口，也是长江、黄海、东海三水交汇之地，区位条件优越；是江苏省级旅游度假区，也是江苏省"十二五"旅游发展规划重点项目和"南通市现代服务业集聚区"。景区有圆陀观日、玉龙礼佛、大禹祈福、金滩拾贝、湿地畅游等景点，有恒大海上威尼斯、新湖长江公园、碧海银沙双色海、滨海休闲娱乐基地、黄金海滩湿地公园、滨江沿海景观大道、连兴港渔人码头、世界农庄博览园、大型主题公园等各类旅游项目。

启东吕四渔场是全国四大渔场之一、世界九大渔场之一，南面为长江口渔场，北面是海州湾渔场，东面是大沙渔场。渔场总面积 8000 平方海里，合 3 万平方公里。吕四渔场近岸多辐射沙洲，整个渔场水深较浅，最大深度40 多米，平均深度 20 米左右。吕四渔场海捕量占全省 1/3，坐拥鲫、带、鲳、黄四大海鲜品牌，盛产吕四黄鱼、鲳鱼、带鱼、海鳗、对虾、梭子蟹、文蛤、紫菜、海蜇等海鲜产品 300 余种，是多种名贵水产品繁殖和摄饵的理想场所。目前是小黄鱼、银鲳国家级保护区，也是灰鲳、带鱼、鱿鱼、章鱼、海鳗、鲅鳒鱼和各种虾类、蟹类、贝类、藻类的重要渔场。吕四小黄鱼为传统海产精品，依托吕四渔场独特资源，新鲜捕捞上岸的吕四小黄鱼历来为中外客商所青睐，主要销往日本、韩国、欧美及港、澳、台等国家和地区。"吕四鲳鱼""吕四小黄鱼"两件地理标志证明商标获得国家商标局核准注册，实现了启东地理标志证明商标零的突破，标志着启东海洋渔业产业正式迈上品牌化发展的道路。

（三）历史沿革与人文区位

启东全境系长江口不同时期河相、海相沉积平原。汉朝以前，这里还是江口海域；清代中叶前，长江口崇明北侧陆续涨出小沙洲，至清末连成一片。因成陆参差，曾分属三个县管辖。北部吕四地区，宋、元、明、清时属海门，1912~1942 年属南通县；中部原属海门县；南部原属崇明，称崇明外沙。1928 年 3 月，南部崇明外沙改设启东县。因启东在江北大陆最东端，且沙洲还在向东接涨，乃有"启吾东疆"之意。1983 年 3 月，江苏省实行市管县新体制，启东县隶属于南通市。1989 年 11 月，经国务院批准，民政部发文，同意撤销启东县，设立启东市（县级），12 月省政府发文决定启东市仍由南通市人民政府管理，实行计划单列。1990 年 2 月 15 日，启东召开撤县建市大会，市委、市人大常委会、市人民政府、市政协挂牌，宣告启东市正式成立。

启东吕四港镇是一个历史悠久的文化古镇，相传八仙之一吕洞宾四次来此故得名吕四。从汉晋时期的白水荡、东洲、布洲起；到唐朝、后周，屯兵制盐，古镇初具雏形；再至宋末，吕四与大陆连成一片，古镇日益兴盛；明时筑城，取名"鹤城"。千年的历史积淀和吕洞宾四游此地的传说为其增添了浓郁的历史文化气息，赋予了吕四得天独厚的文旅资源。源远流长的吕祖文化留下了许多神秘的故事传说，海港、海盐、海运、海防文化留下了诸多历史遗存遗迹，如三清殿、集庆庵、慕仙楼、进士府、沈公堤、挡浪墙等。依托老街、庙宇、古桥、名人，吕四已经形成了一系列具有古镇特色和历史文化底蕴的景观。早在民国初年，民主革命先驱孙中山先生在《建国方略》中就提出"吕四港者，将夹于扬子江北端处，建立渔港也"。改革开放后，这仙鹤落脚的地方，更是生机勃勃、气象万千，成为东方一颗灿烂的明珠。吕四坚持在文旅融合上做文章，随着仙渔小镇内神鲜街、仙鹤池、望海楼、吕洞宾雕像的初展，吕四渔港海洋风情区也正逐步从蓝图变为实景。

启东沐浴着江河的灵秀、大海的豪迈，是全国版画之乡。享誉世界的"启东版画"就是在这样一块独特的土壤上发育成长而来。启东最早的木刻版画是受 20 世纪 30 年代鲁迅先生开创的新兴木刻运动的影响产生的。1959 年，一批爱好美术的年轻人受抗战时期《东南报》木刻插图和《东南画报》木刻版画的启发，成立了启东"木屑花"业余木刻组，成为新中国最早的群众性业余版画创作群体之一。1985 年是启东版画的一个转折点，当年启东版画院获得批准成为国内仅有的由政府直接领导的版画机构，版画院的建立使启东版画进入了一个新时代，它标志着启东版画创作由业余走上了专业创作轨道。启东版画院被誉为"中国版画第一院"，版画院作品入选国际及国家级美展、版展近百件。从新兴木刻运动先驱陈九到"木屑花"业余木刻小组，再到全国第一个版画院的建立，以及今天的国际版画艺术中心，启东版画已走进了第二个甲子之年，如此深厚的历史文化底蕴吸引着全国版画家们前来启东扣响艺术的大门。

启东人杰地灵，基础教育全国有名、全省领先。清末民初的实业家、教育家张謇，开启了启东人崇文重教的优良传统。今天的启东，是名副其实的教育之乡，曾获评全国首批义务教育发展基本均衡县（市）、全国中小学校责任督学挂牌督导创新县（市）、全国家庭教育创新实践基地、江苏省教育先进县、江苏省"两基"工作先进县（市）、江苏省教育现代化先进县（市）等，为国家和民族培育了陶桂林、陈一心、王茂林、毛凤鸣、顾祥兵、毛蔚、陈宇翔等一代又一代英才。2022 年，启东市有高中（中职）7 所、初中 18 所、小学 56 所、公办幼儿园 60 所、民办幼儿园 11 所和九年一贯制民办学校 1 所，在编教职工 7331 人。有苏教名家培养对象 2 名、省"333"工程培养对象 3 名、南通市"226"工程培养对象 10 名、启东市"312"工程培养对象 10 名；省特级教师 17 名、正高级教师 15 名；南通市乡村骨干教师培育站主持人 1 名，南通级优秀教育人才 224 名、启东级优秀教育人才 762 名。①

　　人文底蕴是启东的软实力。受自然资源、条件所限，启东人民以前主要从事农耕和渔业。在与风雨潮的长期抗争中，启东人经受住残酷的考验，逐步造就"开拓包容"的性格特点，血脉相承、代代沿袭。"开拓"是启东最具价值的文化传承，浓缩了启东历代先民辟我草莱、牧渔垦荒的奋斗经历；而"包容"更是启东的胸襟气度，移民融合的历史进程培育了启东人的开放心态。改革开放以后，启东人闯荡世界，果敢拥抱市场经济的大潮。特别是崇启大桥开通后，启东与上海的交往日益频繁，逐步吸收了海派文化的很多优秀基因，"尊重市场规则、不排外，崇尚法治、具有契约精神"成为一笔宝贵的精神财富。启东精神蕴含着独特魅力，在"强富美高"新启东建设中发挥着越来越强大的感召力和引领力。

（四）产业基础与发展机遇

　　启东市是全国首批沿海对外开放地区之一，在沿江沿海布局了启东经济开发区、吕四港经济开发区、高新技术产业开发区、生命健康产业园、启隆

---

① 本报告数据，如无特殊说明，均来自启东市各部门。

生态科技产业园、海工船舶工业园、江海澜湾旅游度假区、圆陀角旅游度假区、生命健康科技园共 9 个各具特色、错位发展的平台载体。

一直以来，海洋渔业和电动工具是启东最为自豪的两张名片，启东是全国著名的"海洋经济之乡""电动工具之乡"。千重海浪，万顷波涛，闻名中外的吕四渔场孕育了源远流长的海洋渔业。从近海打鱼到远洋捕捞，从单一发展水产加工到打造综合性渔港风情区，改革开放的 40 余年间，吕四港镇海渔村充分发挥临海优势，走上了"以海兴村"的发展之路。目前，以吕四为主的启东市海洋捕捞量占江苏省的 1/3，海水养殖、海产品加工出口使吕四的海洋渔业产业链越拉越长。作为另一项传统产业，电动工具产业是启东本土诞生的"草根"产业。电动工具产业起始于 20 世纪 70 年代的天汾小镇，从小批农民陆续外出维修小五金，到 20 世纪 80 年代中后期在全国各地形成从事电动工具营销和维修网，再到 90 年代中期在外从事电动工具经销的天汾人陆续返乡创业办厂，逐步形成生产、销售、出口产业集群。经过几十年的发展，启东已经形成了以龙头企业为主导、配套企业齐全的完整的产业链，先后获得"中国电动工具产业基地""中国电动工具第一城""江苏省电动工具出口基地"等荣誉称号，占国内市场份额的 50%。2020年，启东国家外贸转型升级基地（电动工具）成功上榜新认定国家外贸转型升级基地名单，启东也成为全国独家以电动工具门类认定的基地。

优越的运力条件，为商贸物流和临港高端装备制造产业奠定了坚实基础。吕四港区位于我国经济最活跃的长江三角洲地区，处于长江与沿海"T"形结构主轴线的结合部，横跨通州区、海门区和启东市两个市辖区一个县级市，南与上海仅一江相隔，与上海市区直线距离 90 公里，背靠广阔的苏北平原。港口兴，则启东兴、沿海兴。伴随着江苏沿海开发上升为国家战略，启东吹响了建设吕四深水大港的"集结号"。吕四港有 60 个万吨级泊位、4 个 10 万吨级码头，吞吐量规划是 800 万个标箱，年吞吐量为 2000万吨，航道通航标准 10 万吨级。吕四港是国内少有的集"江海河、公铁水"于一体的疏运体系，有港池航道、内河转运码头、洋吕铁路、疏港公路、港区道路。吕四环抱式港池东港区基础设施工程东至大唐电厂围堤，西至茅家港，南与现有海堤相通，北至北围堤，整个片区 12 平方公里，主要包括道路、管道、绿化、交安等工程建设。项目建成后，有效放大了吕四港环抱式港池东港区产业港的地位优势，极大提高了吕四港临港产业承载能力，为打造临港高端装备制造产业打下坚实基础。

启东是著名的"建筑之乡"，建筑业历史悠久。20 世纪 20 年代，启东的陶桂林在上海开办馥记营造厂，承建了当时上海的最高建筑 24 层的国际饭店，由此掀开了启东建筑走南闯北的篇章。改革开放初期，就向湖北、山西、上海等地大量输出建筑施工团队。当时，启东的农民除了从事种植业，大力发展水产养殖业、畜牧业经营外，同时有大量农村劳动力向建筑业转移。1986 年，启东建筑大军从业人数就达 5.2 万人，其中大部分是农民。如今，启东建筑铁军遍布上海、北京、南京、苏州等全国 27 个省（区、市）的 60 多个大中城市，并涉足 10 多个国家，累计 42 次获中国建筑工程最高奖——"鲁班奖"，先后创出上海市"白玉兰"奖、江苏省"扬子杯"、北京市"长城杯"等省级名优工程 280 多项。建筑业是推进启东经济社会发展的支柱产业，是拓宽群众增收渠道的富民产业，是百万启东人民的乡愁印记，是提升启东知名度的重要产业。目前，全市拥有资质以上建筑业企业 664 家。其中，施工总承包特级资质建筑企业 2 家、一级资质建筑企业 13 家、二级资质建筑企业 47 家。

随着长江三角洲地区区域规划获国家批准实施，江苏沿海开发正式上升为国家战略，两大国家战略效应叠加，城市群、都市圈日趋成为区域发展的主要空间形态。长三角一体化发展新局面正在形成，科技创新、基础设施、要素市场、公共服务等共建共享、互联互通进程不断加快。上海大都市圈建设快速推进，正积极构建若干"分格局"，上海着力打造国内大循环的中心节点和国内国际双循环的战略链接；美丽江苏建设深入推进，成为江苏基本实现社会主义现代化的鲜明底色要求，向海发展战略成为全省区域发展重要战略。总体来看，各项重大战略实施为启东推进跨江融合、江海联动和陆海统筹发展提供了环境利好，区域之间的融合、对接与辐射也将成为必然趋势，这为启东市集聚国内外各种生产要素、吸引各类产业，特别是推进新兴产业发展和重大项目建设创造了宝贵条件。

南通作为"一带一路"交会节点和重要出海门户，将与苏州、无锡共同打造全国性综合交通枢纽集群，形成引领东部沿海地区东西双向对外开放的全新格局，有利于启东拓展对外合作空间、融入新发展格局。南通作为长三角北翼经济中心和上海大都市北翼门户城市，正全力推动沪苏跨江融合试验区建设，这将有利于启东发挥桥头堡和前沿区优势，全面承接上海溢出效应，深度融入"上海大都市圈"同城化发展。南通全域"一主两副一枢纽、一带一岛两片区"以及"三港三城三基地"发展新格局逐步形成，有利于启东在全市发展格局中着力推进港（吕四港）城（生命健康科技城）建设。这些对昂首迈入长三角一体化时代、大港腾飞时代、高铁畅联时代的启东来说，在扩大对外开放、实现内外市场联通、加快新旧动能转换等方面拥有了更多机遇。

二　启东高质量发展历程

"十三五"时期，是启东综合实力跃上新台阶、转型升级取得新突破、人民生活实现新改善、城乡环境呈现新面貌、社会文明弘扬新风尚的跨越发展时期，是启东围绕高质量发展的目标要求和战略思路进入发展快车道的时期。2015年，启东地区生产总值为803.14亿元，至2020年已达到1223.10亿元，实现了跨越式发展。三次产业结构由2015年的8.1：48.5：43.4调整为2020年的6.9：48.2：44.9，非农业比重不断提高。启东统筹推进"五位一体"总体布局，协同推进"四个全面"战略，坚持"接轨大上海，聚焦长江口，融入长三角，放眼全世界"的理念，着力推进"三个全方位"。在长三角一体化进程加快推进、江苏沿海开发战略深入实施的历史机遇下，启东发挥江海联动优势，深入实施向海发展战略，打造江苏沿海高质量发展经济带亮丽明珠。

1. 综合实力不断增强

2020年，启东地区生产总值继续保持全省前十。人均GDP突破12.81万元，达到高收入国家和地区水平，是 2015 年的 1.5 倍。财政实力不断增强，2020 年在减税降费 15 亿元的情况下，全市完成一般公共预算收入 72.01 亿元，列全省县市第 9 位。实现社会消费品零售总额 413.58 亿元，"十三五"期间年均增长 6.3%。科技创新能力日益增强，2020 年，R&D 经费支出占地区生产总值比重为 2.6%；高新技术产业产值占规模以上工业产值比重达54.6%，比 2015 年提高 8.1 个百分点（见表 1）。建成投产亿元以上产业项目 369 个，其中 10 亿元以上项目 26 个。深入实施对接浦东三年行动计划，推进沪启平台对接"三建立三深化"工程，引进来自上海的产业项目占比超 75%。

表 1 2015~2020 年启东主要经济指标对比情况

指标名称	单位	2015 年	2016 年	2017 年	2018 年	2019 年	2020 年
地区生产总值	亿元	803.14	881.85	1015.94	1092.14	1145.56	1223.10
人均 GDP	元	84098	92534	103950	111824	121879	128073
一般公共预算收入	亿元	63.44	71.03	71.13	72.31	70.65	72.01
社会消费品零售总额	亿元	293.06	324.57	352.97	376.94	397.45	413.58
R&D 经费支出占地区生产总值比重	%	2.48	2.53	2.62	2.65	2.43	2.60
高新技术产业产值占规上工业产值比重	%	46.5	48.6	54.4	53.8	52.7	54.6

资料来源：历年启东市统计年鉴。下同。

2. 产业质效不断提升

"十三五"期间，启东产业结构不断优化（见图 1），工业转型发展步伐加快。大国重器"希望 6 号"浮式生产平台启航，"天鲲号"荣获国家科学技术进步奖特等奖，产业层次加速向中高端迈进，列中国工业百强县市第 23 位，比 2015 年提升了 32 位。建筑业总产值突破 1300 亿元，多次获得"鲁班奖""国优奖""詹天佑奖"等行业重大奖项。现代服务业持续健康发展。"江风海韵 美丽启东"的全域旅游形象更加彰显，建成省级旅游度假区 1 家、3A 级景区 5 家、省星级乡村旅游区 12 家，以"三水交汇圆陀角、千年古镇吕四港、崇明岛飞地启隆镇"为支撑的沿江沿海旅游发展带基本形成。金融生态环境位居全省第一方阵。现代农业提质增效。2020年全市粮食总产量32.8万吨，比2015年增长24.8%；"十三五"期间，共建设高标准农田43.7万亩，高标准农田比重由2015年的41.7%增加到2020年的82.8%；全市耕地保有量保持在7.1万公顷以上；"青皮长茄""洋扁豆""绿皮蚕豆""沙地山药""启东芦稷"等获评国家农产品地理标志；建成休闲农业与乡村旅游五星级企业1家、四星级企业6家，获评全国休闲农业与乡村旅游示范县；规模农业项目建设水平南通领先，成功创建省级"四青作物"特色农产品优势区，获评省粮食生产全程机械化整体推进示范县；远洋渔业规模居全省前列，获评全国平安渔业示范县。

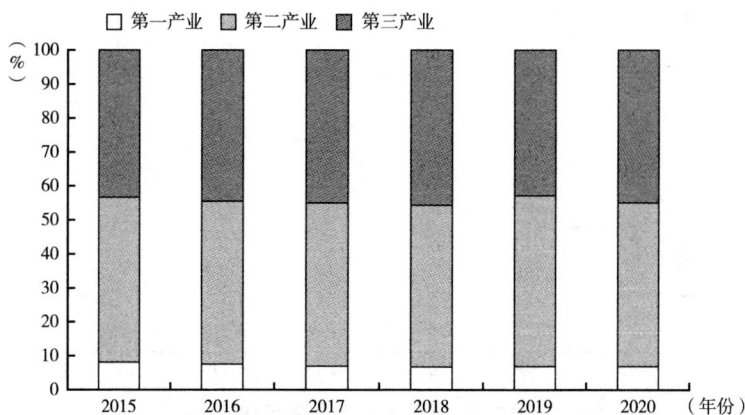

图1　2015~2020年启东三次产业结构变化

3. 环境质量显著改善

"十三五"期间，启东环境质量得到显著改善。启东落实长江经济带"共抓大保护、不搞大开发"要求，深入推进蓝天、碧水、净土三大保卫战，实行最严格的环境保护制度，生态环境质量不断提升。江海环境质量明显改善。坚决打好长江禁捕持久战，开展水上过驳、非法码头专项整治，长江沿线生态环境突出问题、"两违"问题整改成效显著，沿江1公里范围内化工企业全部停产，长江沿岸环境和水质明显改善。强化海洋生态和长江口北支湿地保护，生物多样性保护与修复工作成效显著。大气污染防治成果凸显。不断加强区域联防联控，2020年空气质量优良率达91.2%，PM$_{2.5}$浓度全省最低（见图2）。新增成片造林面积4.5万亩，获评国家园林城市。"六位一体"农村环境长效管理成效明显，蝉联国家卫生城市称号。水污染防治成效明显。"港长制"经验做法全国推广，省考以上断面水质优Ⅲ类比例达100%，劣Ⅴ类水质基本消除，地表水环境质量改善幅度全省第十，获评省节水型社会示范区、国家节水型社会建设达标县。土壤污染防治有序推进。农用地土壤污染状况详查在全市铺开，重点行业企业退出地块风险管控扎实推进，土壤污染持续可控。探索实施生态环境损害赔偿制度，落实环保总监管理制度，环境监测预警能力进一步提升。

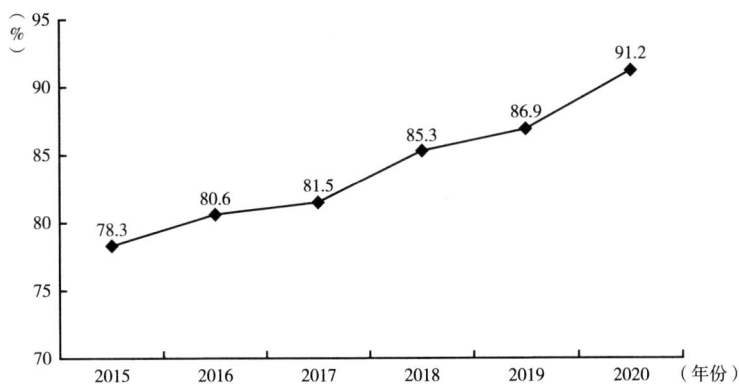

图2 2015~2020年启东空气质量优良率变化

4. 对外开放持续深化

"十三五"期间，启东积极抢抓战略机遇，开放合作进程不断加深。对沪合作全面拓展。深入落实长三角一体化发展战略，围绕全面接轨上海的新定位，主动策应崇明世界级生态岛建设，协同推进东平—海永—启隆三镇一体化规划；联合开通长三角"一网通办"崇启专窗，沪启政务信息互通共享机制持续深化；强化交流合作，深化与浦东新区协作，全力推进六大对接工程，全市15个镇、园区已与上海55个片区建立了合作关系。对外交通体系更为完善。加快融入国家快速铁路网和长三角地区城际轨道网，宁启铁路建成通车，北沿江高铁启东设站全面开工，洋吕铁路取得省发改委工程项目可行性研究批复和初步设计批复，南通港启东港区一类口岸开放通过国家验收，吕四港作业区被纳入大通州湾一体化开发建设，10万吨级进港主航道满足通航条件，海启高速公路通车。对外开放稳步发展，2020年实际利用外资3.43亿美元，是2015年的1.52倍（见图3）。

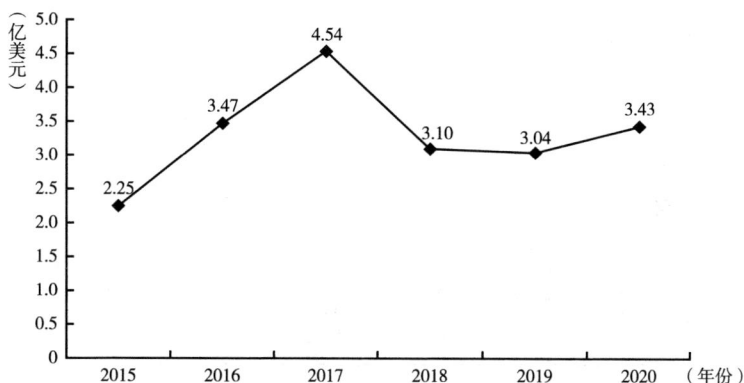

图3　2015~2020年启东实际利用外资变化

5. 城乡发展统筹推进

"十三五"期间，着力完善城市功能，城乡融合发展加快推进。完成老旧小区标准化改造96万平方米，改造棚户区1.4万套，建成安置房370万平方米，拆除违建385万平方米。2020年常住人口城镇化率达62.0%，比2015年提高了6.6个百分点（见图4）。城市框架进一步拓展。围绕"江苏沿海开发先导区、接轨上海港口城、江海交汇宜居地"的定位，坚持扩容与提质并重，推进城市"南进、东拓、北延"发展，中心城区建成面积拓展至35.8平方公里。城市功能配套日趋完善。文化体育中心、版画艺术中心、社会福利中心、妇幼保健院竣工投用，公共自行车系统完成升级改造。美化绿化工程加快推进，国家卫生城市、园林城市建设成果不断巩固，"三河两岸"城市滨水生态绿廊逐步建成，建成区绿化覆盖率达42.4%。城镇体系加快构建。以新型城镇化为导向，逐步建设形成"一主两副三片区"的城镇发展格局，汇龙、吕四、寅阳跻身全国综合实力千强镇，吕四仙渔小镇被列入省首批特色小镇创建名单。乡村振兴成效初显。大力实施"示范创建、全域整治"工程，农村人居环境持续改善。全市农村垃圾回收处理体系基本建立，农业废弃物资源化利用的大格局基本形成。农村基础设施水平有效提升，行政村双车道四级路覆盖率和规划发展村庄等级公路通达率达100%。

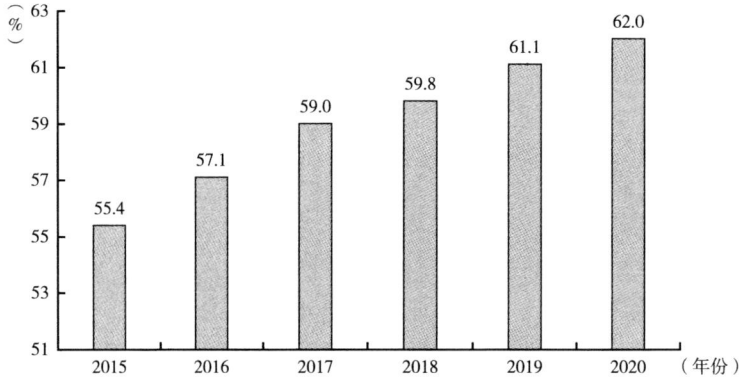

图4　2015~2020年启东城镇化率变化

6. 民生福祉持续增进

"十三五"期间，启东民生福祉持续增进、社会事业不断繁荣。累计民生投入384亿元，占财政支出78%。2020年，城镇、农村居民人均可支配收入分别达到50238元、27617元，是2015年的1.45倍、1.51倍，"十三五"期间年均增速分别达到7.8%、8.6%，均高于同期经济增长水平，城乡居民收入比缩小至1.82∶1（见图5）。脱贫攻坚任务全面完成，建档立卡低收入人口脱贫巩固率达100%。村集体经济发展壮大，收入均超50万元。

教育事业成绩显著。教育现代化建设稳步推进，教育投入不断加大，在全省率先完成幼儿园园舍全区域、全覆盖改造建设，建成"南通市智慧校园"8所。课堂教学改革持续推进，教育现代化水平保持全省前列。义务教育学校办学标准化合格率100%，教育质量重返南通第一方阵。南通大学杏林学院整体迁至启东办学，学生人数近万人。

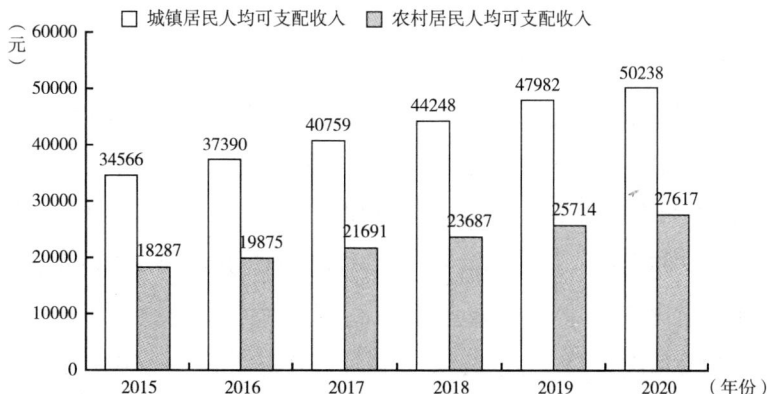

图5　2015~2020年启东城镇、农村居民人均可支配收入变化

医疗卫生保障更加有力。建立"三位一体"的医防融合重大疾病防控机制，乡镇医院医养结合模式在全省推广，医保实现区域异地联网结算，获批国家首批县级公立医院改革示范县、全省医改工作先进县（市、区）、全省实施基本药物制度工作先进县（市、区）。疫情防控精准有力。坚持人民至上、生命至上，构建"一把手"带头、"一盘棋"统筹、"一张网"防控的工作体系，建成南通首家县级新冠病毒核酸检测实验室，疫情防控成果巩固、稳定向好。妇幼保健院与复旦大学附属儿科医院合作办院，在全省率先实现"所转院"，三级医院数量全省领先。医养结合工作成为全省典型，社会福利中心建设运营水平成为省内标杆。

社会保障水平有效提升。全市各类社会保险继续提标扩面，城乡基础养老金标准提高至170元/月，城乡低保标准提高至710元/月，居民医疗保险筹资标准提高至1200元/年，每千名老人养老床位数达到35.83张。村居标准化居家养老服务实现全覆盖。文化体育事业蓬勃发展。开展"共乐东疆"百项群众文体活动3.5万场次，评弹、版画等传统艺术不断传承弘扬。基层综合文化服务中心实现提档升级，成功举办全国沙滩排球、中国羽毛球超级联赛总决赛、国际"铁人三项"等重大赛事。

7. 改革创新纵深推进

深入推进各领域改革创新步伐，发展动力活力在环境优化中持续进发。

15

营商环境不断优化。"放管服"改革深入推进，商事制度改革获省级嘉奖，简政放权创业创新环境全省领先，成功创建全国国土资源节约集约模范县市。社会信用体系加快建设，"信用启东"上线运行。土地承包经营权确权登记颁证工作南通领先。司法体制改革不断深化，法院破产审判经验被《人民法院报》专版推荐。创新生态更加完善。知识产权保护力度持续加大，获评国家知识产权强县工程示范县，成功创建知识产权强省建设区域示范市。制定出台"人才新政30条"，人才综合竞争力连续三年入围全省前十。社会治理精细高效。社会主义核心价值观深入人心，2020年以全国第七、江苏第二、南通第一的优异成绩创成全国文明城市。"1+5+X"新时代文明实践阵地基本实现全覆盖，启东被列入新时代文明实践中心建设第二批全国试点县市，社会文明程度不断提升，"中国好人"、道德典型数量南通第一，实现省双拥模范城"八连冠"。城乡社区网格化服务管理机制不断创新，"网格+12345"工作模式全省推广。公共安全保障水平不断提升。建成南通首家联动指挥中心，"雪亮工程""升级版技防城建设"加快推进，"扫黑除恶"取得新突破，立体化防控体系逐渐完善。法治建设、平安建设全市领先，蝉联省平安县市称号，获评省法治县市创建工作先进单位，群众安全感持续增强，获评全国信访工作"三无"县市。

8. 党建水平持续提升

扎实开展"两学一做"学习教育、"不忘初心、牢记使命"主题教育、党史学习教育，获评2016~2018年度南通市党建工作先进单位。"正能量加油站""三堂汇学"分别获省宣传思想文化工作创新奖、省新媒体运用创新奖。在南通率先开展意识形态工作专项巡察。"党建领航站"经验在南通推广。"五位一体"知事识人体系、年轻干部"全链条"培养管理机制等做法被中组部推介。深化纪检监察体制改革，镇村限额以下招投标全流程电子化交易平台全国首创。智慧巡察平台建设得到中央巡视办肯定。坚持党委总揽全局、党政齐心协力，人大法律监督和工作监督有力加强，政协政治协商、民主监督和参政议政水平不断提高，大统战格局更加巩固，党管武装工作持续加强，群团、老干部、关心下一代等工作取得新进步。

三 启东高质量发展成就

改革开放以来，启东经济社会得到较快发展。近年来走向高质量发展道路，先后荣获国家科技进步示范县（市）、全国农村综合实力百强县（市）、国家卫生城市、全国休闲农业和乡村旅游示范县、国家知识产权强县工程示范县（区）、国家园林城市、全国文明城市等称号。

迈向新阶段，启东对照新发展理念，经济发展呈现以改革创新为引领、新旧动能加速转换的趋势，城乡建设呈现以乡村振兴为引领、协调融合不断深入的趋势，生态文明建设呈现以绿色低碳为引领、生态价值持续彰显的趋势，对外开放呈现以接轨上海为引领、向海发展加快推进的趋势，社会事业发展呈现以共建共享为引领、民生福祉日益增进的趋势。启东把握规律，系统谋划，加快推动质量变革、效率变革、动力变革，形成更加符合新发展理念的空间布局、产业结构、要素配置、生产方式、生态环境，跑出高质量发展加速度。

1. 综合实力跃上新台阶

2021年，启东实现地区生产总值1345.94亿元，比上年增长8.4%。分产业看，第一产业增加值88.66亿元，增长4.5%；第二产业增加值656.96亿元，比上年增长9.1%；第三产业增加值600.32亿元，比上年增长8.2%。三次产业结构为6.6∶48.8∶44.6。人均地区生产总值139548元，比上年增长8.5%。全社会固定资产投资同比增长7.7%；高新技术产业产值占比达57.6%；全社会研发投入占比达2.66%。

"两主两新两优"六大产业完成工业产值1008.41亿元，比上年增长32.2%。其中，海工及重装备产业产值244.98亿元，增长55.6%；新能源产业产值183.28亿元，增长49.1%；新材料产业产值165.85亿元，增长38.2%。战略性新兴产业产值461.58亿元，占规模以上工业产值的比重为41.2%。实现工业应税销售1118.01亿元，增长31.8%。全年应税销售净增2000万元以上的工业企业有254家。主导产业稳中加固，临港产业、特色产业、战略性新兴产业实现应税销售 1077.7 亿元，增长 41.1%，寰宇东方、东成电动工具应税销售突破 100 亿元。净增规上工业企业 90 家，新认定国家两化融合贯标企业 20 家，联测科技、通易航天成功上市。能耗"双控"成效显著，工业企业度电产出达 44.1 元。建筑业完成总产值 1402 亿元，荣获鲁班奖 3 个、国优奖 1 个、詹天佑奖 4 个。服务业稳中提质，实现应税销售 836 亿元，增长 11.2%，广汇能源成为首家应税销售百亿级服务业企业。

2. 发展动能汇聚新活力

持续放大交通互联互通优势，加快推动区域融合、创新发展，不断拓展高质量发展空间。重大工程稳步推进。通州湾新出海口吕四起步港区已迎来内外贸船舶 45 艘次，实现"开港即繁忙"。港区集装箱码头获交通运输部岸线批复；内河转运码头、东港池重装码头加快建设，预计 2022 年底投入使用；东港区市政道路预计 2022 年底全面通车，"公铁水、江海河"多式联运体系加快构建。北沿江高铁跨越长江北支被确定为公铁两用桥并预留沪通城际线路，启东 3 个先行开工点已于 2022 年 7 月底完成征地组卷上报，于 2022 年 10 月正式开工建设。

优化项目"全生命周期"服务，综合运用"五个一"协调推进机制，新开工重大产业项目 85 个，其中 10 亿元以上项目 31 个。亿纬林洋、药明康德研发中心等项目开工建设；中城高端医疗器械、万洋众创城等项目加快推进；华峰尼龙 6、海四达动力科技等项目竣工投产，全国单体容量最大的海上风电项目并网发电。建立项目质量综合评估机制，调整组建产业招商分局，新签约亿元以上项目 102 个，其中 10 亿元以上项目 30 个，制造业占比达 93.1%，4 个百亿级重特大项目接连落户。新增制造业贷款 15.1 亿元，盘活低效用地 4368 亩、闲置厂房 30 万平方米。

积极融入上海"3+6"新型产业体系和苏州 11 个先进制造业产业集群，重点承接生命健康、电子信息半导体、高端装备制造等先导产业，新签约引进来自上海、苏南地区亿元以上产业项目 53 个。"启东·吴江高端制造产业园区"预计 2022 年下半年开工建设。创新发展迈向深入。深度融入南通沿江科创带建设，创新企业集群不断壮大，招引科创项目 40 个，科创项目培育新入库 25 个，高新技术产业产值占比达 56.86%，实施产学研合作项目 133 个。创新能力持续增强，全社会研发投入占比达 2.66%，高新技术产业产值占比达 57.6%。开展产学研合作项目 125 个，与北大生科华东产业研究院签订第二轮合作协议。新增省级及以上企业研发平台 5 家，新认定高新技术企业 79 家。创成知识产权强省区域示范市，入选省"双创人才"10 名。

3. 开发开放呈现新格局

启东立足自身资源禀赋、发展定位和产业基础，不断提升园区平台能级，产业承载能力不断提升。沿江板块，以启东经济开发区为引领，重点发展半导体装备及材料、新能源等产业，争创国家级经济技术开发区；海工船舶工业园全面提升产业能级，打造"世界知名、中国一流"的海工及重装备产业基地；生命健康科技园全面对接上海张江药谷，打造长三角医药产业转移最佳承载区；生命健康产业园开展园区"凤凰涅槃"三年行动，加快推动绿色转型发展。沿海板块以吕四港经济开发区为主体，着力打造千亿级临港产业基地、长三角综合能源示范基地、国家级新材料产业基地；高新技术产业开发区强化沪启产业合作平台和创新载体建设，打造上海北翼高新技术产业发展新高地；江海澜湾旅游度假区做好海洋生态修复和建筑风貌塑造，打造长三角高端商务人群旅游目的地。长江口板块以圆陀角旅游度假区为龙头，加快塑造集观光休闲、旅居度假、运动养生于一体的文旅动脉，打造长三角休闲旅游胜地；启隆镇主动策应崇明世界级生态岛建设，完善旅游配套，打造生态江心绿洲。依托坚实的平台支撑，2022 年上半年全市新签约注册 5 亿元以上内资项目 32 个，其中超 10 亿元项目 21 个，超 50 亿元项目 2 个；3000 万美元以上外资项目 9 个，其中超 1 亿美元项目 4 个。新开工重大产业项目 70 个，计划总投资 416.7 亿元，其中 100 亿元重特大项目 2 个、20 亿元项目 5 个、10 亿元项目 3 个，1 亿美元外资项目 2 个。卫华智能港口机械、亿纬林洋储能电池等 21 个项目被列为省市重大项目。

区域合作深度拓展。抢抓长三角高质量一体化发展战略机遇，积极承接优质溢出资源，引进上海、苏南亿元以上项目 78 个。启东配套浦东产业园等平台效应不断放大，沪启两地要素共享、优势互补的协同发展态势逐步显现。主动策应崇明世界级生态岛建设，高质量承办第十届中国花博会启隆分会场。建立行政审批通办协调机制，实现88个事项"跨省通办"。积极落实稳外贸系列措施，鼓励企业加快"走出去"步伐，完成境外协议投资6180万美元。

4. 城乡环境展现新面貌

启东坚持绿色发展理念，多措并举提升城市品质颜值。城市形象持续改善。秉持以人为本理念，精细化推进城市建设，城市路网进一步畅通，老旧小区改造示范点建设高标准推进，滨江生态绿廊首开区项目主体工程完成建设，城市功能品质加快提升。持续巩固文明城市创建成果，深入实施文明创建15项提升行动，全力争创全国文明典范城市。新型城镇化稳步推进。以完善城镇功能、做优空间形态、提升城镇风貌为重点，结合各镇资源禀赋，系统谋划、精准施策，新型城镇化建设加快向高质量迈进。城市品质不断彰显，少儿图书馆、蓝印花布艺术馆建成开放；新建公园绿地2个、小游园5个，新增城市绿地60万平方米。路网结构逐步优化，江海南路、紫薇东路建成通车，牡丹江中路等3条道路完成改造。城市面貌明显改善，系统化改造老旧小区24个、122万平方米，改造规模南通领先；提升改造巷道4个，拆除违章建筑64万平方米；餐厨废弃物处置中心、餐饮油烟在线监测平台建成投运。全面巩固文明城市创建成果，推进常态长效治理，城市精细化管理水平不断提高。

乡村振兴有力有序，加快农业农村发展。现代农业经营体系加快健全，启东市现代农业产业示范园通过省级认定，创成省级特色田园乡村1个，被列入国家农业产业强镇创建名单1个。农村人居环境整治提升行动扎实推进，41条农村生态河道完成建设，村容村貌改变明显并不断美化。高效农业基础不断夯实，新建高标准农田5.3万亩，主要农作物全程机械化率超90%，入选全国绿色食品原料标准化生产基地，获评首批省绿色蔬菜产业特色县。实施新一轮农村人居环境整治，干道沿线破落建筑和"三棚"整治稳步推进；智慧水利加快建设，河长制工作保持全省领先。建成南通市级乡村振兴示范村、先进村16个，省级传统村落1个，挡潮墙遗址入选首批省级水利遗产名录，沙地圩田农业系统获中国重要农业文化遗产认定。富民增收渠道不断拓宽，建成强村加油站 3 个，获评全国农村创业基地 3 家；完善防止返贫长效机制，为全市低收入人口购买防贫保险。

生态底色不断擦亮。启东深入践行"两山"理念，打好污染防治攻坚战，首轮中央、省环保督察交办问题全部完成整改。空气质量优良率达 93.2%，$PM_{2.5}$ 年均值降至 23.2 微克/立方米，均列全省第一。市考以上断面水质优Ⅲ类比例达 100%，完成分散农户生活污水治理 1.7 万户。土壤环境风险有效管控，受污染土地安全利用率达 100%。最美江海岸线建设全面展开，森林公园开工建设，沿江沿海生态景观带特色示范段基本建成，海洋生态保护修复项目获国家专项资金补贴。长江大保护扎实推进，率先实施长江岸线"五位一体"长效管护，沿江 1 公里范围内化工企业如期完成关停退出。全力打好"十年禁渔"持久战，努力打造"最美江海岸线"。

5. 民生福祉得到新提升

民生保障更加温暖。全力办好十大类民生实事项目，民生投入占财政支出比重达 79%。千方百计稳就业，抓好重点群体就业援助，新增城镇就业 8760 人。基础养老金、居民医保筹资标准分别提高至 190 元、1400 元，社会救助覆盖面持续扩大。养老服务体系不断健全，完成适老化改造 1100 户。开工建设安置房 77 万平方米，交付 5000 套。建成国家示范型退役军人服务站 6 个。工会、慈善、红十字、老龄、残疾人等事业取得长足进步。

社会事业更加普惠。教育现代化建设水平不断提高，中高考核心指标位列南通前茅。蝶湖实验小学、蝶湖中学、少年宫新校区开工建设，6 所幼儿园建成启用，37 所中小学获评省智慧校园，"6 个 1"亮色工程成功入选第六届中国教育创新成果。义务教育"双减"工作扎实开展，对校外学科类培训机构监管有力，校内延时服务全面推行。紧密型医共体建设不断深化，"先看病后付费"诊疗服务覆盖全市公立医疗机构，新增长三角名医工作室 17 个，基层卫生服务能力和队伍建设获省政府表彰。建成国家卫生镇 3 个、省健康镇 3 个。开展"文化三送""共乐东疆"等文化惠民活动 500 余场次，建成南通首家国家级数字档案馆，获评全国群众体育先进单位。妇女儿童、青少年、关心下一代、老区开发等事业健康发展。

社会治理更加顺畅。社会文明程度、市民文明素质显著提升，获评中国好人 1 名、省道德模范 2 名、江苏好人 4 组。市域治理现代化指挥中心新址建成使用，网格微治理入选省乡村治理典型案例。村居"两委"换届顺利完成，第七次全国人口普查圆满收官。矛盾纠纷排查化解体系更加健全，"有事好商量"协商议事与基层治理有机融合，获评全国乡村治理示范村 1 个、全国民主法治示范村 1 个、全国法治人物 1 名。加强财政资金绩效管理，政府债务风险有效管控。常态化开展扫黑除恶专项斗争和反走私综合治理，严厉打击非法集资、通信网络诈骗等违法犯罪行为，社会大局保持和谐稳定。民族宗教、见义勇为、人民武装工作取得新成绩。

公共安全更加牢固。高标准推进"三年大灶"，深入开展危化品、城镇燃气、既有建筑、海洋渔业等 32 个重点行业领域专项整治，对省安全生产巡查、专项整治督导组反馈意见全部完成整改，事故起数和死亡人数实现"双降"。加强海上施工船舶防台应急管理，8 家区镇消防站投入执勤，综合应急救援能力持续提升。食品药品监管扎实有效，群众"舌尖上的安全"更有保障。毫不松懈抓好常态化疫情防控，落细落实"外防输入、内防反弹"总体要求，第三人民医院"平战结合"改建完成，日核酸混检能力达50 万人次，公共卫生应急保障水平有效提高。

四 启东高质量发展战略规划

"十四五"新时期，启东继续坚持质量第一、效率优先，加快推动经济发展质量变革、效率变革、动力变革，突出补短板、强弱项、激活力、增优势，充分凸显交通区位、生态资源等特色优势，推进产业提质增效、民生以保促稳、生态共保共治，加快完善高质量发展体制机制和政策体系，提高全要素生产率，跻身长三角高质量发展前列。坚持把创新、协调、绿色、开放、共享的发展理念贯穿于发展全过程和各领域，统筹谋划打造"五个城市"，努力展现"最亮窗口"的现实模样。牢牢把握"一带一路"建设、长江经济带发展、长三角一体化发展、江苏向海发展、上海大都市圈建设等多个战略的叠加机遇，加强系统谋划、突出政策衔接、注重机制贯通，以更加开放、协同和联动的改革创新举措，加快多个重大战略的深度融合、互相促进、精准落地。进一步筑牢吕四港区、生命健康科技城的带动作用，强化向海发展、江海联动、跨江融合，推动跨区域之间实现要素循环畅通、功能优化完善和治理效能提升，为开启社会主义现代化建设新征程集聚动能、探索路径。

——跨江融合，开放发展。顺应区域竞合与空间结构深刻变化趋势，积极抓住发展机遇，包括国家三大战略、江苏向海发展战略、上海大都市圈建设，以及通州湾建设长江经济带战略支点的目标，发挥沿江沿海独特资源优势，高水平、高标准、高起点建设吕四港，积极参与通州湾长江集装箱运输新出海口建设，推进北沿江高铁、洋吕铁路建设，加快融入国家快速铁路网和长三角地区城际轨道网，提升跨江出海、陆海统筹互联互通能力，拓展对内对外开放新空间，营造国际一流营商环境，在更大范围、更高层次参与全球资源配置，为基本实现现代化拓展更广阔的空间。

——量质并举，创新发展。坚持创新在现代化建设全局中的核心地位不动摇，大力实施创新驱动发展战略、人才强市战略，加快构建以制造业创新为基础，技术创新、成果转化、人才支撑等为重点，全方位、全领域创新齐头并进的格局。坚持以科技创新引领高质量发展，充分激发全社会创新活力和创造潜能，全力打造"如鱼得水、如鸟归林"的一流创新生态。以数字牵引、产业协同创新为重点，更加注重以创新成效为导向的创新生态建设，积极融入上海科技创新中心建设。深度对接上海张江高科技园区等产业和创新载体，推进产业创新能力提升与产业转型升级紧密结合、关键技术攻克与科技成果转化紧密对接。推动创新链与产业链、教育链、人才链深度融合。加快数字经济创新带动科技变革、产业变革和社会治理变革，激发创新创造能力，推进总量扩能和质效提升并举、调整存量和优化增量并重，推进经济高质量发展，为基本实现现代化提供动力支持。

——江海联动，协调发展。抢抓浦东打造社会主义现代化建设引领区的重大机遇，坚持江海联动、跨江融合，成为上海辐射的首选城市、扩大开放的协同区。按照发展理念、市场规则、气质格局"三个无差别"，产业配套、营商环境、宜居指数"三个更好"的要求，推动与上海双向赋能、互相成就，以更强的匹配度和承载力推进沪启同城化。积极落实向海发展战略，以推进江海联动、城乡融合、区域一体为重点，加快国土空间开发保护"一张图"绘制，着力构建"一轴一带、三区三片"国土空间结构体系。通过江海生态经济带将沿江和沿海的产业园区、城镇等载体连接起来，形成协作共赢的良好局面；通过北沿江高铁等快速通道的规划建设，加快启东对接上海、区域协作进程。积极实施乡村振兴战略，建立健全跨区域、联城乡的区域一体发展新机制，加快空间资源高效配置和要素自主有序流动，构建城乡区域精准协同开放治理生态，全面增强基本实现现代化的承载力。

——生态优先，绿色发展。坚持生态优先、绿色发展，推进城市花园化、道路林荫化、节点景观化，让蓝天常在、绿水环绕、花园掩映，不断提升"日出江海、美丽启东"的城市美誉度，建设令人向往的上海最美"后花园"。以人与自然和谐共生为目标，以"共抓大保护、不搞大开发"为导向，坚持在发展中保护、在保护中发展。统筹优化以江海为脉络的空间格局，全面推进沿江转型和沿海开发，加快补齐生态文明建设中的短板。实施最严格的生态环境保护制度，系统推进生态保护和环境治理，加快形成绿色生产生活方式。推动江海生态资源转化为富民资本、经济优势，实现经济高质量发展和生态环境保护协调统一，推进生态环境高质量发展，全面彰显"美丽启东"魅力。

——民生为本，共享发展。顺应人民对美好生活的向往，加快构建优质均衡、覆盖全体的民生保障体系，努力实现幼有善育、学有优教、劳有厚得、病有良医、老有颐养、住有宜居、弱有众扶。加快推进社会治理体系和治理能力现代化，着力打造富足安康、和谐稳定、群众认可的最具幸福感城市。始终做到发展为了人民、发展依靠人民、发展成果由人民共享。树立全生命周期健康管理理念，抓住就业、入园、上学、就医、养老等群众最关心最直接最现实的利益问题，在发展中补齐民生短板、增强民生弱项。加快完善基本公共服务体系，增加高品质公共服务供给，增强群众基本生活保障，使全市人民的获得感、幸福感、安全感更加充实、更有保障、更可持续，为推进人民生活高质量提供保障，进而推进"人"的全面发展，增进和谐包容友善。聚焦人的现代化，以文化人、以文育德、以文惠民、以文立业，促进思想观念、道德素质、生活方式、行为习惯向现代化转变。高水平推进全域文明创建，促进城乡协调融合，塑造现代化城市文明典范，努力建设信仰坚定、崇德向善、文化厚重、和谐宜居、人民满意的文明城市。

——守住底线，安全发展。贯彻落实总体国家安全观，把安全发展贯穿经济社会发展各领域和全过程，防范和化解影响现代化进程的各种风险。弘扬法治精神，探索具有时代特征、启东特色的社会治理新模式，加快形成共建共治共享的社会治理格局。把握好稳增长和防风险的平衡，积极构建大应急管理格局，完善应急保障预案，切实提高应急管理能力和风险防控水平。

（一）聚焦实体经济，建设活力启东

1. 产业协同创新，建设上海北翼创新资源强磁场

坚持走"科创+产业"道路，围绕产业链部署创新链、围绕创新链培育产业链，协同推进原始创新、技术创新和产业创新。创新要素高效配置、科技成果高效转化、创新价值高效体现、科技创新与产业发展深度融合的高水平创新型城市初具雏形，成为沪苏地区智慧创造的最佳"试验田"。一是强化企业创新主体地位，推进企业研发机构提质扩面，开展科技企业"双倍增"行动。二是培育科创平台载体，积极参与长三角科技创新共同体建设，积极建设新型产业研发组织，加快创业服务平台建设。三是完善创新生态系统，加快发展科技金融，加强知识产权保护，强化科技成果转移转化，全面推进创新基地建设。四是强化创新人才支撑，实施人才强市战略，优化人才引进扶持机制、优化人才评价开发机制。

2. 量质并举，打造长三角高端产业首选地

坚持把发展经济着力点放在实体经济上，紧抓国家三大战略叠加机遇，积极主动承接上海功能外溢，在更高水平上参与区域产业链、价值链分工协作，推进制造业集群化、高端化、服务化、绿色化发展。突出做大做强先进制造业主抓手，加快构建以先进制造业为主导、以战略性新兴产业为指引、现代服务业快速提升的现代产业体系，全力打造江海高质量产业带。一是加快发展先进制造业，推动主导产业集群化发展，推动优势产业转型升级，培育发展战略性新兴产业，推进先进制造业融合创新发展。二是推动现代服务业提质增效，升级发展优势主导产业，加快培育新兴服务业态，优化提升服务业载体平台。三是打造启东文化旅游品牌，深化全域旅游示范区建设，打造优质江海旅游产品，完善旅游设施和服务体系。四是提升"启东建造"品牌影响力，推动新一轮建筑产业现代化发展，培育壮大龙头企业。五是积极发展数字经济，积极培育数字产业，加快产业数字化转型，推进数字政府建设，打造数字社会。六是加大新型基础设施建设力度，建设新一代信息基础设施，建设融合基础设施，建设创新基础设施。

3. 改革集成创新，激发现代化内生动力

聚焦突出矛盾和关键环节，深化目标导向性改革，加强改革的系统性、整体性、协同性。加快重点改革领域新的突破，健全改革推进落实和激励机制，在全省乃至全国形成一批先行先试的试点。一是提高政府现代服务效能，深化"互联网+政务服务"改革，深化商事制度改革，深化公共资源交易改革。二是全面优化市场经济环境，大力营造公平市场环境，充分激发市场主体活力，稳步推进要素市场化配置改革。三是加快推进重点领域改革，推进财税体制改革，深化投融资体制改革，加快金融体制改革，深化国资国企改革。

（二）融入新发展格局，建设开放启东

1. 实施向海发展战略，打造新出海口重要节点

系统实施向海发展战略。聚力建设通州湾长江集装箱运输新出海口起步

港区，加快港产城融合发展，走生态优先、绿色发展、特色彰显的新路子，把沿海打造成为绿色产业集聚带、滨海特色城镇带和美丽生态风光带，打造江苏向海发展的重要引擎。一是聚力建设通州湾新出海口起步港区，加快提升吕四港区能级，加快内河转运航道网络建设，增强货源承揽能力。二是加快建设吕四港产业协同发展区，壮大临港先进制造业，培育海洋新兴产业，打造现代航运物流基地，建设吕四渔港经济区。三是加快打造现代海滨特色城镇，依托启东独特的江风海韵，通过产镇文旅功能融合，集中力量打造一批以滨海风情镇、滨海特色村庄、生态知名景观为主体的标志性亮点，形成最靠近海、拥抱海的生活空间。加快完善港城功能，对标现代城市，加快推动周边地区人流、物流、资金流、信息流等加速向港城集聚，打造经济发达、环境优美、功能完善、宜居宜业、社会和谐的现代化滨海新城。加快培育一批有活力、有魅力的美丽宜居滨海特色小城镇。结合乡村振兴，优化调整农村居民点，持续开展滨海传统村落保护，坚持科学保护、活态保护、特色发展原则，有效保护建设一批省级滨海传统村落和传统建筑组群。

2. 全面接轨上海，培育经济高质量发展新动能

深入对接上海全球科创中心建设，推动创新领域重点项目平台载体人才、资金等要素高效配置，成为南通沿江科创带重要支撑。持续强化企业在技术创新、研发投入、科研组织和成果转化中的主体地位，实施"百企联百校"合作工程。深入实施高新技术企业优培计划，实现高新技术企业、科技型中小企业数量翻番。借力央企国企资源，建设海工及重装备产业高端研发机构，合力共建电子信息及半导体、生命健康、电动工具产业检验检测、技术开发等公共服务平台，支持北大生科华东产业研究院争创省技术创新中心。优化人才政策，大力引进大师级高端人才、工匠型技能人才、青年科技人才，让各类人才的创新创造活力竞相迸发。加强上海等地金融资源导入，设立天使投资、创业投资等基金，完善科技融资、财政支持政策，为创新创业提供资金保障。对照世界银行营商环境评价标准，学习借鉴上海等地先进做法，扎实推进"放管服"改革，全面推进"一件事一次办"，实现"1120"常态化，营商便利度进入全省前十。落实减税降费等惠企惠民政

策，健全涉企政策供给体系。抢抓长三角多层次轨道交通规划实施等机遇，深化沪崇启铁路和市域轨道交通规划研究，积极对接上海轨交崇明线建设，尽快接入上海轨道交通"一张网"。

3. 精准落实国家战略，加快经济循环畅通

落实扩大内需战略。加快开放型经济转型升级，强化开放平台载体建设，畅通国民经济循环。进一步扩大开放，全方位拓展东西互济、陆海并进、江海联动的开放合作空间。在全方位、深层次、高标准落实国家战略的实践中，加速融入以国内循环为主体、国内国际双循环相互促进的新发展格局。一是积极落实扩大内需战略，扩大有效投资，持续提升产品和服务供给质量，全力拓展国内市场，加快培育消费新业态新模式。二是主动融入区域经济循环，加快畅通启东城乡经济循环，积极融入南通全市域，推动劳动力、技术、资金等要素在城乡间顺畅流动，形成多样化的组合和搭配方式，创造更为丰富的经营模式和载体，让城乡居民的生产行为和消费行为真正融为一体。充分发挥比较优势，强化长三角要素资源统筹配置，深化推进启东与长三角内部城市构建产业链区域协同共建机制，探索发展"飞地经济"，建立成本分担、利益共享和指标分算的可行机制。全面梳理启东产业发展的突出短板、"卡脖子"环节，深入参与国际技术循环，加强与日韩等地的技术合作，实现上下游、产供销有效衔接，提高经济在更广领域的循环效率。系统谋划"走出去"战略布局，实施贸易投资融合工程，分类推进国际产能合作，鼓励企业建立境外生产基地，全面参与全球性区域性生产网络构建。三是奋力推进长江沿线高质量开发。共同打造崇明世界生态岛，推动长江沿线产业合作。四是聚焦"一带一路"，打造一流营商环境。加快开放型经济转型升级，提升利用外资综合质量，提高对外经贸核心竞争力。五是强化开放平台载体建设，全力提升园区能级，巩固发展口岸经济。

（三）突出江海风貌，建设美丽启东

1. 推动区域协调发展，自觉推进新型城镇化

自觉推进以人民根本利益为中心的新型城镇化，聚力精心规划、精致建

28

设、精细管理、精美呈现。转变城市发展模式，全面完善城乡功能，提升城乡品质。加速推动城乡资源要素市场化配置，不断提高环境承载能力、区域连接能力、战略支撑能力，绘出独具特色的启东"江风海韵"品牌形象。一是优化国土空间格局，建立新时代国土空间规划体系，构建高品质国土空间格局，优化城镇空间体系，提高国土空间利用效率。二是提升中心城区能级，优化中心城区空间结构，加快提升城市功能品质，提升城镇管理精细化水平。三是强化城镇功能品质，做大做强两大副城，做优做特一般城镇。

2. 全面推进乡村振兴，建设滨海美丽宜居乡村

把实施乡村振兴战略作为解决新时代"三农"问题的总抓手，深入推进农业供给侧结构性改革，整体推动农业全面升级、农村全面进步、农民全面发展，打造启东"沿江沿海现代农业发展引擎、区域农渔产品加工物流枢纽和江海特色休闲农业旅游度假区"新名片。一是提高农业现代化水平，做大做强主导优势产业，推动一、二、三产业融合发展。二是实施乡村建设行动，提升乡村人居环境，完善乡村基础设施配套，建设美丽乡村升级版。三是深化农业农村改革，深化农村土地分置改革，加速农村产权制度改革，抓好农村经营制度改革，提升农村居民收入水平，健全城乡融合发展体制机制。

3. 科学布局基础配套，建设区域交通互联新节点

抢抓新基建历史机遇，聚焦重大民生和产业基础设施短板弱项，统筹推动交通、水利、能源等现代基础设施高质量建设，夯实"十四五"时期启东经济社会发展基础设施支撑。一是加快综合交通枢纽建设，加快打造"轨道上的启东"，优化完善干线公路网络，深入推进"四好农村路"建设，完善交通场站布局。二是构建城乡水利保障体系，加快最美江海岸线建设，实施区域治水工程。三是强化现代能源设施保障，强化能源高效清洁利用，建设能源基础设施，完善能源供应网络。

4. 巩固自然生态本色，建设人海和谐生态环境

贯彻落实习近平生态文明思想，深入践行绿水青山就是金山银山理念。更高质量抓好长江大保护，推动经济社会发展全面绿色转型，加快形成与群众美好生活需要相适应的生态环境治理能力。全域建设美丽启东，打造美丽生态示范城，提升人与自然和谐共生现代化水平。一是推进生态保护与修复，严格生态空间保护，深化生态系统保护和修复，持续开展国土绿化行动。二是深入打好污染防治攻坚战，巩固提升水环境质量，持续改善大气环境质量，加快改善土壤环境质量，有效防控重大环境风险。三是推行绿色低碳发展方式，加强资源节约和高效利用，加快发展绿色产业，推广普及绿色生活方式。四是健全生态文明制度体系，健全生态环境绩效考核和责任追究制度，进一步健全河长制、断面长制、港长制、船长制，实施"湾（滩）长制"，完善多元化生态环保投入机制和生态补偿机制，有序推进陆海资源统一交易和有序流动，推行排污权、用能权、用水权、碳排放权市场化交易。大力发展绿色信贷、绿色担保、绿色债券、绿色保险。深化环评制度改革，完善环境信用评级、环保总监等制度。探索环境管控单元（园区）总量控制制度，完善生态环境突出问题全过程闭环管理机制，健全市级生态环境监测监控网络，积极参与长三角区域生态环境保护协作行动。推进危废处置、污水处理设施提标改造，创新管理运行机制，提升使用效益。实施"双随机、一公开"环境监管模式，规范环境执法程序，加强环境监督执法信息的互联互通。完善失信联合惩戒机制，优化实施差别价格、差别信贷等措施。

（四）增进民生福祉，建设幸福启东

1. 增强优质民生供给，创造人民期盼的幸福生活

坚持以人民为中心的发展理念，牢筑底线思维，加强高品质民生供给，健全完善富民惠民安民体制机制，全面提升人民群众的获得感、幸福感和安全感，努力向人的全面发展目标迈进。一是千方百计实现富民增收，拓展富民增收渠道，健全收入分配调整机制，建立解决相对贫困长效机制。二是实现高质量更充分就业，健全就业服务体系，保障重点人群就业，积极推进创业带动就业。三是做强"启东教育"品牌，推动基础教育协调发展，夯实现代教育支撑体系，深化产教融合发展。四是强化"健康启东"建设，强化医疗卫生服务体系，建立覆盖全生命周期的卫生健康服务体系，全面深化

医药卫生体制改革，完善全民健身公共服务体系。五是全面提升社会保障能力，建立更加公平更可持续的社会保险体系，构建"弱有所扶"的社会大救助体系，完善"住有宜居"的住房保障体系。六是促进人的全面发展，积极应对人口老龄化，推动重点人群共享发展，健全家庭发展支持体系。

2. 强化先进文化引领，建设新时代江海文明城市

坚持以社会主义核心价值观为引领，加强社会主义精神文明建设。深入推进文化强市、文化树人，提升文化软实力，引领文明新风尚。加快建设更加开放包容、更富创新活力、更具江海特色的文化强市，凝聚新时代现代化建设的强大精神力量。一是全面提高社会文明程度，以创建全国文明典范城市为抓手，强化核心价值引领，提高社会道德风尚，深化精神文明建设。二是强化优质文化产品供给，加强文化精品创作生产，构建现代公共文化服务体系，提升文化产业和消费水平。三是加强历史文化传承创新，加强文化遗产保护传承和合理利用，树立启东江海文化城市形象。

3. 筑牢安全底线，建设社会治理标杆市

全面落实依法治国基本方略，坚持源头治理、系统治理、综合治理、依法治理理念，深入推进法治社会、法治政府建设，加快打造共建共治共享的现代社会治理新格局，全力打造社会治理标杆市。一是筑牢安全保障体系，严格保障食品药品安全，筑牢安全生产防线，完善公共应急管理体系，加强重点领域风险防控。二是加强和创新社会治理，健全多元主体治理参与机制，创新基层治理模式，健全社会信用体系。三是加强民主法治建设，深化法治政府建设，加快法治社会打造，健全完善监督体系。

（五）健全规划保障机制，绘就高质量发展新篇章

1. 坚持和加强党的全面领导

全面贯彻落实习近平新时代中国特色社会主义思想，坚决贯彻党的基本理论、基本路线、基本方略，增强"四个意识"。坚定"四个自信"，做到"两个维护"，贯彻党把方向、谋大局、定政策、促改革的要求。健全贯彻落实中央、省和南通市委重大决策部署的督促检查和问责机制，健全总览全

局、协调各方的党的领导制度体系，把党的领导始终贯穿"十四五"规划组织实施各领域全过程。坚持市委总览全局、协调各方，坚决贯彻执行民主集中制，提高贯彻新发展理念、构建新发展格局的能力和水平。充分发挥各级党组织和党员的"两个作用"，团结全市人民为实现"十四五"规划目标任务共同奋斗。完善大统战工作格局，发挥工商联、无党派人士和民族宗教界人士作用，做好新时代对台工作，巩固发展最广泛的爱国统一战线。

2. 建立完善规划体系

全面建立以规划纲要为统领、空间规划为基础、专项规划和区域规划为支撑的规划体系，形成各级各类规划定位清晰、功能互补、统一衔接的规划体系。突出规划纲要的战略性、宏观性和政策性，发挥规划纲要的统筹重大战略和重大举措的时空安排功能，为制定国土空间规划、专项规划、区域规划提供依据。健全规划管理衔接协调机制，统筹规划全程管理，构建纵向衔接、横向协调的规划衔接机制，确保各级各类规划在总体要求上指向一致、空间配置上相互协调、时序安排上科学有序、组织实施上依法依规。

3. 创新规划实施机制

细化分解规划发展目标、主要任务，明确牵头单位、年度目标、工作责任和推进机制，把实施情况纳入高质量发展年度考核，探索实行规划实施考核结果与被考核责任主体绩效相挂钩机制。依法开展规划纲要实施评估，强化动态管理，努力提高规划纲要实施的效果。创新评估方式，加强规划纲要评估考核监督，坚持政府自我评估和社会第三方评估相结合，完善规划动态评估、跟踪、预警机制，健全年度监测分析—中期评估—总结评估的全过程动态规划评估体系，严格规划实施管理制度。

4. 规划动态调整和修订机制

加强规划执行监督，自觉接受人大、审计和社会监督，保障规划严格落实。充分运用信息技术和大数据资源，提高分析评价的客观性、科学性和精准性。推进政策协同保障。完善重大发展战略和中长期经济社会发展规划制度，健全以发展规划为战略导向的政策协同体系。围绕经济社会发展中的重大问题、重点领域和关键环节，研究制定规划实施的财政、金融、税收、价格、投资、产业、土地、人口、环保等相关配套政策，加强政策储备和统筹协调，注重保持政策定力和加强政策创新，使多重目标、多项改革和各类政策之间联动协调平衡，给市场主体以正确导向与合理预期。注重短期政策与长期政策的衔接配合，推动要素保障和政策扶持相结合，完善要素供给机制，强化土地、资金、人才等资源要素供给，提高要素配置效率。

5. 推进重大项目落实

坚持以规划纲要带动项目建设，以项目促进规划落实，完善中长期规划对重大项目布局的指导作用。发挥重大项目的示范和带动作用，在产业发展、载体建设、基础设施、公共服务、生态建设等重点领域精心谋划实施一批重大项目工程。加强重大项目前期工作，加快重点项目建设进度，健全重大项目储备库，形成竣工一批、启动一批、储备一批的年度项目滚动机制。

6. 凝聚社会力量落实规划

推进规划纲要实施的信息公开，积极搭建政府与企业、社会的互动平台，健全政府与企业、社会的信息沟通和交流机制，进一步完善规划纲要实施的公众参与和民主监督机制，鼓励市场主体、社会力量和人民群众参与规划实施。创新和丰富宣传形式，积极利用传统媒体的阵地作用和新兴媒体的传播力，打造立体化、体系化的传播体系，多形式、多层次开展规划宣传，加强对外宣传，讲好启东故事，传播好启东声音。

分报告一

江海联动，走好向海发展之路

　　启东全面贯彻落实《江苏沿海地区发展规划（2021—2025 年）》和南通市沿海发展行动计划，以"全域皆沿海"的思维，深入实施向海发展战略、接轨上海战略，系统推进沿海高质量发展，充分挖掘市域滨江临海的自然资源和区位优势，打造南通沿海高质量发展的前沿阵地。按照建设世界一流港口目标，建设通州湾新出海口吕四起步港区，推进吕四起步港区"2+2"码头、进港航道、内河转运码头、洋吕铁路、疏港公路、港区道路六大工程。打造"3-2-1"交通圈，全力构建"铁路连港区、内河到码头、港口通大洋"的集疏运体系，完善集疏运设施。依托自身特色和优势产业，积极构建"临港+特色+新兴"的产业架构，加快形成较完整的现代海洋产业体系。大力发展海洋经济、壮大海洋新兴产业，为沿海地区高质量发展提供强劲动能。依托盐垦文化、江海文化、渔业文化等旅游资源，形成观光、休闲、专项旅游产品相结合的全域旅游产品体系，推进文化旅游高质量发展。加强沿海重点渔港经济区建设，推进海洋渔业全产业链发展。打造绿色生态海洋经济，推进龙湾、吕四港、协兴港等依托资源特色和临港产业特色加快小城镇建设，加强沿海环境污染治理和生态管控。扩大开放合作，拓展海洋经济发展空间。

一 聚焦港口开发，推进港产城融合发展

启东按照建设世界一流港口目标，以自动化、智能化标准进行通州湾新出海口吕四起步港区建设，打造"3-2-1"交通圈，全力构建"铁路连港区、内河到码头、港口通大洋"的集疏运体系。推进吕四起步港区"2+2"码头、进港航道、内河转运码头、洋吕铁路、疏港公路、港区道路六大工程，推动港产城一体化发展。启东将继续加快港口基础设施建设、优化港口功能，并完善集疏运设施等，发展公水联运、江河中转，提高港口物流服务能力，使港口成为带动地方经济发展的重要动力。

（一）加强基础设施建设

1. 打造"3-2-1"交通圈

启东着力打造"3-2-1"交通圈，即3小时交通圈覆盖南京、合肥、杭州等长三角主要城市，2小时城际交通圈覆盖上海、苏州、盐城等周边城市，1小时市域交通圈覆盖市全域。启东建设和完善沿海地区的交通通道，推动启东向北与江苏沿海经济带、东陇海经济带，向南与上海及杭州都市圈快速联系，打通对外链接点，补齐高速铁路短板。完善沿海地区公路网络，推进水运建设持续发展，全面提升沿海地区交通基础设施，促进启东沿江沿海联动发展，联通杭州、盐城、连云港和上海等长三角区域城市。

"十四五"开工建成的铁路项目中，宁启铁路西起南京，东至启东，位于江苏省中部，是国家铁路网"八横八纵"重要通道之一，为宁西铁路的延伸。宁启铁路复线电气化工程全线设16个站，全长268.3公里。复线电气化工程建设项目主要是增建第二线并电气化，对既有线电气化改造和部分路段提速改造。宁启铁路二期工程为宁启铁路南通至启东段，全线设6个站，全长93.6公里，其中海门段工程全长38.36公里。启东客整所为规划位于宁启铁路普速列车启东段东线末端区域的重要设施，未来将是普速、高速列车的复合交通重地，启东将成为华东横纵铁路交叉的沿海最前线枢纽城

市，南北跨江畅行，东西驰骋千里北沿江。吕四货场位于宁启铁路吕四站东侧。沪通城际客运专线自南通站引出，沿北沿江高铁北侧平行敷设，向东经过南通新机场设海门北站，继续向东进入启东市区域，在北沿江高铁西侧引入启东西站，经吕北公路—浏河口过江后由徐行站引入上海北站。崇启铁路客运专线从宁启铁路启东站向东引出，至圆陀角后向南过江接至上海地铁崇明线裕安路站（见表1）。

表1 "十四五"开工建成铁路项目

铁路建设项目	建设情况
宁启铁路二期复线改造	客货混行，设计速度160km/h
启东客整所	位于启东站东北侧，头兴港河与新启秀路之间
吕四货场	位于宁启铁路吕四站东侧

城际铁路建设项目	建设情况
沪通城际	客运专线，设计速度不低于250km/h。自南通站引出，沿北沿江高铁北侧平行敷设，向东经过南通新机场设海门北站，继续向东进入启东市区域，在北沿江高铁西侧引入启东西站，经吕北公路—浏河口过江后由徐行站引入上海北站。启东境内约21km
崇启铁路	客运专线，设计速度160km/h。从宁启铁路启东站向东引出，至圆陀角后向南过江接至上海地铁崇明线裕安路站。启东境内约48km，新设圆陀角站

2. 加快港口基础设施建设

积极有序推进港口基础设施建设。吕四作业区"2+2"码头是"六大工程"中的主体工程，位于环抱式港池西港池南侧，建设内容为2个10万吨级集装箱码头和2个10万吨级通用码头，共利用岸线长度1368米，工程估算总投资约46亿元。集装箱码头，南北纵深为620米，东西宽812米，考虑近期使用便捷、远期发展为智能化集装箱码头的需要，码头采用连片满堂式布置。根据工艺和场地条件，码头前方布置集装箱岸边桥式起重机，其后依次布置水平运输作业地带、重箱堆场及冷藏箱堆场、空箱堆场、查验场地、停车场区、拆装箱库及进出港大门。通用码头，南北陆域纵深620米，东西宽 556 米，码头后方堆场自北向南、自西向东依次布置建筑材料堆场、石材堆场、机械设备堆场、钢铁堆场、其他杂货堆场、粮食平房仓和辅建区。

吕四环抱式港池东港区基础设施工程东至大唐电厂围堤，西至茅家港，南与现有海堤相通，北至北围堤，整个片区 12 平方公里，主要包括道路、管道、绿化、交安等工程建设。项目建成后，将有效放大吕四环抱式港池东港区产业港的地位优势，极大提高吕四港临港产业承载能力，为打造临港高端装备制造产业打下坚实基础。东港区主干道建设通过"降水强夯、真空预压、碎石换填"等技术手段加强质量管控，利用视频监控系统实时把握现场各道工序的施工质量，同时适当增加土工格栅等技术措施防止产生不均匀沉降，全力保障工程建设"不减速"。

加快东港池 5 万吨级重装临港产业码头、1000 吨级内河码头和东港区主干道路等港口基础设施建设。吕四作业区东港池一期码头工程（重装码头），位于环抱式港池东港区南侧，建设 1 个 5 万吨级通用泊位及后方配套等辅建设施，泊位岸线长度 273 米，设计吞吐量 290 万吨/年，主要运输货类为矿建材料、钢材、件杂货、海缆及重大件设备等，项目的建设将为卫华港机、宝安电缆及中外运等企业提供更加便捷的运输通道，提高企业的综合竞争力，促进港区临港产业发展。启东内河港口共拥有生产性泊位 50 个，共占用岸线 3105 米，其中通启运河航道上泊位数量最多，为 16 个，占总量的 32%。500 吨级及以上泊位 15 个，占用岸线 903 米，分别占全港总量的 30% 和 29%（见表 2）。

表 2 "十四五"开工并建成港口项目

港口建设项目	建设情况
吕四港区吕四作业区内河转运码头工程	建设 21 个 1000 吨级泊位
吕四港区吕四作业区东港池	建设 1 个 5 万吨级泊位
南通内河港启东港区经济开发区作业区码头工程	建设 16 个 300 吨级装卸泊位、2 个 300 吨级待泊泊位
小庙洪航道拓宽工程	满足 10 万吨级散货船、10 万吨级集装箱船通航

开展主航道与进港支航道维护疏浚施工，确保港口设施平稳运营（见表3）。吕四港进港航道全长11.5公里，按照10万吨级散货船、10万吨级集装箱船通航标准建设，总投资3亿元。南通港吕四港区10万吨级进港航道疏浚维护工程依托江苏沿海辐射沙洲南缘的大湾洪、小庙洪深槽，航道起于大湾洪水道，止于吕四挖入式港池支航道与主航道交界处，项目进一步保障吕四港区航道通航能力，适应码头港口建设和水路运输需求，促进南通沿江产业转移、长江经济带转型升级发展。

表3 "十四五"开工并建成内河航道项目

工程	内河航道项目
新三和港护岸工程	通吕运河至长江北支段按三级航道标准实施护岸工程
通吕运河疏浚工程	全线按三级航道标准疏浚
南引河疏浚工程	汇吕线至三和港南段按五级航道标准疏浚
汇吕线疏浚工程	中央河口至吕四船闸段按三级航道标准疏浚

同时抓好货源组织、口岸开放、政策配套等各项工作，全力打造"绿色、智慧、低碳、高效"的现代化港口。坚持"项目为王"理念，持续突破重大项目、厚植产业根基，实现沿海产业高端化、布局集约化、工厂数字化、生产绿色化。持续优化营商环境、强化要素服务保障，为港口物流和临港装备企业经营发展做好服务。推动通州湾吕四起步港区成为以高端装备制造、新材料、新能源为主的上海北翼临港产业基地、重要的港口物流中心，为南通加快通州湾新出海口建设、带动沿海高质量发展提供强大支撑。

（二）完善港航配套机制

1. 建设高效集疏运体系

加快内河转运区码头、洋吕铁路及内河航道等工程建设，打造"内河到港口、铁路到货场、港口通大洋"的综合集疏运体系。吕四作业区内河转运码头工程是新出海口吕四起步港区"公铁水、江海河"联运的重要一环。综合考虑海河联运的有效衔接，充分发挥内河航道和沿海港口两大优势，内河转运码头工程是实现起步港区"海运直达、江海转运、内河集散、水陆连通"的综合集疏运体系的重要支撑，有利于发挥南通江海联运、江海直达的比较优势，加速江苏沿海崛起。内河转运区布置于环抱式港池西港池和渔港连接段，采用挖入式平面布置，一期规划建设码头泊位长度1500米，14个1000吨级泊位（5个集装箱泊位、4个件杂货泊位、3个待泊泊位、2个散货泊位），年通过能力750万吨，总投资15亿元。目前，内河转运码头项目水工结构及港池航道已全部完成。内河转运区将与海港码头形成江海联运功能，通过通吕运河，到达通海港区进入长江，大大提升吕四起步港区的"水水中转"能力，是新出海口吕四起步港区"公铁水、江海河"联运的重要一环。

洋吕铁路位于南通市东北沿海，北衔海洋铁路北渔站，南接宁启铁路二期吕四站，与宁启铁路形成南通铁路环线，全长85.122公里。它的建成将对打造通州湾长江集装箱运输新出海口集运体系、推进江（铁）海联运、有效串联南通沿海各港区、打通铁路进港"最后一公里"具有重要意义。

港区道路共建设西港南路、志圩公路北延及通港大道北延3条道路，建设道路总长2850米，沿线管网、电力、照明等随道路同步到位。疏港公路作为吕四港区建设的先导工程，共8.8公里，总投资3亿元。采用双向四车道技术标准，于2020年6月开工，经过建设者16个月栉风沐雨的砥砺奋战，于2021年9月建成。公路连接吕四港西港池和启扬高速吕四港出口，是通州湾新出海口吕四作业区的重要集疏运通道。

此外，启东加快推进沿海公路建设，包括S335吕四港镇线、S433、天江公路、东惠公路、东和公路、王海公路等改造工程；加快S356启东东段快速化改造，串联海工船舶工业园、启海作业区和圆陀角风景区、启东主城与寅阳副城之间的快速通道，为了提升江海通达能力，按序时推进天汾大桥、鹤港大桥建设，开工建设大洋港桥，实施大洋港河岸坡整治工程，形成完善的沿江沿海公路网络，促进吕四港区铁水联运以及与新出海口主体港区联动发展（见表4）。

表4 "十四五"开工并建成公路项目

公路建设项目	建设情况
S356 启东东段快速化改造	改扩建一级公路24.6公里。串联海工船舶工业园、启海作业区和圆陀角风景区，启东主城与寅阳副城之间的快速通道
S433 路面改善	对全线26.8公里进行路面改善，提升通行品质。串联吕四港区、滨江工业园。市域南北向重要的干线公路
天江公路	新建二级公路23.8公里。沿江、沿海发展重要连接线，服务吕四副城、启东滨江精细化工园和沿线出行
东惠公路	新建一级公路28公里。启东东部片区沿海、沿江发展带之间的重要连接线，与王海公路连通后服务寅阳副城及沿线地区前往南通新机场的重要干线，服务江海澜湾旅游度假区、海工船舶工业园
东和公路	新建二级公路12.8公里。沿海产业带与沿江产业带之间的联系通道，方便东海镇及沿线节点与干线公路网络的联通
王海公路快速化改造	一级公路快速化改造14.1公里。江海澜湾旅游度假区和启东通用机场向西快速集散通道，同G228启东段共同形成启东中北部地区横向快速干线公路

启东全市现已基本形成以通吕运河、汇吕线为主骨架，以通启运河、头兴港河等为补充的干支相接的航道网络，为水运业和经济社会发展发挥了积极作用。市域内河航道发展呈现以下特点：一是加快航道整治，航道整体通航条件大幅改善。二是航道等级逐渐提高，启东市共有航道56条，里程649公里，约占江苏全省航道总里程的2.7%，等级航道219公里，占全市航道总里程的33.7%。其中五级航道29.5公里，占全市航道总里程的4.5%，为通吕运河、汇吕线部分段航道；六级航道123.93公里，占全市航道总里程的19.1%，为通启运河、汇吕线部分段、中央河等航道；七级航道66.0公里，占全市航道总里程的10.2%，为南引河、头兴港河、海门河等航道；等级外航道430公里，占航道总里程的66.3%，为大洋港、红阳河、惠兴竖河、戤效河、五效河、聚阳河等。三是通启运河、三和港等航道的主通道作用愈加突出，通启运河、三和港货物运量占启东内河航道网货运总量的41.2%。

2. 完善港航配套保障机制

（1）修复港航生态环境。启东在前期规划中，充分考虑环保需求，设置油污水和生活污水接收和处理设施，并对油污水和生活污水严格按照环保需求处理，使油污水实行无害化排放。对港口生产运营过程中带来的生活垃圾进行集中收集处理，保护内河水环境；对于内河码头水污染防治设施不完善或设施运行不正常的，港口企业委托有相应资质的设计单位进行改造设计，改造方案经当地环保部门审查，报当地交通（港口）管理部门备案后实施，由环保部门参与验收后使用。

在港口建设中，切实做好生态修复工作。对于港口建设工程不可避免造成的环境问题，积极给予有效解决，最大限度地降低港口建设对生态环境造成的危害和影响。在港口运营过程中，对于采用车辆进行水平运输的码头，优化车流组织；针对重点物资及大宗散货，加强港口生产组织、协调，做好与包括铁路运输在内的其他运输方式的衔接工作，提高车船直取比例；加强港口生产调度、设备管理和生产工艺流程管理，使机械设备合理负载，实现系统环保经济运行；提倡各港区选用环保经济型装卸机械，减少作业过程中噪声的产生和废气的排放。

推广内河码头"油改电""油改气"技术。停泊船舶实现由岸电提供船用照明及生活用电改为油改天然气直供方式，减少船舶燃油废气对码头周边的环境污染；推广应用高效节能设备和淘汰高耗能产品，淘汰高耗能落后变压器、电动机等机电设备，选用低能耗、高效率的装卸生产设备，推广扩大绿色照明灯具及智能控制系统应用范围；推动港区配置油气回收系统，鼓励油气码头采用固定式冷却水喷淋（雾）系统、气体冷凝回收系统等减少油气挥发的技术措施。

（2）码头经营合作机制。建立码头经营合作机制，围绕新出海口建设运营目标，加强与上港集团、省港口集团在运营管理、货源组织、航线开辟等方面合作，协同建设上海国际航运中心，集装箱吞吐量达30万标箱。建设海上应急救援基地，为海上风电施工、港口施工及运营船舶等提供应急避风安全水域，提升海上应急救援处置能力。

（3）建设港口支持系统。加快港口支持系统建设，满足海关、海事、边检等联检单位使用，港口支持系统工程建设 1 座引桥式码头及 4 座浮码头和配套设施；开工建设港区商办用房，满足船代、货代办公需要。有序推进吕四港保税物流中心（B 型）申报工作。积极争取启运港资格，探索"沪吕通"物流新模式，提高开放水平。

（4）未来发展规划。启东将强力推进新型基础设施建设，利用云计算、大数据技术、GPS、GIS、互联网、物联网等信息技术，构建交通管理信息网络，建设港口和物流园区智能控制中心、智能立体装卸堆场、综合物流信息中心等智慧控制和信息管理中心，形成交通网络信息采集与传输体系。整合港口、公路、内河等交通信息，打造智慧交通服务系统，提供区域交通信息监测和服务，实现交通信息资源共享、协同和服务集成。推进智慧化港口管理，探索集约化物流组织，加强与长三角区域内港口的信息交流，提高港口营运效率。

二 沿江沿海集聚，打造高端产业首选地

启东依托自身特色和优势产业，构建"临港+特色+新兴"产业架构，加快形成较完整的现代海洋产业体系。临港产业规模不断壮大，重点发展海工船舶重装、港口机械、新能源及装备、粮油加工等细分产业，地标性、航母型先进制造业集群已初具规模。电子信息及半导体、生命健康等两大战略新兴产业迭代升级步伐明显加快，产业基础高级化、产业链现代化水平不断提升，已逐渐打响具有全国影响力的品牌。电动工具、高端机械装备等传统特色产业高端化、智能化、绿色化发展进程不断加快，产业内龙头企业的技术创新、智能升级和制造模式有效提升，规模实力不断做大做强。2022 年，全市临港、特色、战略性新兴产业实现应税销售 1077.7 亿元，增长 41.1%。

（一）做大临港产业

1. 打造高端海工及装备制造基地

近年来，启东全力构建"两主两新两优"产业体系，即海工及重装备、

42

生命健康科技两大主导产业。全力招引一批在国内外有影响力、技术力量雄厚的大企业入驻，加快腾笼换凤步伐，逐步淘汰低端造船等落后产能，实现从传统造船业向高端海工装备制造业的转型升级。

为推动海工与船舶工业有序快速发展，打造全省乃至全国知名的海工特色制造基地，启东于2011年11月成立启东海工船舶工业园，理顺船舶工业管理体制，统筹海工船舶产业发展。2013年6月，全市进行"区镇合一"，海工园与寅阳镇正式合并，成立了启东海工船舶工业园（寅阳镇）。启东海工船舶工业园位于启东市东南部，长江北支口三条港至连兴港段，总面积120平方公里。其中园区规划用地面积35.8平方公里，近期控制规划用地面积23.85平方公里，预留中远期发展用地11.95平方公里，沿江岸线18.8公里，腹地纵深1~2.5公里。园区先后获"国家海工装备产业示范基地""国家海工装备集聚标准示范区""国家船舶高新技术产业化基地""国家船舶出口基地""江苏省高端装备制造特色产业基地"等称号。2011年，沿江船舶带共入驻中远船务、太平洋海工、道达重工、蓝岛海洋等13家海工企业，全年实现应税销售39亿元。2012年海工园成立后，在前期海工企业的基础上，招引胜狮、华滋奔腾、丰顺重工等4家新企业，共聚集17家海工企业，全年实现应税销售66亿元。2013年区镇合一后，园区海工企业迅速发展，应税销售突破80亿元。2021年园区应税销售达到237亿元，与2011年相比，应税销售净增200亿元。

启东利用沿江岸线优势，加快发展海工装备制造业，但受全球航运业影响，众多中小船舶企业面临巨大压力和挑战。面对严峻形势，启东海工船舶工业园积极推进供给侧结构性改革，通过吸引实力雄厚的央企、上市企业，形成以创新为主要支撑的经济体系和发展方式，逐步淘汰低端船舶制造等落后产能，实现了从传统造船业向高端装备制造及新能源产业的转型升级，为持续发展释放经济新动能。

园区各企业在科技创新上不断寻求突破，"十三五"期间新建江苏省属企业研究生工作站1个、南通市属企业工程技术研究中心4个、省工程技术研究中心1个，省博士后创新实践基地1家。多家企业在各自产业领域斩获各类科技奖项。以企业生产的产品类型来划分，可分为三大类。第一类为海工装备、特种船舶、能源装备（除风电装备），即园区传统三大产业板块，以中远海工、振华重工、中集太平洋、寰宇东方、集胜造船为代表；第二类为风电装备产业，以中交三航、泰胜蓝岛、润邦海洋为代表；第三类为钢结构产业，以京沪重工、向海重工和宏强重工为代表。

园区企业发展有以下四个特点。

（1）企业产品定位明确。中远海工、振华重工、寰宇东方等企业有固定的产品种类，坚持传统三大产业板块不变。中集太平洋坚持以 LNG 运输压力容器生产为主、风电装备生产为辅的产品定位思路拓展市场。这 4 家园区重点企业的产品发展定位确保了三大产业板块在园区中的核心地位。中交三航、泰胜蓝岛、润邦海洋等多家企业主营风电市场，补充了园区风电产业链条，奠定了风电产业发展地位。

（2）企业在业内处于领头地位。寰宇东方是中远海运集团旗下最大的集装箱生产基地。中远海工是中远海运重工旗下唯一的生产海工装备的企业。中集太平洋是中集集团下属生产 LNG 运输船的唯一企业。振华重工是中交建下属生产特种船舶的主要企业。这些企业在行业和市场中占据主体地位，产品技术处于领先地位。中交三航隶属于中交三航局，企业主营风电管桩制造。泰胜蓝岛及润邦海洋在风电行业崭露头角，被广东国资平台公司收购，企业未来发展势头强劲。

（3）企业创新能力强劲。园区海工企业整体实力都较强，特别是 4 家央企国企都是大集团，拥有一批理念先进的设计院所和一支十分优秀的国内外设计队伍，生产了许多一流水平的知名产品，如中远海工的"希望六号"、振华重工的"天鲸""天鲲"号姊妹铰吸船、中集太平洋的 3.8 万立方米 LNG 双燃料运输船、寰宇东方的各类特种集装箱等，体现企业一流的产品研发实力。

（4）市场需求持续扩大。目前园区企业在手订单饱满。以中远海运为例，目前在手订单 160 多亿元，可生产至 2024 年；振华重工在手造船订单爆满，已租用其他企业船台进行生产；泰胜蓝岛、润邦海洋、中交三航等风电产业企业也是满负荷生产状态。

启东打造高技术船舶产业基地，重点发展智能港口机械、海洋工程装备、高技术船舶等高端装备产业群。依托海工船舶工业园中远海工、中集太平洋、振华重工等重点企业技术力量，推动传统造船业向海洋工程装备、特种船舶制造、海工船舶配套等高端海工装备制造业转型升级。船舶海工产业重点做优做强海洋油气装备、海洋能源及重装备产业，培育具有较大规模、部分类别产品领先的海工船舶配套产业，重点发展大型石化成套设备、港口重型机械、大型环保设备、海水淡化等资源综合利用设备、大型基础施工设备等。同时鼓励船舶海工企业加强技术研究，提升海工及重装备设计能力，实现向产业链上游转移，提高企业盈利能力。

2. 打造港口机械研发和制造基地

支持润邦海洋、振华重工等重点企业加大科技研发力度，加强装吊系统研发和生产；加强海工设备相关配套零部件及系统的研发和生产，突破核心零部件或关键零部件；加强疏浚船、挖泥船和施工船等特种工程船和海洋辅助作业船的研发与生产，扩大企业产品线；加强动力类、甲板机械类、自动控制类等大型船舶关键配套设备的研发和生产，提高在产业链关键环节的控制力。

在此基础上，启东建立港口机械与设备的服务机构，以提升港口机械技术水平。推动卫华港口机械装备基地项目开工建设，扶持中小型港口机械配套企业，培育"专精特新"企业，形成港口机械产业集群。提升港口机械研发水平，支持企业设立相关实验室和研发机构，鼓励高等院校和科研院所在市设立分支机构。积极发展港口机械产业，加快推进卫华港口机械装备基地、京沪特大跨径桥梁生产基地扩建、寰宇东方集装箱智能绿色车间技改和中工重科港口流动机械设备等项目建设。

3. 发展新能源新材料产业

启东策应国家"3060"双碳目标，依托华峰超纤、大唐热电、广汇能源等龙头企业，秉持绿色环保和循环经济发展理念，培育发展具有大进大出、节能低碳绿色环保的新能源、新材料产业。以华威风电、华尔锐风电等风电项目示范引领，推动远海海上风电、百万千瓦滩涂光伏基地开发建设，开展整市屋顶分布式光伏开发试点。积极探索远海海上风电开发和海上能源集群建设，打造海上风电产业基地。大力发展海上风电安装船、浮式生产储卸油平台和以 LNG 模块为代表的绿色能源装备，推进内河船用气罐的开发和生产。积极推进新能源相关设备和组件的开发和制造，完善配套能力，提升新能源产业装备在国内的影响力。大力发展以风电为主的清洁能源装备，重点围绕海上风电储能、大容量海上风电整机制造、长叶片、发电机、变流器、轴承等关键零部件制造领域开展产业链招商，加快形成集聚效应。大力发展 LNG 相关设备的研发和生产，积极培育海氢能源装备产业。加快海上风能和光能建设，鼓励企业建设储能基地，充分发挥储能调峰作用。支持广汇能源 LNG 分销运转站建设，构建集接卸、仓储、销售和集散中心于一体的 LNG 产业链，确保其周转能力有较大程度提高。加快推进亿纬林洋 10GWh 储能电池、广汇 LNG 转销站泊位新建及储罐扩建、海四达二期等项目建设。利用沿海丰富的风电资源，开展氢能生产、储存和运输技术研究，构建完整的氢能产业链。

此外，启东借助临近上海的有利条件，加强同科研院所、高等院校和相关企业合作，组织联合攻关，在新材料领域有所突破，开发国内领先、具有国际影响的产品。追踪产业前沿技术，加快产业转型升级，向相关产业链上游延伸，巩固主导产业地位，形成产业集聚，维护产业链安全，提升自身在国内和国际的地位。依托华峰超纤等重点项目，加强开发产业链上游材料，拉长产业链，争取成为国内主要的超纤材料生产基地。积极突破半导体产业，大力开发产业链上游新材料。以连云港国家高性能纤维及复合材料高新技术产业化基地、国家火炬计划东海硅材料产业基地为依托，重点发展生物基材料、膜材料等产品，打造高性能纤维材料产业集群和硅材料制造基地、石英加工中心。

4. 加快发展沿海高端粮油产业

布局发展集粮油加工、储运、贸易于一体的"大粮油"产业，建成全国粮、油及冷链物流基地。加快推进益海嘉里金龙鱼食品、中储粮粮油加工储运等项目建设，做大沿海高端粮油产业集群。启东益海嘉里粮油加工项目位于吕四港区吕四作业区环抱式港池西港池西侧。项目建设的临时围捻长1080米。地基处理完成后建设小包装油和豆粕生产区（精炼车间、酸化油车间、包装车间和发酵豆粕车间）、面粉加工和挂面生产区（面粉车间、挂面车间、麸皮打包仓库、米面仓库、打包车间），配套建设4万吨油罐区、2.1万吨油罐区、18万吨小麦筒仓、污水处理站、综合楼（综合化验室、机修等）、粮油仓库、小包装自动化仓库、110kV变电站、办公楼（含食堂、研发）以及其他生产生活辅助设施。工程总投资274705.1万元，施工期为36个月。

政府支持建设沿海绿色高端临港产业基地。项目选址于吕四作业区，是南通市在吕四作业区布局粮油产业的具体体现，有利于打造沿海地区粮油加工中心，有利于进一步覆盖长三角消费市场。同时益海嘉里粮油加工项目与吕四作业区码头、航道就近统筹布局，有利于节省能耗和节约物流成本。

（二）做优新兴产业

1. 促进海洋生物医药产业

江苏省生物医药产业发达，自20世纪90年代末期开始就已不断开发新药、原料药、功能食品等海洋生物食药产品。2021年，江苏省海洋生物医药产业增加值68.5亿元，同比增长11.9%。近20年来，江苏省在海洋生物医药产业的科研投入持续增加，建设了一批重点实验室和创新平台。通过高校、科研机构和医药企业的产学研合作开发形成具有自主知识产权的海洋生物医药产品，依托企业对市场需求的把握，共同推进海洋生物医药产品的研发和产业化进程。江苏省已形成了具有特色的发展模式和产业方向，在海洋中药的研究与开发、贝类藻类的综合利用方面卓有成效，形成了双林海洋生物药业、苏中药业等一批海洋生物医药企业。

"十四五"期间，江苏省海洋生物医药产业发展的重点是推进海洋药物和生物制品产业化。《江苏沿海地区发展规划（2021—2025年）》提出，建设海洋药物研发中心、孵化中心和药物研发公共技术服务平台，推进糖类和蛋白类藻蓝蛋白、胶原蛋白等产品开发，发展海洋药源生物的保种、育种和育苗产业，打造海洋生物制品产业集群，支持连云港海洋生物制药创新基地、盐城海洋生物产业园、海门及启东生物医药科技产业园等载体建设，打造海洋生物医药产业化示范基地。在细分领域方面，充分利用虾壳、文蛤等海洋甲壳类生物资源，加快海洋生物药材及基因工程药等研发；加快突破海藻多糖、系列多肽等海洋生物资源提取利用核心技术，开发高附加值的海洋保健品和功能性食品；支持重点发展海藻提取物、海洋复合材料及纤维、海洋除污材料等海洋生物材料产品，利用海洋动植物等生物资源开发特殊功能海洋化妆品。

启东市政府贯彻落实省政府布局，大力促进生物医药领域产业链、创新链、资金链融合发展，对新药研发实施阶段性补助。企业自主研发且在本市转化的创新药（含化学药创新药、生物制品创新药、中药创新药）和企业自主研发且在本市转化的改良型新药（含化学药改良型新药、生物制品改良型新药、中药改良型新药），可按研发进程分阶段得到资助。市政府设立规模为10亿元人民币的生命科学产业发展基金，专项用于扶持生命科学类项目研发、引进、投入及扩大再生产。一是建设医药产业基地，巩固提升化学药、现代中药和生物医药三大优势产业，培育壮大健康产业链，打造具有国际影响力的医药产业集群和原料药生产基地。二是积极挖掘海洋资源，开发海洋创新药、合成生物医药等前沿新技术，推进海洋生物医药、海洋生物制品和保健品产业发展。三是着力开发新型原料药，填补国内国际产业和技术空白。完善海洋医药研发转化体系，构建药物发现、研制、中试和生产等海洋医药产业链。四是加强同科研院所、高等院校和体检中心合作，建设生命医药健康检测和研发服务中心，促进生物保健品、功能性食品、生物功能材料、海洋生物酶制剂等新型生物医药制品研发。五是积极开发海洋功能食品，加快形成高端功能性食品聚集区。

启东大力支持高端医药和健康服务等产业发展。深度对接张江全球医药研发中心，打造浦东"研发、孵化、前窗"，启东"生产、转化、后台"发展模式，形成沪通生命健康产业生态圈。大力发展康养产业，建设长三角具有影响力的康养基地。

2. 发展电子信息及半导体产业

近年来，启东秉持"接轨大上海，聚焦长江口，融入长三角，放眼全世界"的理念，将电子信息与半导体装备作为发展重点，聚焦行业细分领域形成特色产业集群，不断强规划、引项目、优环境，全力打造长江口半导体产业"新秀"。

启东市充分发挥紧邻上海的区位优势，对接上海张江集成电路半导体电子信息产业，成立上海交大电子信息与电气工程启东产研院，打造高端电子信息和电气工程基地。为承接上海产业溢出，在启东经济开发区规划建设半导体装备及材料产业园，打造半导体装备及材料研发和国产化基地。与此同时，启东编制了半导体装备及材料产业发展规划，实施产业发展行动计划，出台半导体装备制造产业扶持政策，设立半导体装备及材料产业投资基金10亿元，主要用于半导体装备及材料产业重大投资项目引进。

围绕集成电路关键制造材料、设备的研发和国产化，聚焦集成电路产业特殊工艺制造、精密设备加工、特殊材料生产及相关产业的技术提升和增值服务。启东在较短时间内打造和落户一批企业，形成产业集群。位于启东经济开发区的至纯科技启东工厂于2020年投产，公司负责人表示选择落户启东，看中的就是区位环境、功能配套、产业集聚等方面的显著优势。目前，启东半导体产业已经集聚了捷捷微电子、启微半导体、乾朔电子、至纯科技等一批行业"尖子生"。

启东树牢安全发展理念，科学规划布局、严格安全准入，加强自动化信息化数字化手段应用，有效强化重大安全风险管控。发展电子信息及半导体产业，加快实施机电一体化、控制技术、智能成套装备、智能仪器仪表等设备研发和制造，推进沿海地区5G通信、人工智能、工业互联网与制造业深度融合。以经济开发区等为载体，鼓励电子信息及半导体企业设立科研院所、研究机构和工厂，鼓励企业加强创新型研究，设立孵化器，推进零部件和新材料开发，推动产业链向上延伸，增强核心竞争力。加强半导体材料与设备布局，开发半导体新材料和新设备，壮大半导体产业规模。支持芯片设计企业同精密机械整机企业协同开发，推进产业化，以整机升级带动芯片设计研发，增强整机系统竞争力。支持芯片制造、封装测试、集成电路企业技术改造，提升技术水平。

（三）做强特色产业

1. 推动传统机械产业转型升级

启东发挥东成电动工具、神通阀门、联测机电等龙头企业的带动作用，提高电动工具、高端机械装备等传统特色产业的研发投入。鼓励东成等骨干电动工具企业打造"专精特新"企业，推进智能化和数字化改造，丰富产品种类、创新产品功能，促进产品高端化和品牌化，形成产业品牌聚集效应。在液压润滑设备、阀门设备、油泵过滤设备等特色产业领域，加强上游材料和零部件研发，加快延链补链强链，形成产业集聚效应。加快欧伯朗数控机床核心功能部件生产、君墨空气压缩机扩建和通隧隧道智能成套设备等项目建设。

支持企业大力开拓国际市场，积极提升产品研发能力，延伸产品价值链，打造具有国际影响力的电动工具研发和生产基地。在液压润滑设备、阀门设备、油泵过滤设备等传统机械产业，加强上游材料和零部件研发，加快延链补链强链。支持神通阀门生产基地扩建，扩大生产能力，推动神通阀门完善配套，构建上下游产业链，形成产业集聚效应。以南通南方润滑设备、启东联通测功器等企业为龙头，逐步发展成为机械制造加工基地。

2. 打造高端精密机械产业链

启东积极发展精密机械产业，推动"专精特新"企业在细分领域占据行业领先地位。依托江苏林洋照明、江苏碧松照明、江苏西欧电子等重点企业，以整机制造、成套设备和核心功能零部件为主要发展方向，充分利用光电及机械制造资源，重点吸引高技术精密机械生产制造企业落户沿海地区。做大、做强、做精精密机械制造业；鼓励采用先进制造工艺、信息技术和材料技术，大力提高工艺和制造水平，突破制约产业发展的关键技术，打造以大型主机为龙头、专业配套齐全、上下游延伸、规模效应突出的产业链。

三 拓展新空间，培育海洋经济增长极

启东依托盐垦文化、江海文化、渔业文化等旅游资源，创建全域旅游示范区。以圆陀角旅游度假区、吕四渔港为中心，打造沿海渔港文化体验区、滨水欢乐度假区、健康有机生态区等功能区域，形成观光、休闲、专项旅游产品相结合的全域旅游产品体系，推进文化旅游高质量发展。加强启东沿海重点渔港经济区建设，推进海洋渔业全产业链发展。到 2025 年，创成国家全域旅游示范区，力争全年接待游客突破 1000 万人次。推动启东吕四港、协兴港等依托资源特色和临港产业特色加快小城镇建设。加强沿海环境污染治理，加强海洋生态管控，拓宽开放合作，培育海洋经济增长极。

（一）打造全域文旅产业

支持印象沙地、农道有机等乡村旅游区创建国家 3A 级旅游景区；完成黄金海滩景区提档升级，创成 4A 级旅游景区；加快推进唐韵龙湾实景演出建成运营，提升景区、酒店文化要素，打造丰富文化场景，将唐韵龙湾文旅项目创成国家 4A 级旅游景区。构建旅游产业新体系。培育旅游市场新主体和消费新热点，擦亮"江海澜湾"特色文旅品牌。将龙湾水镇游客接待中心升级改造为二级集散中心，目前正确定规划单位，计划与游客接待中心内部装修同步开工。布局旅游线路，完善游客配套服务，为龙湾水镇开业打下基础。

1. 完善旅游基础设施

发挥三水交汇、滨海湿地、生态优良、文化多彩的资源优势，统筹文化旅游产业发展，重点提升"文化休闲+海洋主题游乐+温泉会议"三大功能，构建"一核一环三极"（一核为城区文旅休闲服务核，一环为江海百里生态环线，三极为圆陀角、江海澜湾、启隆发展增长极）空间布局，打响"日出江海、美丽启东"文化休闲旅游品牌。加快旅游基础设施建设，运营一级旅游集散中心、圆陀角二级集散中心，开通一级旅游集散中心至主要旅游聚集区旅游交通专线，完成江海澜湾旅游度假区、启隆镇等集散中心建设。如江海澜湾旅游度假区，2022年上半年园区建设取得明显成效。

（1）聚焦蓝湾，加快潜堤工程建设。潜堤工程总长度为9374米，总投资4.6亿元，建成后将与达标堤环抱形成14平方公里的蓝色海湾。该项目自2021年5月20日开工以来，按照合同节点倒排工期，抢抓时机，计划2022年5月竣工。园区和启晟集团在守好疫情防控和水上安全生产底线情况下，加速推进潜堤工程建设，预计2022年年底竣工验收。

（2）立足生态，加快最美岸线建设。一是加快推进2020年中央资金3010万元海岸带保护修复项目建设。建设长度6公里的生态海堤，其中3公里致力于打造风光秀美的生态景观示范段。生态景观示范段堤顶广场、叠水喷泉、堤顶彩色沥青、堤脚生态公园、沿堤生态绿地基础建设，已经完成且通过省级层面预验收。二是加快推进海洋生态保护修复项目建设。2021年中央奖补资金3亿元，目前正在开展项目施工招投标工作。三是推进长甲核心景观区域范围内水产研究所搬迁工作。加强与上海水产研究所沟通对接，尽快搬迁，盘活地块，为园区基础设施建设提供资金保障，同时为长甲核心景观区域留出珍贵蓝海岸线资源，目前园区在加快搬迁选址工作。

（3）深耕唐韵，加快龙湾水镇建设。唐韵龙湾水镇建设是园区工作的重中之重，疫情以来，在缺工缺料的情况下，园区多措并举，在龙湾水镇工程现场设立核酸检测点，方便建筑工人核酸采样，同时抽调工作专班保障水镇建设材料进场，力保项目建设进度。目前水镇主体结构已建设完成，32栋单体建筑外立面装饰已经完成，首开区50亩已对外展示，景观湖面已开挖成形。水镇招商工作稳步推进，花间堂酒店、启唐沉浸式游戏剧场、特色民宿、温泉公汤、温泉酒店运营商已基本确定，部分即将进场内装，已建设完成并开门营业。

（4）完善功能配套，加快设施建设。启东江海澜湾旅游度假区江海路、纬十路项目已接近尾声，迎宾路一期拓宽、沪苏路、通沪路、龙翔路4条道路获批，全长3.2公里，迎宾路一期拓宽工程景气挂网招标，剩余3路下半年招标。一是园区邀请规划设计单位按照省级旅游度假区交通标准进行深入分析研判，为园区主入口提供了多套高端可行的方案，也为后续道路提标改造提供了空间和设想。二是推进海洋生态保护工作。根据省和国家要求对海岸带项目细节进行提档，对部分区域开展针对性专家评审验收。海洋生态保护修复项目已获得初设批复，进度全国领先。继续保持奋力推进势头，完成施工图设计及施工招投标，其中子项龙腾潮汐公园、太阳湖、互花米草治理预计年底正式开工。三是完善地下管网布阵。园区邀请中规院、南通市政规划院、华设集团等全国顶尖的规划设计团队，以先进思想和理念对园区地下管网状况进行勘查和检测，规划管网布置，排出施工的时间顺序。

园区按照"2021年创建启动、2022年推进落实、2023年创建决胜"创建步骤，2022年一季度已完成江海澜湾旅游度假区可研报告编制，度假区总体规划初稿已完成。园区将加快公共配套设施建设，补足短板弱项，力争在2023年创建省级旅游度假区高标达线。

下一步，度假区将结合申报规范，研究优化总体规划，提升路网等基础设施，设计安装旅游标识，推进重点文旅项目，促进营销推广，打造智慧度假区系统，全面启动申报材料编制工作。

此外，启东积极建设具备承办国际性、区域性知名会展能力的大型场馆基础设施，打造绿色场馆、智慧场馆，完善会展场馆周边住宿、餐饮、娱乐等配套设施，提升办展参展服务体验。利用沿海文旅资源和便捷交通，以汇龙镇、吕四港镇、圆陀角、唐韵龙湾和启隆生态园为基地，大力发展会展经济。扩大江海澜湾旅游度假区在长三角区域的影响力，形成澜湾文旅品牌。

2. 弘扬海洋文化

启东重点规划打造以南通博物苑为原点，崇川区唐闸片区、海门区常乐片区、启东市海复镇片区共同构成的"1+3"张謇文化特色展示区，展示张謇生平事迹。弘扬张謇企业家精神，鼓励沿海地区企业家发挥张謇敢为天下先的开拓精神，厚植爱国情怀，树立创新务实、就业优先的发展理念，不断提高经济质量效益和企业核心竞争力；支持沿海地区企业积极回报社会，带动更多人实现共同富裕。发扬盐垦文化，吸纳外来文化的滋养，树立实业报国的理念，顺应世界经济发展变化的趋势，扩大对外开放，吸收和消化国外先进技术、管理经验，合理利用外国资金。树立渐进革新的发展理念，关注民生经济主张，引入契约体系和金融资本，推动先进生产要素的普及和崭新风尚的形成。引进沈绣宫、南筝工坊等非遗传承的自营体验馆，举办以沈绣仿真绣、板鹞风筝等南通非遗名片为主题的文创展。

3. "旅游+"和"+旅游"双轮驱动

启东以"旅游+"和"+旅游"双轮驱动为重点，全力推动产业融合。切实完善"文化+旅游""农渔业+旅游""工业+旅游""体育+旅游""康养+旅游""研学+旅游"等多产业集聚，形成文化旅游、农业旅游、工业旅游、体育旅游、康养旅游、研学旅游等多业态融合的发展模式。做大做强以旅游产业为引领的复合产业经济，以旅游产业带动启东全产业链的提质增效和创新升级，形成泛旅游产业引导下的启东产业发展新格局、新常态。

（1）"旅游+体育"。创建海洋运动基地，主动承办各种水上赛事，推广海洋水上休闲运动，建设体育培训基地。放大圆陀角旅游度假区铁人三项赛、沙滩排球赛、风筝冲浪赛等效应，举办马拉松、自行车、沙滩排球等旅游体育赛事。推进体旅融合，不断提升启东旅游的参与度和吸引力。

（2）"旅游+文化"。挖掘江海文化、渔港文化、美食文化等文化旅游资源，推进全市文化资源、历史古迹和艺术展馆等文化设施与旅游产业的深度融合。依托特色街区、景区购物场所、高速公路服务区以及智慧文旅平台等旅游载体，推广版画、土布等非遗文化产品。强化红色文化+旅游，建设抗大九分校红色教育基地，丰富旅游产品业态。抗大九分校旧址位于启东市东南中学内，曾为清末状元张謇1920年创建的垦牧高等小学，标志着苏中抗日根据地建立了自己的干部教育基地，是中国人民抗日军政教育史上光彩的一页。

（3）"旅游+农渔业"。以休闲农业、休闲渔业为基础，发展乡村旅游，推动乡村旅游提档升级。滨海村因地制宜，发展休闲海洋旅游农业，培育农家乐和渔家乐项目。

（4）"旅游+工业"。打造米歌黄酒文化工业旅游示范点、姚记扑克国家工业旅游示范基地。积极探索"美食+旅游"模式，开发和创建富有特色的餐饮文化，以"沙地菜、特色海鲜"为主题建设美食聚集区和美食街。

（5）"旅游+研学"。江天生态园位于启东市城南约 3 公里的鹤群村，南临长江，北依沿江公路，周边生态环境良好，空气清新，景色宜人。建设有维也纳国际酒店、生态餐厅、生态别墅、游泳中心、拓展中心、国家级中小学生研学实践教育基地，是集绿色餐饮、生态居住度假、娱乐活动体验、农业文化展示、农事劳作体验、乡村休闲游乐等功能于一体的江苏省五星级乡村旅游区。最新增加了创意农业园区通道和研学项目。此外，启东建设观鸟区和郊野休闲体验区，打造成长三角具有较大影响的观鸟旅游基地和科普基地。

（6）"旅游+康养"。培育海滨疗养品牌，推出集养生保健、康复理疗、文化体验于一体的医养康旅产品。

（二）推进渔业高质量发展

1. 推进渔业生产稳中向好

启东以渔业供给侧结构性改革为主线，坚持绿色兴渔、质量兴渔、品牌强渔的理念，加快推进渔业高质量发展。

现代渔业转型加快，远洋捕捞稳步发展，养殖新模式不断呈现。2016~2020 年，启东渔业总产值分别为 59.5 亿、66.0 亿、65.6 亿、79.1 亿与84.2 亿元，约占全市农林牧渔业总产值的一半。启东 2016 年拥有 2 个省级和 19 个市级渔业龙头企业，至 2020 年培育出 1 个国家级龙头企业，省级渔业龙头企业增加至 3 个，市级渔业龙头企业增加至 30 个。与此同时，启东2016 年建成全省首家海水循环养殖基地，获评省平安渔业示范县；2017 年获评全国平安渔业示范县。

（1）海洋捕捞业。2016 年全年海洋捕捞产量 19.8 万吨，受控渔船数量与控捕捞功率"双控"政策、"浮子筏"清理、近海渔业资源衰退等因素影响，2020 年海洋捕捞产量下降至 15.2 万吨。

（2）水产养殖业。2016 年全年水产养殖产量 15.6 万吨，主要受海洋工程用海的影响，贝类养殖空间受到挤压，2020 年水产养殖面积为 33.9 万亩，水产养殖产量下降至15.4万吨。受大环境的影响，外来引进的坛紫菜正在逐步占据条斑紫菜栽培面积。尽管近年来水产养殖产量有所下降，但水产养殖产值稳中略升，2020年全年产值达到31.0亿元。与此同时，得益于渔业科技推广工程与养殖户"双创"工程，启东淡水养殖以扣蟹、四大家鱼、南美白对虾、鳗鱼以及其他特种水产品为主，其中扣蟹池塘养殖与海水池塘虾蟹混养已经成为启东的特色产业、优势产业。随着江苏省海洋水产研究所繁育的优质蟹苗在启东普及率不断提高，全市扣蟹养殖池塘面积达到2.9万亩，主要集中在惠萍、寅阳两镇，2019年和2020年优质蟹苗推广逾1吨。启东扣蟹养殖高产高效，优质扣蟹不断向全省、全国推广辐射，打造了启东扣蟹品牌。

（3）水产加工流通业。"十三五"时期末，启东共有水产加工企业157家，水产冷库117座，水产品冷冻能力18万吨。其中，紫菜一次加工企业21家、加工机组28套，二次加工企业12家、加工机组29套；海洋生物制品生产企业1家——江苏双林海洋生物药业有限公司，其他各类精深水产品加工企业6家。启东水产品出口创汇以紫菜、文蛤、梭子蟹、鲅鳒鱼为主。关于紫菜产业，一方面受到日本和韩国紫菜的影响，另一方面由于疫情原因国外市场受到较大冲击，部分企业开始转向拓展国内市场。

（4）现代渔业建设。启东全力建设现代渔业产业体系：一是因地制宜探索养殖新模式，积极建设稻渔、稻虾、稻蟹养殖示范点；二是推进无公害生态养殖，持续开展国家级水产健康养殖示范场的创建工作；三是开展集约化养殖，逐步实现罗非鱼、草鱼、鳗鱼等工厂化循环养殖。

（5）培育新型渔业经营主体。启东采用政策引导、项目扶持、资金补助等多策略、多形式、多路径，鼓励发展新型渔业经营主体。2019年全市共有启东市级示范家庭渔场45家和渔业经济合作社50多家，初步形成了家庭渔场、渔业经济合作社、渔业龙头企业联动的新型渔业经济主体体系。

（6）打造水产品品牌。兼顾海洋捕捞业与水产品消费者的整体利益，有效规范水产品加工流通业，启东分批次向国家申报了吕四鲳鱼、吕四小黄鱼、吕四梭子蟹、吕四带鱼、吕四鲅鳒鱼等地理标志证明商标，以品牌促进启东渔业经济持续健康发展。

（7）提升渔业科技服务。以科技创新为抓手，促进渔业提质增效，实施"科技兴渔"工程，通过渔业科技入户和渔民教育培训实现渔民的"提技增收"。同时抓好做实一系列服务工作，即做好养殖渔情信息采集服务、做好水生动物疫病监控工作和水产养殖病害测报服务、做好水产苗种产地检疫服务、做好水产品质量安全等各类水产养殖技术培训服务等。

2. 筑牢渔业安全生产防线

（1）"港长制"管理全面化。启东市确认保留的吕四国家中心渔港、塘芦渔港、协兴渔港3个渔港已全部推行落实渔港"港长制"。通过建立市、镇两级"港长制"组织体系，构建"布局一体、管理标准、信息共享、全域覆盖"的渔港管理新模式。全面加强港内渔船、渔民监管，压实渔港主体责任。其中，吕四国家中心渔港"依港五管"举措得到了农业农村部批示肯定。

（2）基层渔船管理精细化。加强监管能力建设，做到人财物三到位。全市7家基层渔业服务组织的人员配备、工作经费、场所设备全部到位，同时明确专职安全管理人员不低于村干部工资水平。全市所有渔船定人联船、动态编组结队、日报告等制度全部落实，市、镇、渔业服务组织三级24小时应急体系进一步完善。

（3）海洋渔业救援规范化。在省农业农村厅关心指导下，深入开展海洋渔业应急救援体系建设试点工作，打造了由2艘远海专业救援船、渔政执法船艇、编组结对渔船组成的救援队伍，完善了救援体系，提升了应急救援能力。"十三五"期间救助渔船共计53艘，救助伤员93名，较好地完成了海上抢险救灾工作。

（4）渔港建设管理智能化。吕四国家中心渔港建设智慧渔港，利用物联网、云计算、大数据整合等技术建设渔船作业动态监管体系、渔港综合管理服务体系等，探索渔港综合管理建设和渔获物定点上岸、合格证试行制度，建立渔船、渔民、渔港和渔获物可追溯运行体系。其余渔港均安装了视频监控系统，在非渔业港口设置隔离桩和拦河索，禁止渔船靠泊，有效地提升了渔港管控能力。

（5）渔船执法检查常态化。开展全覆盖拉网式的渔业安全大检查、大排查、大整治，加强对全市帆张网、笼壶作业渔船的重点监管，特别是网具装载、船员配备、消防设施等，着力开展渔船新型通导设备配备与更新，确保渔船"不安全、不出海"。开展非法船舶综合整治行动，采取"海上查、港口堵、岸上管"，开展拉网式摸排，发现一艘拆解一艘，基本实现动态清零。

（6）全力保障水产品质量安全建设。着力建立启东水产品质量安全长效管理机制：一是通过公开招标方式引进第三方机构，开展水产品质量安全抽检项目；二是做好海水贝类卫生监测和生产区域划型工作；三是做好启东贝类养殖水样与底泥的取样及风险预警检测工作；四是做好江苏省级水产品质量安全例行监测取样工作和南通市级农产品质量安全监督抽检工作；五是继续维护好水产品质量安全可追溯企业的运行平台。

（7）强化渔业安全设施建设。加快推进渔船甲板、驾驶台、机舱、厨房等重点部位安装视频监控系统，落实救生衣裤安装定位仪全覆盖，提高搜救效率。相关装备费用政府出资60%、渔船负担40%。提升渔船安全装备科技水平，切实保障渔民群众生命财产安全。加快渔港航标、通信、消防等安全设备设施建设，不断提高渔港防灾减灾、渔船安全避风能力，满足渔船综合补给、交易、管理和服务功能。

3. 加快渔业绿色生态发展

（1）科学开发养殖水域滩涂资源。依照《启东市水域滩涂养殖规划（2017—2030）》，坚持生态优先、底线约束的原则，充分利用全市沿海浅海海域资源发展海水养殖，科学划定养殖区域，实际水产养殖面积33.9万亩，进一步明确限养区和禁养区，合理布局海水养殖。对不同区域实行分类管理，依法依规开展水域滩涂养殖登记发证，切实保护渔业、渔民权益，全面提升水产品质量安全保障水平，促进水产养殖与沿海开发乃至社会经济全面、协调发展。

（2）转变浅海滩涂养殖发展方式。推行节水减排、集约高效、种养结合、立体生态等标准化健康养殖，全面推行高科技养殖基地，总体水产品养殖量稳定在 15.0 万吨。下一步要积极探索新的养殖空间，大力发展文蛤、西施舌等贝类浅海底播养殖，同时积极应对环境变化，调整紫菜养殖品种结构，增加坛紫菜养殖面积。

（3）布局生态水产养殖功能区。一是浅海与滩涂养殖区。规划浅海养殖区位于启东市乌龙沙附近海域、近海至东海外侧、圆陀角外侧。滩涂养殖区主要位于启东吕四天汾外侧、大唐电厂外侧，江海澜湾旅游度假区至高新技术产业开发区外侧，黄海公司、圆陀角外侧，以及长江口外侧、启兴沙、黄瓜沙。主要发展紫菜养殖及文蛤、杂色蛤、四角蛤、泥螺等贝类的养殖，鼓励开发西施舌、紫血蛤、沙蚕等特种水产养殖以及紫菜、贝类等种苗繁育。二是海水池塘养殖区。主要位于黄海滩涂公司养殖区。开展三疣梭子蟹与脊尾白虾混养，鼓励开展海参、鲽、鲗、乌贼以及其他海珍品养殖。三是淡水池塘养殖区。规划区域为各个乡镇，主要进行河蟹、四大家鱼、小龙虾、甲鱼、青虾等高效、生态、健康养殖，鼓励开展规模化水产养殖。四是水产苗种功能区。规划区域为沿江沿海一线。主要进行扣蟹培育及贝类、紫菜育苗，加大增殖放流的力度。

启东积极发展工厂化循环水养殖、池塘工程化循环水养殖、种养结合稻田养殖、海洋牧场立体养殖等生态健康养殖模式，持续推进养殖池塘生态化改造工作。因地制宜、规范发展稻田综合种养，依托资源禀赋，以低洼地区为重点区域，以稻虾、稻蟹等共作共养、轮作轮养为主要模式。按照空间布局合理、功能配套齐备、政策支撑有力的要求，制定出台稻田综合种养发展规划，科学布局，优先发展单季稻田、低洼低产低效田，新增稻渔、稻虾、稻蟹等综合种养面积 0.3 万亩。

以市场为导向、以优质安全为目标，实施水产良种工程，大力发展脊尾白虾、三疣梭子蟹、河蟹、文蛤、紫菜、鳗鱼等优质安全的水产品养殖，名特优水产品养殖面积占比达 80%以上。全面提升物联网技术在水产养殖管理中的运用水平，建成一批水系配套、装备先进、功能完善、场容优美的现代化养殖场。

（4）打造启东现代渔业精品园。通过对现代渔业精品园的打造，建设万亩高科技养殖基地。强化资金投入、科技进步和监督管理，进一步促进现代渔业园区提档升级。以黄海滩涂开发有限公司为基础，对原有池塘设备、电力、道路和养殖尾水处理等设施进行升级改造。通过改造使园区内道路畅通、进排水设施完备、电力供应充足，物联网技术广泛应用，达到现代养殖先进水平，实现智能化水产养殖，推进水产养殖产业的标准化、集约化、规模化和健康化发展。

（5）严控水产养殖污染。调整渔业产业结构，对禁养区和限养区严格依法依规管理，在宜养殖区科学确定养殖地点、品种和模式，大力推广生态渔业、增殖渔业、循环渔业等。发展海洋牧场，鼓励有条件的渔业企业拓展离岸养殖、浅海养殖和深水网箱养殖。强化水产养殖业污染管控。积极推广人工配合饲料，逐步减少冰鲜杂鱼饲料使用。鼓励采用生态养殖技术和水产养殖病害防治技术，推广低毒、低残留药物的使用，严格养殖投入品管理，依法规范、限制使用抗生素等化学药品，开展专项整治。积极开展百亩连片标准化池塘改造，制定改造方案，建设尾水净化区，推广养殖尾水达标排放技术，有效控制水产养殖业污染。

（6）落实长江禁捕退捕工作。一是坚决"管住船"。渔政执法部门发扬"白加黑""五加二"精神，强化执法监管，持续开展长江口和沿江港口执法巡查，切实维护长江禁捕秩序。严厉打击各类非法捕捞行为，全面清理取缔违规网具，组织船舶现场拆解、网具集中销毁行动，基本实现江面无捕捞渔船、无捕捞渔网、无捕捞渔民、无捕捞生产的"四无"目标。二是全面"管住岸"。全市各沿江区镇组建专职巡防队伍，按照沿江岸线每公里不少于1名专职巡防队员的标准配备，组建了12支共62人的专职巡防队伍，实现长江沿岸24小时巡防巡查。科学布设沿江实体化巡防工作站，提供巡防装备、救生设施和交通工具。江堤道路设置限高装置，沿江港口外侧水域设置阻拦桩，杜绝运输非法捕捞水产品和非法渔船停靠。巡防人员加大对重点区域的常态化巡查，及时清理非法捕捞工具，全面加强江海堤防综合治理，健全日常巡防和应急处置相结合的长效管理机制，大大提高了长江禁渔管理工作成效。三是严格"管住人"。实现沿江管理网格化，将监管责任落实到村，严防当地村民因经济利益下江偷捕。通过报刊、电视、网络等各类新闻媒体，面向百姓、面向行业、面向社会持续扩大宣传覆盖面，长江保护意识深入人心。在各沿江闸口、江堤刷写宣传标语，深入走访入户，宣传法律政策，设立禁捕、禁钓等告示牌，增强了人们对长江生态保护的意识。四是切实"管住贩"。关口前移，坚决斩断非法捕捞销售"江鲜"的产业链。市场监管部门向所有水产经营户和餐饮店送达长江禁捕和不得经营长江水生生物的告知函，检查生产、经营单位，重点检查其营业执照、店招店牌、菜单、宣传广告等是否涉及江鲜、长江活鱼等字样。对检查中发现含"江鲜"等字样店招、菜谱、标签的，全部督促整改到位，全市基本实现"市场无违规交易、餐馆无江鲜上桌"。

启东围绕南通建设国家级海洋生态文明示范区的目标要求，进一步加强海洋环境保护与修复，推进陆海生态一体化管理。坚决落实长江干流（启东段）禁捕退捕工作，全面实施符合启东实际的"湾（滩）长制"。海洋环境和长江资源的长效保护政策的实施，为启东的海洋渔业以及淡水渔业的下一步发展带来了新的挑战。

（7）强化资源保护和生态修复。根据《长江（南通段）岸线综合整治行动方案》《南通市"湾（滩）长制"实施方案》《关于全面推进启东市长江干流禁捕退捕工作的实施方案》等政策中涉及启东区域的具体要求，贯彻落实长江十年禁渔和海洋伏季休渔制度，高强度打击非法捕捞行为。切实保护好吕四渔场的鲳鱼、小黄鱼保护区，长江口渔场的161、162海区梭子蟹保护区，严格执行最小网目尺寸和禁用渔具管理规定，进一步强化海洋与长江方面的资源保护和生态修复。建设好、管理好水产种质资源保护区，大力推进浅海养殖，持续探索和研究适合启东市海底底质条件的人工鱼礁试验性建设方案。

4. 助力渔业"一二三"产融合

（1）推进水产品加工业转型升级。积极发展水产品精深加工，加大低值水产品和加工副产物的高值化开发与综合利用。依托启东自身的产业体系，借助江苏双林海洋生物药业、南通市京海申水产、南通国安水产、南通丁布儿海苔食品等知名水产品企业经验，鼓励更多的加工业企业向海洋生物制药、功能食品等产业领域延伸，全力推进特色水产加工集中区建设。推进水产品现代冷链物流体系平台建设，提升从池塘、渔船到餐桌的水产品全冷链物流体系利用效率，减少物流损失，有效提升产品品质、提升精深加工产品比例。同时，引导水产加工企业积极开展各类国际认证，着力拓展国际市场。

全力提高紫菜深加工与国际化水平，坚持提高启东市条斑紫菜深加工水平，鼓励采用紫菜空气源热泵烘干技术，促进紫菜加工业逐步向高端环节迈进，力争"十四五"期间使紫菜精深加工产品比例达到70%以上，打造启东紫菜出口加工集中区，力争紫菜产业链产值达到5亿元。

（2）强化水产品品牌建设。加强渔业品牌建设，积极推进公共品牌认定，加大品牌保护，提升渔业品牌竞争力。围绕启东独特的渔业资源，开展水产品地理标志品牌培育、管理、保护及宣传工作，力争申报注册成功水产品地理标志证明商标3个（吕四鮟鱇鱼、吕四带鱼、吕四梭子蟹），下一步计划申报吕四红芒子、吕四梅童鱼，组织开展一系列品牌宣传、推广和保护活动。同时，鼓励发展新型营销业态，推行订单销售、电商等销售模式。

（3）积极发展休闲渔业。进一步挖掘渔业特色元素，以海洋特色水产品、紫菜等地方优势渔业产业为基础，整合现代乡村建设要素，突出本地宜居宜业宜游渔业特色，创建全国最美渔村、全国精品渔业休闲示范基地。合理引导各种资源投入休闲渔业发展，充分用好国家和省市支持渔业发展、环境保护等相关政策措施，着力加强休闲渔业基础设施建设，保护渔户、渔民专业合作社、家庭渔场和龙头企业等主体发展休闲渔业的积极性，健全公共服务体系，提升休闲渔业整体素质。

启东利用渔区自然环境及人文资源，与渔业生产、渔产品、渔业风俗、渔业经营活动相结合，拓展渔业功能，建设休闲渔村、休闲园区，提升旅游品质，提高渔业综合效益。"十四五"期间，重点是加快吕四渔港海洋风情区的建设，围绕国际旅游景区及城市功能区两个部分，重点打造四个区域：

鹤城旅游功能区、水上旅游功能区、渔港旅游功能区和海滨美食休闲旅游区，构建一个以海鲜美食、水上运动、康体疗养、主题观光度假为主导的国际旅游景区。与此同时，以文化休闲、商业金融、渔港博览、生态宜居形象为主题，加强渔业重要文化遗产开发保护，以捕捞及生态养殖水域为景观，建设美丽渔村。发展休闲渔船及装备，积极培育垂钓、水族观赏、渔事体验、科普教育等多种休闲业态，推进发展功能齐全的休闲渔业基地，促进休闲渔业产业与其他产业融合发展。

（4）打造全国一流的渔港经济区。渔港是启东市发展渔业经济的重要基础设施和载体，建设条件得天独厚，是拉动渔业经济增长的突破口之一。"十四五"期间，启东市将进一步加强渔港建设，进行合理布局、科学规划，逐步实现港口的基础设施、装卸设备、信息系统的现代化，港口的整体功能和管理水平均达到国内先进水平。同时，充分发挥一流渔港之长，做优海洋捕捞业、做强水产品加工与流通业、做大海洋休闲渔业和滨海旅游业，加快渔区城镇化建设步伐，把渔港建设成为集码头、仓储、水产品流通与加工、后勤补给、餐饮、旅游休闲于一体的渔民集居的中心，形成一二三产业协调发展、经济繁荣的全国一流现代化渔港经济区。

5. 着力提升创新驱动能力

（1）科技驱动海洋捕捞升级。长期以来，直接捕捞占据渔业产值的主体部分。面对世界渔业资源锐减的大趋势，启东正视海洋捕捞产量逐年下降的现实挑战，为实现可持续发展，必须转变增长方式。通过远洋渔船更新改造、加强资源勘探开发和捕捞技术的创新，在降低捕捞作业成本、提高捕捞效率的同时，实现远洋渔获的分拣、冷藏和加工，延长远洋渔业产业链，进一步加快渔港体系建设，实现渔业资源从依附型向科技驱动型转变。

（2）现代化多途径水产养殖是根本之路。受海洋捕捞总量持续下降、近海养殖空间受限等现实条件的限制，开展现代化水产养殖、探索多路径养殖模式是启东保持渔业优势的根本路径。在符合国家各项政策的前提下，积极探索工厂化循环水设施养殖、池塘工业化循环水养殖，推进水产养殖业向循环利用、生态友好型转变，从源头把控住水产品的产品质量。

（3）加快渔业科技进步促进渔业增效。对接市内外高等院校、科研院所、骨干企业等科研资源，建立研发平台和技术创新联盟，系统开展资源养护与生态修复、现代种业、健康养殖、病害防治、水产品加工、节能环保、渔业装备升级、渔业信息化等共性与关键技术研究，解决制约产业发展的重大技术难题，支撑和引领现代渔业发展。加大渔业科技创新人才培养力度，加强创新团队建设，培养领军人才。

深化地方水产技术推广体系改革，不断提高水产技术推广服务能力和水平。积极构建以基层水产技术推广机构为主导、科研院校为支撑、专业合作社和龙头企业等广泛参与的"一主多元"新型水产技术推广体系。继续做优启东特色的长江水系中华绒螯蟹等优质水产养殖种业，大力实施"河蟹产业技术体系启东推广示范基地""农业重大品种协同推广脊尾白虾"等工程，进一步加大新技术的培训力度，加强基层渔技人员和渔民的培训工作，助力启东现代渔业建设。

加大渔业龙头企业、渔民经济合作组织和家庭渔场等新型渔业经营主体培育力度，引导新型渔业经营主体多元融合发展、多路径提升规模经营水平、多模式完善利益分享机制、多形式提高发展质量，不断提升新型渔业经营主体适应市场能力和带动渔民增收致富能力，进一步提高渔业质量效益，促进现代渔业发展。鼓励各类渔业经营主体开展品牌创建，进一步加强绿色食品、有机食品和水产品地理标志证明商标工作，进一步加大渔业品牌培育、塑造、营销力度，提高现代渔业的效益和竞争力。

（4）加大科技支撑。在人才队伍建设方面，突出四个"加强"。一是强科技和管理人才培养，即渔业科技人才培养与渔政执法人员培训并举。二是加强实用型人才队伍建设，充分利用新型职业农民培育和新型农业经营主体带头人轮训等各种渠道，增强渔民创业能力和就业技能。三是加强新型渔业经营主体培育，同时发挥规模经营主体的示范引领和带动作用。四是加强人才培养体制机制完善，探索建立多渠道培养、多元化评价、多层次使用、多方式激励、多方位服务的人才工作机制。

在信息技术运用方面，体现三个"提升"。一是提升渔情监测水平。针对鱼汛变化的新情况，依托现代技术手段不断拓展信息来源渠道，努力建设与现代渔业发展相适应的渔情监测体系。二是提升渔业生产经营信息化水平。积极利用物联网、云计算、大数据、移动互联等现代信息技术和装备，提升苗种繁育、病害防治、生产管理、技术服务、产品销售等养殖各环节的信息化水平，推动建立各类型智慧渔业信息平台，鼓励和支持开展数字渔业示范。三是提升渔业管理信息化水平。融合渔业资源与环境监测、渔业船舶信息管理、捕捞许可证管理、渔船检验监督管理、水产品质量安全管理、渔业应急救助指挥系统、水生动物疫病监控等信息系统，积极推进渔业渔政管理信息平台建设。

（三）建设绿色生态新沿海

1. 科学规划沿海空间布局

（1）优化沿海整体格局。构建"一带、五廊、四海湾、多组团"自然空间格局，建设"面海、临湖、多园、密网"公共空间系统。高品质建设圆陀角—吕四渔港"缤纷百里"最美江海岸线，借助"三水交汇"和"第一缕曙光"的独特景观，打造融旅游观光、娱乐体验、休闲度假为一体的旅游线路，完善渔人码头商业街、四季花海、观海平台等旅游配套设施。打造高品质乡村旅游点，通过垂江垂海道路串珠呈线。加强沿海风光带规划设计，构建海岸景观廊道，建设"一纵三环一网"慢行交通系统。以滨海风貌为底色，规划"两类四片"城市色彩分区海洋主题风貌控制区+诗意田园风貌控制区，塑造特色风貌。在江海文化景观大道基础上，依托范公堤、串场河和相交干线，形成历史文化线路网络；以海岸线和滨海风景路为主干，贯通相交入海河道，形成蓝绿景观线路网络。

（2）塑造滨海特色风貌区。"保护+管控+塑造"相结合，塑造吕四港湾特色风貌区、垦牧故里特色风貌区、大国重器特色风貌区和长江入海口特色风貌区，形成丰富多彩的沿海魅力特色风貌区。一是吕四港湾特色风貌区。结合大洋港两侧渔港功能搬迁，建设大洋港渔人慢岛风情港区，形成集海鲜美食夜市、文化艺术、渔人码头、水上休闲功能于一体的特色渔文化体验地，突出滨海城镇景致。借助吕四渔港、大洋港、吕四港镇、茅家港等区域，建设集海港产业与文化旅游于一体的滨海港湾，成为现代渔港、创意休闲港、古镇文化港和国际产业港。二是垦牧故里特色风貌区。依托滩涂围垦、文旅胜地、蒿枝港河口等自然环境，强化湿地景观的可观可感性，结合观鸟驿站，增设内部步行栈道。整治通启运河河口，保护特色渔港肌理，梳理沿岸港口码头界面，增加沿岸绿化，打造滨海生态景观带。三是大国重器特色风貌区。利用工业区闲置场地构建达江通道，结合重工业构筑物、船体部件、临江平台等要素，为公众创造一个视野逐渐开阔、海工元素汇集、主题场所鲜明的达江廊道。结合中戤效港河口湿地及渔船停泊空间，设置与湿地景观相结合的游船码头，通过生态修复、湿地保育及少量景观设施建设，打造江海水上游览驿站。四是长江入海口特色风貌区。利用江海交汇的自然资源，打造江海客厅，预留开敞空间、控制沿线建筑高度，形成通江达海的视线廊道。

2. 打造滨海特色城镇带

全方位提升沿海城镇功能，合理布局、协调发展，建设产城融合、宜业宜居的滨海特色城镇带。

（1）优化沿江沿海空间布局规划。遵循南通市沿江、沿海空间布局规划，优化沿江三生岸线比例关系，提升沿江生态岸线比例，优化特色镇村布局、启隆地区旅游策划方案、海上风电产业布局等，形成规划文本。

（2）推动港产城融合发展。以"美丽港城"为抓手，坚持以业强港、以港兴城，高起点规划建设吕四东部新城，建设新型人才社区、中央商务区。持续完善功能配套，推动单一港口发展向港产城深度融合转变。

（3）塑造沿海特色风貌。高品质建设圆陀角—吕四渔港"缤纷百里"最美海岸线。高标准推进岸堤道路贯通、生态岸线修复、沿线景观升级，打造可徒步、可骑行、可驾车、可观光的滨江临海全新休闲空间，使178公里最美江海岸线成为南通沿江沿海生态景观带的精品示范。提升沿海沿江特色旅游带。以彰显张謇垦牧精神为基调，建设展示江海风情的蓝绿景观线路，提升圆陀角旅游度假区、江海澜湾旅游度假区知名度和吸引力，打造长三角滨海旅游目的地。建设吕四港湾特色风貌区、大国重器特色风貌和老镇历史风貌展示区。优化海工园第五立面和园区景观，提升崇启大桥启东门户景观品质。创建启隆生态科技园 3A 级景区、黄金海滩 4A 级景区。加快推进德汇海粟湾文旅生态城、唐韵龙湾文旅综合开发等一批高质量文旅项目。

3. 加强沿海环境污染治理

（1）严控污染物排放。执行污染物排放许可证制度，严格控制沿海地区重点入海河流和重点排海区域污染物排放。强化对现有国省考断面水环境的监测，增加断面水环境监测点。采取水生态保护及风险防范措施，实现沿海水资源精细化管理，确保水质不退化。对于劣质水质加强管控，制定达标方案，采取综合措施大幅削减控制单元内污染排放控制总量，争取入海排污口检测达标率实现 100%。将沿海城镇污水全部纳入处理系统，确保入海口水质符合排放要求。推进尾水资源综合利用，减少污水排放。对超标排放养殖尾水进行限期整治。

（2）加强污染物治理。提高沿海工业园区污水处理水平，推进工业废水和生活污水分类收集、分质处理。加强雨污管网改造，实施雨污分流排放，推动水资源循环利用。加强海洋垃圾清理，建立海洋垃圾监测、清理、上报制度，做好海洋垃圾分类收集和清理工作，打造清洁岸滩和海面。集中处理港口污染物，建设船舶废油、废水、污水和垃圾收集处理设施，实现港口作业区污染物零排放计划。积极推广有机农业，对直接影响入海河流水质稳定达标的沿岸农田进行种植结构调整和排灌系统生态化改造。加强海洋养殖污染治理，推进池塘养殖循环化和生态化改造。

（3）推进绿色低碳发展。加快构建绿色制造体系。在沿海地区打造一批绿色工厂和绿色产品，提升周边企业绿色发展水平。积极配合开展国家海洋碳汇监测试点，协助建立试点海域典型特色海洋生物碳监测技术规程。积极探索建立“源网荷储”（新能源发电+配网+负荷+储能）的新型电力系统，推动区域内率先实现低碳发展。

（4）提升海洋生态环境质量。开展近岸海域污染物削减和水质提升行动。加强入海排污口整治，持续改善入海河流水质，推动国控、省控、市控断面全面消除劣Ⅴ类水质。加强海岸线修复保护，推进主海堤调整，提升防洪防潮排涝减灾能力。加强海洋典型生态和生物多样性保护，推进启东市海洋生态保护修复项目。推动"美丽海湾"试点建设，形成江海澜湾、圆陀角等亲海典范。

4. 健全海洋环境管控体系

（1）科学开发海洋资源。牢固树立海洋生态环保"防治兼顾、以防为主"理念，避免海洋过度开发，防止"先污染后治理"。加强海洋资源调查，在开发过程中注重规划和生态评价，分类开发海洋资源，提高综合利用率。规范用海行为，合理规划沿海区域空间布局，监管海洋水产养殖、港口、渔港和风电等用海区，健全海洋科学开发长效机制。

（2）严格规划用海区域。实施近海沿岸湿地修复工程。建立海岸线使用占补制度，探索建立海岸线有偿使用制度，提升海洋生态价值，保证入海口、江海湿地等重要节点区域的生态安全。加强滨海湿地保护和围填海管控，严格近岸海域和陆域开发建设项目审批。对已完成围填海区域，加强集约利用，并进行必要的生态修复。新增的围填海项目同步强化生态保护修复，最大限度地避免降低生态系统服务功能，对已经划定的海洋生态保护红线实施最严格的保护和监管。

（3）建立海洋环境保护协调机制。加强入海污染源监控、海洋污染治理、重大海洋污染事件防范应对、涉海环境执法。完善海洋环境检测体系，共建沿海陆源污染海域环境的信息管理系统，随时掌握海洋环境动态。健全重点港区污染事故应急体系、近岸海域环境预警体系和海上溢油及危险品环境污染风险防范和处置体系，有效控制海洋环境风险。

5. 倡导亲海爱海绿色生活

（1）提高公众保护海洋环境参与度。发挥社区团体、公共媒介在宣传绿色生活方式中的重要作用，增强民众环保责任意识，培养绿色消费习惯，促进生产模式高质量转型升级。创新生态环境治理体系，强化环保标准制定、环保制度设计、环境监督评估等环节，坚决避免污染物超标准排放，形成践行绿色发展理念的合力。

（2）营造公众多样化的亲海体验。发挥沿海地区"自然、生态、野趣"特色，规划建设沿海地区远郊生态涵养型滨海郊野公园。利用湿地公园多元属性，以保护为先，以原有河流、湿地为本底，建设沿海鸟类栖息节点。结合现有圩田、湿地等优质生态资源，打造创新农场、农事体验等特色功能业态。根据不同岸线特点，规划不同断面形态，突出探海、赶海、亲海的滨海空间特色，营造多样化的亲海体验。在滨海岸线空间布局多元文旅设施，包括公共服务类和文旅体验类设施，如观景步道、滨海阳台等，突出体验海洋文化特色主题，将沿海地区打造成艺术之湾、心灵之湾、运动之湾。

（四）构建双向开放重要支点

主动融入和服务国家战略，加快融入长三角一体化步伐，积极服务构建新发展格局。以沿海园区为载体，加强多层次合作，增强开放功能。放大沿海园区的能级，打造服务双循环的重要通道和有力支点。

1. 拓宽合作领域

加强同长三角区域和长江经济带各城市和港口联系，推进江海联动、陆海统筹。在产业协同、园区共建、港口联动等方面建立有效沟通机制，开展全方位、多领域、深层次合作。

充分发挥政府主导作用。搭建政府、园区、企业、协会等交流合作平台，构建全方位、各领域、深层次推进机制，突破产业、科技、金融等方面政策壁垒。

搭建创新经济载体。大力推动技术创新和产业转型升级，加强与长三角重点产业平台协作，激发产业发展新活力。根据智能制造装备、新材料、电子半导体等战略性新兴产业发展需求，以服务资源、平台和载体为方向，联合打造合作项目。

构造一流营商环境。深化"放管服"改革，提升政务服务水平和投资便利化水平，营造市场化、法治化、国际化营商环境，进一步提升对企业、人才的吸引力和集聚力。

深化跨江融合发展。打造上海配套功能拓展区，深化与苏南跨江产业协作、创新协同、园区共建。进一步实施"三建立，三深化"工程。加快推动启东—吴江高端制造业合作园区建设。积极服务保障长三角地区优质农产品供给，建设集产销、贸易、物流、消费于一体的粮油、蔬菜、水产品供应地。

2. 提升开放功能

充分发挥陆海内外联通、东西双向互济的开放功能，向西"优江拓海"，打通面向长江中上游大通道，向东"走向深蓝"，积极融入东亚经济圈。

（1）改革监管服务。通过现代信息技术简化检验检疫、审批通关流程，为进出口贸易与对外经济技术合作提供最大限度便利。支持建设高水平开放平台，探索建设保税物流区（B型），研究启运港退税政策。畅通国际物流通道，拓展双向贸易规模，引导电动工具、半导体等行业"走出去"，积极谋划在RCEP成员国建设境外产业园，探索共建共享海外仓。提高外资项目储备，围绕生命健康、海工装备、电子信息、新材料等重点产业的外资项目，积极争取扩大新设或增资企业数量。突出制造业外资利用，重点对制造业领域的新设和增资项目在用地成本、税收奖励、固定资产补贴等方面给予更加优惠政策扶持，提高对外资项目的吸引力。

（2）推动科教助力沿海。主动融入省沿海科技走廊，聚焦海工、深远海风电、光伏、海洋牧场、海洋生物医药等重点高端领域，突破一批涉海关键核心技术，培育一批重点实验室、新型研发机构和科技公共服务平台。依托市人才引进培养计划，重点引进和培养一批涉海涉港高端人才。

（3）推动数字赋能沿海。推动近海区域20公里范围内5G网络全覆盖，打造沿海5G商用标杆，加快吕四起步港区"智慧港口"建设，推动沿海电子口岸互联互通和信息共享。

3. 建设高能级园区

强化开放平台载体建设，充分发挥园区经济发展主阵地作用，推动海工船舶工业园、吕四电动工具产业基地等平台特色化、专业化、集约化发展，持续提升全市营商环境水平，构建市场化、法治化、国际化的营商环境，推动更高水平开放。

（1）突出沿海园区产业特色。增强沿海园区产业项目承载功能，提高产业集聚度和产出效益，打造各具特色的重点产业集群，提升沿海园区能级。推进沿海各园区分工协作，形成差异化发展格局。抢抓上海和苏南产业转移机遇，放大沿海地区土地资源等优势，吸引高质量产业、重特大项目、领军型企业落户园区。

（2）建设沪启合作示范园区。深化沪启两地产业协同发展，全面规划建设启东配套浦东产业园、东江生物医药产业园、半导体装备和材料产业园三大特色园区，打造对接上海"升级版"。推进实施《启东深入对接浦东三年行动计划》，绘出深度对接浦东"路线图"，积极参与浦东"六大硬核产业"发展。启东配套浦东产业园重点发展智能制造、汽车零部件、生物医药研发等产业。东江生物医药产业园重点发展医药研发外包、数字诊疗设备、药物制剂等产业。半导体装备和材料产业园重点发展半导体装备产业和半导体材料产业，将三个园区建成沪启跨区域合作的示范区。

分报告二

蹄疾步稳，走好产业升级之路

当今世界正在经历百年未有之大变局，新一轮科技革命和产业变革风起云涌，制造业数字化、网络化、智能化转型升级加速，全球产业链供应链竞争日趋激烈。党的十九届五中全会把产业基础高级化水平明显提高作为"十四五"时期经济社会发展主要目标和任务之一。习近平总书记指出，要深刻把握发展的阶段性新特征新要求，坚持把做实做强做优实体经济作为主攻方向，一手抓传统产业转型升级，一手抓战略性新兴产业发展壮大，推动制造业加速向数字化、网络化、智能化发展，提高产业链供应链稳定性和现代化水平。坚持以习近平新时代中国特色社会主义思想为指导，深入贯彻落实党的十九届五中全会的决策部署，充分发挥我国集中力量办大事的制度优势和超大规模市场优势，坚持用新发展理念引领实体经济高质量发展，为持续提升启东产业链供应链现代化水平、全面推进现代化建设提供了强大物质支撑。"十三五"期间，启东市上下坚持以习近平新时代中国特色社会主义思想为指导，坚持发展实体经济不动摇，深入实施规模企业、龙头企业培育行动，推动主导产业转型升级，产业结构不断优化。在全方位、全领域创新中增创发展新优势，为高质量发展集聚强劲产业动能。工业转型发展步伐加快，产业层次加速向中高端迈进。现代服务业持续健康发展，"江风海韵美丽启东"的全域旅游形象更加彰显，金融生态环境居全省第一方阵。现代农业提质发展，规模农业项目建设水平南通领先，成功创建省级"四青作物"特色农产品优势区，远洋渔业规模居全省前列。

一 出新招，构建产业多极多点支撑发展格局

启东市顺应区域竞合与空间结构深刻变化趋势，抓住国家三大战略、江苏向海发展战略、上海大都市圈建设、通州湾建设长江经济带战略支点的机遇，发挥沿江沿海独特资源优势，高水平、高标准、高起点拓展对内对外开放新空间，营造国际一流营商环境，在更大范围、更高层次参与全球资源配置，为基本实现现代化拓展更广阔的空间。

——开展重点产业研究服务。全面开展部门挂钩重点产业研究服务工作，组建由市政府主要领导挂帅，常务副市长任组长的产业研究服务领导组。建立部门挂钩研究服务制度，设立九个部门挂钩重点产业服务小组，各挂钩部门设立产业研究服务工作专班加强产业研究，围绕土地、人才、耗能、技术等核心要素，帮助企业疏堵、补断、解难、发展，针对产业龙头企业实施"一对一"精准服务，适时出台"一企一策"，合力推动产业研究服务。

——实施重点产业精准招商。认真研究重点产业布局规划、发展方向，紧盯产业链细分领域和上下游相关环节，梳理排定产业强链补链的关键环节、目标客户。依托区位优势、资源优势和产业基础，建立专业的招商队伍，积极开展定向招商、精准招商、产业链招商、基地型招商，积极引进一批提升产业基础能力、弥补关键核心技术、有效补链强链延链的重特大项目。

——建设重点产业平台。启东通过市级、部门、区域、企业四级联动方式，探索建立完善各产业发展平台的运行模式，全力推进重点产业服务平台建设。通过产业资源整合，创建产业创新中心，为关键核心技术创新供给、系统性技术解决方案研发、高成长型科技企业孵化提供重要支撑。以共建共享为目标，大力发展提升工业互联网、检验检测、工业设计等公共服务平

台，不断提升公共平台的服务能力。

——提升重点产业现代化水平。充分利用工业互联网，加快推进信息化、数字化发展变革，借助大数据、云计算等新技术改造，强化质量管理，促进工艺流程升级，实现原材料、人员、工位的优化配置，构建"生产制造智能化、综合管理信息化、供应链两端线上化、数据安全可控"的数字生态体系，实现产业链向"价值创造"的定位升级。

（一）数字经济引领

积极参与长三角一体化大数据中心、工业互联网平台集群联动建设，实施"政企云"工程，建设沪启大数据共享中心。加快建设启东市级大数据中心和容灾备份中心，持续完善基础数据库。深度应用云计算、大数据、物联网、人工智能、区块链等技术，推动公路、铁路、水运、水利、邮政等传统基础设施智能化升级，推进智慧警务、智慧城管、智慧住建、智慧水利、智慧应急、智慧环保、智慧交通、智慧能源等融合基础设施建设，推动重点行业数字化系统改造升级和数据整合，赋能传统行业发展和监管。

积极培育数字产业。依托启东经济开发区、高新技术产业开发区、生命健康科技园等园区载体，借助上海创新资源和科研成果，针对性地培育发展大数据+、工业互联网、车联网、工业软件等数字产业，重点推进面向工业企业的软件、互联网和信息服务业创新发展，提升产业链的稳定性和竞争力。规划发展数字产业特色园区，争取创建数字技术应用创新试验区，加快建设特色数字产业创新基地，打造具有核心竞争力的数字产业集群。

加快产业数字化转型。鼓励软件企业做大做强，加快与制造业企业联动对接，鼓励个性化定制、柔性化生产，结合数字工厂和智慧社区建设，培育一批示范性的场景应用。加快数字产业与服务业融合，积极培育"数字+"的融合业态，数字与商贸、物流、旅游、文化等业态融合发展，培育和发展新的消费热点。全面推动数字产业与现代农业深度融合，鼓励发展农业农村电子商务，扶持建设数字农业农村应用基地，扶持发展直播电商、线上云游等新业态新模式。

专栏1 高质量发展，启东有"数"

智能化改造、数字化转型是产业转型升级的必由之路。竞逐"智改数转"新赛道，启东市打出一系列政策"组合拳"。2022年初出台"智改数转"三年行动计划，以智能化和数字化双向赋能，激活转型发展"关键增量"，促进数字技术和实体经济深度融合，驱动启东制造加"数"奔跑。

"智改数转"一头连着企业、一头连着政府。如何冲刺"智"高点？面对这道"必答题"，启东市绘就了一张目标明确、思路清晰的高"智"蓝图：加快推进制造业数字化转型、网络化协同、智能化变革，推动5G、云计算、大数据、物联网、人工智能等新技术，深度融入制造业全流程，着力提升产业基础高级化、产业链现代化水平，为加快建成长三角北翼高端制造强市提供有力支撑。

工业企业是经济发展的基石。受疫情等多重因素影响，企业遇到技术改造、转型升级、人才引进、物流畅通、市场开拓、生产经营等方面的问题，"智改数转"成为企业危中寻机、转危为机的有力抓手。疫情当下，"智改数转"不再是企业的"选择题"，而是关乎生存与长远发展的"必修课"。

（二）产业协同创新

坚定"科创+产业"道路。围绕产业链部署创新链，围绕创新链培育产业链。协同推进原始创新、技术创新和产业创新，创新要素高效配置、科技成果高效转化、创新价值高效体现、科技创新与产业发展深度融合的高水平创新型城市初具雏形，成为沪苏地区智慧创造的最佳"试验田"。

培育科创平台载体，完善创新生态系统。推进企业研发机构提质扩面，全面推进企业研发机构建设。重点支持国家、省级工程（技术）研究中心、企业技术中心、工程中心、企业重点实验室等高水平研发机构建设，推动大中型工业企业及规模以上高新技术企业建立研发机构，引导企业持续增加创新投入，提高企业研发机构创新水平和支撑企业转型升级的能力。开展科技企业"双倍增"行动。发挥"两主两新两优"产业领域龙头企业引领支撑作用，鼓励加大科技研发投入，培育高新技术企业和科技型中小企业，培育一批"专精特新"科创企业，实现高新技术企业数量大幅增长。深入实施高企培育"小升高"和创新型企业培育行动计划，形成以龙头企业为引领、以科技型中小企业为主力的创新型企业集群。

主动融入上海全球科创中心和苏南国家自主创新示范区建设，加快建立研发、孵化、前窗在上海，生产、转化、后台在启东的区域创新共同体，努力建成上海科创中心先进技术转化的最佳承载区。巩固沪启科技合作根基，深化以两地科技创新资源对接网、重大科技联合攻关网、科技园区协同共建网、科技创新合作交流网为重点的"四网"建设。融入苏南国家自主创新示范区建设，推动北沿江高铁节点赋能，打造北沿江科创走廊，共建科技企业孵化器、科技成果转化基地，努力形成跨区域协同创新发展新格局，积极融入沪宁产业创新带。

以促进科技与经济紧密结合为核心，全面推进企业为主体、市场为导向、产学研紧密结合的技术创新体系建设。支持企业与国内外高校和科研院所开展灵活多样的协同创新。实施创新引培计划，大力引进科研院所、高等院校等创新平台，努力培育一批国家级实验室、省级公共平台。鼓励园区、企业与科研院所、高等院校共建创新平台，打造一批以市场为导向的新型研发机构，推动产学研深度融合创新。围绕新兴产业加快建设一批产学研协同创新基地，培育形成产业特色鲜明、规模集聚显著、创新能力突出、创新服务链完善的产学研合作创新密集区。

（三）优化产业结构

坚持把发展经济着力点放在实体经济上，紧抓国家三大战略叠加机遇，积极主动承接上海功能外溢，在更高水平上参与区域产业链、价值链分工协作，推进制造业集群化、高端化、服务化、绿色化发展。突出做大做强先进制造业，加快构建以先进制造业为主导、战略性新兴产业为指引、现代服务业快速提升的现代产业体系，全力打造江海高质量产业带。

1. 坚持产业集聚、特色发展

集中力量推动主导产业转型升级、提质增效，推动产业、企业、技术、人才和品牌集聚协同融合发展，打造启东市地标性、航母型先进制造业集群。实施主导产业强链行动计划。推行"一链一策"，培育引进链主型企业，建设一批强链补链固链延链项目，提高优势产业集群在区域乃至全国产业链、价值链关键环节的把控力和竞争力。实施"壮企强企"工程。推动龙头企业规模倍增，实施百亿级项目梯次培育计划，通过专项扶持、招大引强、精准服务，实现百亿级项目数量和规模迅速扩张。

2. 坚定高端化、智能化、绿色化发展

坚持绿色调整、智能改造、能源控制。推动精密机械、电动工具等传统优势产业转型升级，通过智能制造工程、互联网创新发展工程的实施，着力推动产业技术升级、设备更新、智能升级和制造模式转变，突出柔性生产与精益管理，加大现代工艺技术和设计理念应用，推动产业迈向中高端。加快新旧动能接续转换，催生和孵化一批新技术、新业态和新商业模式。提升共享经济、平台经济发展能级，培育以品牌、质量和标准为核心的竞争优势。重点培育电子信息及半导体等优势产业。集中力量突破一批关键核心技术，创新研发一批填补国内空白、替代国外进口的高精尖产品，不断做大总量，提升质量，推动产业链式发展、集群式发展。

3. 注重产业发展新领域、新业态

抢抓互联网、大数据、人工智能等新技术催生新产业的战略机遇，强化未来先导产业前瞻布局，鼓励发展人工智能、量子信息、信创产业、智能经济、数字经济、生物经济、海洋经济等新兴产业，在重点领域关键环节实现重点突破。在对沪合作产业目录上，形成区域产业链协同配套契合点，在更广领域、从更深层次加强新技术新产业新业态新模式集成创新，不断催生成长行业和前沿产业，形成启东新的经济增长点。顺应新一轮产业融合发展趋势，推动互联网、物联网、大数据、云计算、人工智能和产业各领域的深度融合与协同发展，积极拓展产业融合发展新领域新业态。

4. 助力现代服务业规模扩张、能级提升

以吕四港区建设、国家全域旅游示范市创建、生命健康科技城建设为契机，高质量提档升级现代物流、休闲旅游和健康服务，重点突破楼宇经济、现代金融和商贸流通。加快培育社会公共服务、科技服务、文化创意等若干特色服务业，形成"3+3+X"的现代服务业发展格局。着力优化提升现代物流、休闲旅游和健康服务三大优势产业，强化规模扩张、能级提升，注重利用技术创新和规模效应形成新的竞争优势。着力发展楼宇经济、现代金融和商贸流通，使之逐步成长为启东市未来的支柱产业。

以技术创新、服务创新、模式创新、机制创新为动力，积极承接上海科创资源溢出效应，深化与上海高校科研院所、高科技园区的合作。利用工业互联网等新一代信息技术赋能新制造、催生新服务，推动生产性服务业向专业化和价值链高端延伸。大力发展以金融、贸易、数字为主的专业服务、电子商务、信息技术服务、科技服务等服务业。培育发展工业设计、共享制造、供应链管理、节能环保、定制化服务以及全生命周期管理、总集成总承包等新模式。力争在总部经济、后台服务、港口贸易等领域实现快速突破，与上海实现互补发展。以新型消费需求为导向，围绕满足人民群众多元化、高品质生活需求，前瞻布局新产业、新业态、新模式，培育发展规模化个性化定制等服务，升级发展教育培训、养老服务、家庭服务等社会服务和居民服务，拓展网络消费、时尚消费等热点领域。鼓励发展体验经济、首店经济、夜间经济等新模式，持续改善和提升供给质量，构建扩大内需市场与提升供给质量联动机制，实现需求与供给的有效对接。

坚持高端化、高新化、集聚化发展方向，以服务功能优化、竞争力提升为核心，积极招引高端服务平台与载体，加快推进现有市级和省级服务业集聚区提档升级，推动现代服务业集聚区由规模扩张向质量提升转变。探索推进先进制造业和现代服务业深度融合发展的有效机制。聚焦深度融合的重点领域和关键环节开展先行先试，引导制造业企业延伸服务链条，从主要提供产品制造向提供产品和服务转变，积极创建"两业融合"试点企业。聚焦制约服务业发展的重点问题，积极开展服务业综合改革试点，形成一批可复制可推广的经验做法。

（四）招引重大项目

2021 年以来，围绕启东市第十四次党代会"做大临港产业，做强特色产业，做优战略新兴产业"的目标任务，启东调优招商组织架构，新组建生物医药、电子信息半导体、智能制造、临港装备四个产业招商分局，聚焦上海、苏南等重点区域，围绕产业链上下游精准招商。拓宽项目信息渠道，构建"驻外招商分局、大型央企国企、世界五大行、知名行业协会、基金公司、在外成功人士"等六大信息网络，捕捉重大项目信息近 300 个。强化项目推进，健全市领导挂钩重大项目联系制度、项目质量综合研判机制、区镇招商引资考核激励机制。2021 年，新签约引进亿元以上产业项目 102 个，其中 10 亿元以上项目 30 个、百亿级项目 4 个。

聚焦重点区域、研究重点行业，寻找产业链细分行业的头部企业，绘制招商行动路线图，增强招商精准度，提高招商成功率。优先将大企业、好项目导入"产业板块"，进一步提升招商质量，在做好疫情防控工作的前提下，坚持"请进来"和"走出去"相结合，围绕主导产业推进集群招商、配套招商、产业链招商。

拓展信息渠道，加强与高力国际、戴德梁行、世邦魏理仕等"五大行"中介机构以及新签约商务咨询公司的合作；与中金资本、嘉乐资本等资本方保持深度交流合作；同上海外商投资协会、美国商会、丹麦商会以及上海智能装备行业协会等 30 多个专业和行业协会保持良好沟通；充分发挥专业咨询服务机构、社会资本撬动优质项目的作用。

创新服务方式，努力探索"互联网+招商"模式。积极举行招商云签约专场活动，持续通过"屏对屏""线连线"进行"云签约"，与招商项目企业达成深度合作，实现对接洽谈不停顿、招商引资不止步。

二 强优势，推进重点产业高标准"三化式"发展

启东全力构建以海工及重装备、生命健康科技两大主导产业和新材料、新能源、电子信息及半导体、精密机械等特色产业为重点的现代产业体系。围绕海工船舶重装、新能源及装备、港口机械等产业，积极开展产业链招商和集群招商，着力引进一批带动性强、支撑性强的重特大项目，推动产业、企业、技术、人才和品牌集聚协同融合发展，打造形成地标性、航母型先进制造业集群。2021 年，实现工业应税销售 638.4 亿元，同比增长 59.0%。充分放大本土电动工具、高端机械装备等传统特色产业优势，引导产业高端化、智能化、绿色化发展。着力推动产业技术创新、智能升级和制造模式转变，实现产业迭代升级、做大做强，成为最具特色的富民产业。2021 年，实现工业应税销售 301.4 亿元，同比增长 29.7%。推进产业基础高级化、产业链现代化，加快突破电子信息及半导体、生命健康等两大战略新兴产业，打造具有全国影响力的先进制造业集群。2021 年，实现工业应税销售 137.8 亿元，同比增长 6.3%。

启东统筹推进、分类施策；政府引导、市场主导；示范引领、点面结合；集聚资源、融合发展。一是培育一批具有生态主导力和核心竞争力的"链主"企业，形成"链主"企业与配套企业联动发展格局。引导"链主"企业与重点工业互联网平台、电商平台开展深度合作，促进生产要素投入与市场需求的精准对接；支持"链主"企业、第三方机构等构建平台生态，开展协同采购、协同制造、协同配送等应用，提高产业链协作效率和供应链一体化协同水平，推动产业链群协同升级。二是支持行业龙头骨干企业采用新材料、新技术、新工艺、新设备，对生产设施、工艺条件、物流供应和管理服务等开展集成应用创新，强化骨干企业示范引领。三是鼓励中小企业整合打通企业信息流、数据流、业务流，开展基于云计算、大数据、工业互联网的创新应用。开展两化融合水平评估，持续引导企业实施两化融合管理体系贯标，促进中小企业数字化转型。四是各地将网络部署、公共云平台建

设、数据采集和信息系统部署等纳入产业园区改造提升建设标准，推动园区数字化转型。推动工业互联网平台在园区落地，基于联网 CNC 等数控设备，发展共享工厂、协同制造、众包众创、集采集销等新模式，提升园区制造资源和创新资源的共享协作水平。五是引进培育一批专业化水平高、服务能力强的制造业"智改数转"服务商，迭代优化"智改数转"服务资源目录，建立启东数字化转型服务资源池，以加快优秀服务商培育。六是开展"智改数转·千企询访"活动。通过政府购买服务的方式，遴选一批优秀的"智改数转"诊断服务商，免费为企业提供智能制造诊断，顶层规划"智改数转"。通过专家深入工位、产线、车间一线的"入驻式"服务，精准匹配企业需求，提供个性化解决方案，帮助企业打通"智改数转"过程中的堵点、难点和痛点，带动企业加大技改投资力度，提升"智改数转"水平。七是总结提炼"智改数转"经验做法，积极打造工业互联网应用创新体验中心，深化方案场景推广落地。八是推动行业龙头企业与工业互联网平台、云服务商、智能制造系统集成商等开展重点产业链关键核心技术和装备攻关，加速智能装备突破。九是加快工业互联网平台培育，探索一行业一平台，加快推进人工智能、区块链、虚拟现实、数字孪生等新兴前沿技术与工业互联网平台的融合应用。在加强工业信息安全保障的基础上，推进制造业数字化、网络化、智能化水平显著提升，制造业综合实力显著增强。

（一）海工船舶及重装备产业

启东以海工船舶工业园为依托，利用上海丰富的科教资源，以自主可控为核心，强化关键零部件、核心技术、卡脖子领域的攻坚突破。做优做强海洋油气钻井装备产业、海洋特种船舶制造产业、海洋能源及重装备产业。依托高新技术产业开发区，拓展海工船舶配套产业，重点培育具有较大规模、部分类别产品领先的海工船舶配套产业。临港重装备产业主要依托吕四港环抱式港池的良好条件，重点培育以重大技术装备、重要基础装备为方向的重型装备产业，发展大型石化成套设备、港口重型机械、大型环保设备、海水淡化等资源综合利用设备、大型基础施工设备等，全面提升启东市海工及重装备产业竞争力。

海工船舶工业园以"海工船舶及重装备向下游高端产业发展"为主攻方向，着力打造"1+2+X"产业体系。即 1 条产业链：海洋工程及重装备产业链，重点发展海工船舶主机制造；2 个辅助配套发展产业：高端机电装备产业、新型绿色建材产业；X 个配套产业：物流仓储、科创孵化、检验检测等现代服务业等。加快产城融合步伐，优化园区和新镇区空间布局，形成"一体两翼"功能结构。完善基础设施建设，把海工船舶工业园打造成为"世界知名、中国一流"的海工及重装备产业基地，实现跨越式发展。

1. 占据海工产业链高端

以海工船舶工业园、吕四港经济开发区为依托，打造海洋工程装备、高技术船舶、核心配套设备、研发服务同步发展的全产业链体系，提高企业 EPCI 总承包能力。重点引育工程总承包商和装备集成供应商，做优做强海洋油气钻井装备产业。开展高端海工装备研发设计，向深海装备设计制造进军，重点发展海上生产类平台、海上和陆地大型专业化模块等高端海工装备。做优做强海洋特种船舶制造产业。开展绿色船舶、高技术高附加值船舶和研发设计，突破大型 LNG 运输船、特种工程船舶等高端船型。针对船舶产业链薄弱环节，推动船舶总装建造智能化转型和智能船舶应用。加快面向智能制造的船舶企业大数据管理平台的研发，提升清洁能源动力装置、甲板舱室机械、电气、通导、自动化设备及海工核心关键配套设备等产品集成化、智能化、模块化及本地化配套水平。

2. 掌握海工关键核心技术

推进海工船舶与重装备企业转型升级，以自主可控为核心，强化关键零部件、核心技术、卡脖子领域的攻坚突破，加快提升重型自航绞吸挖泥船、海上风电安装、运维作业船等船型类海工产品，扩大电气化模块、风电升压站/换流站、LNG 处理模块、变电站模块等海上和陆上模块的配套能力。突破海洋工程装备关键技术环节，重点发展海上天然气处理装备、深水半潜式钻井平台、浮式生产储卸装置（FPSO、FLNG）、半潜式起重拆解平台、自升式钻井平台等，海洋监测设备、铺管船等特种海洋工程船、海工模块等。

3. 做大做强临港重装备产业

依托吕四港环抱式港池的良好条件，重点面向临港重大技术装备、重要基础装备，大力发展大型海工装备、大型石化成套设备、海洋环保设备、大型清洁能源设备、海水淡化成套装置等资源综合利用设备、大型基础施工设备，培育特大、重型、超限装备制造能力，全面提升启东重装备产业竞争力。

专栏 2　船舶海工，乘势扬帆"新风口"

船舶与海洋工程装备产业是海洋强国、制造强国、交通强国等国家战略实施的基础和重要支撑，是技术先导性强、产业关联度大的现代综合性产业。企查猫数据显示，目前中国海工装备企业主要分布在长三角、珠三角、环渤海等地。截至2022年6月底，江苏共有相关海工装备企业1045家，全国第一。海工装备产业园初具规模，南通、扬州、泰州等地是江苏省海工装备制造业企业主要聚集地，也形成了一批海工装备产业园，主要包括启东海工船舶工业园、亚星海工产业园、扬州仪征经济开发区等。

上一个10年，启东海工船舶工业园大规模"洗牌"，园区企业不再集中在产业低端互相拼杀，而是各自锚定方向：中远海运海工研发的"深海高稳性圆筒形钻探储油平台的关键设计与制造技术"获得国家科技进步奖一等奖；中集太平洋参与制定船用半冷半压式液化气储罐行业标准；振华海工的海上风机安装技术填补国内空白。

2022年以来，江苏船舶海工"起锚"的信号越来越强烈，几乎每月都有船舶接单交付。在启东海工船舶工业园里，一艘艘建造中的轮船、海工装备摆开"巨人阵"，整齐排列在长江北支岸线上，蔚为壮观。这背后是转型升级让船企订单"饱满"。截至2022年7月，启东海工船舶工业园累计已完成规上工业产值152亿元。下一个10年，在加快推动船舶海工行业"智改数转"的浪潮下，启东海工船舶必将迎来"新风口"。

（二）新能源

快速拓展新能源及装备产业宽度，提升产业高度，突破产业核心技术，打造协同发展优势，加快布局能源互联网等新业态。

1. 打造多能互补综合能源产业基地

依托吕四港综合能源基地，加快发展分布式光伏电站、海上风电、LNG等新能源及装备产业，加快补齐氢能利用、新型储能、光热发电等新兴产业链。建设"风光+储能"多能互补项目，优化配套储能规模，充分发挥配套储能调峰作用，降低风光储综合发电成本，有序推进源网荷储一体化和多能互补发展。建设多能互补综合能源系统，形成集能源供应、新能源产业研发、清洁能源装备制造于一体的长三角地区重要综合能源产业基地。重点建设大唐电厂加快发展超超临界火力发电系统，开展重型燃气轮机示范项目，掌握重型燃气轮机控制、调试、运维等全过程关键技术。推进氢燃机等清洁能源装备发展。支持广汇能源 LNG 分销转运站项目建设，形成不少于 300万吨的年周转能力。

2. 聚力发展高效储能产业

高度重视、紧紧把握碳中和下的储能产业发展机遇，集中优势资源加快推动光伏储能、风电储能发展，支持光储系统的研发应用。加快亿纬锂能项目落地达产，支持林洋能源等龙头企业打造端到端的储能全生命周期业务链，形成包括储能系统设备、电池管理系统、能量管理系统、EPC 工程总包及商业运营支撑服务的储能产业链。支持海四达集团等企业发展高功率动力型电池，固态电池和高温、低温、标准能量型电池系列产品。积极引导风电、光伏等新能源发电企业与储能企业、建筑企业联合，加快新能源开发和储能产品开发合作，推动风光储一体化、光伏建筑一体化发展。

3. 巩固发展光伏产业

以高功率、高转换率为方向，打造具有规模优势和国际竞争力的光伏产业链。加快晶澳太阳能项目落地达产，支持韩华新能源、林洋光伏等企业巩固光伏电池、光伏组件、光伏电站制造优势。完善光伏组件及光伏电站配套能力，积极研究新一代光伏核心技术及产品，重点突破大尺寸电池组件技术、下一代钙钛矿/晶硅叠层太阳电池组件技术、高效光伏逆变器技术，扩大光伏组件市场占有率。鼓励韩华新能源将上游硅片生产等环节布局启东，实现启东光伏产业的上游延伸。把握分布式光伏发展机遇，突破集中监控、微电网等技术，不断提升分布式光伏发电系统集成能力。

4. 延伸发展核电装备产业

支持神通阀门加快发展大型核电机组的配套设备，以核电阀门为重点，打造新一代核电设备相关配套产品。围绕核电建设过程、运营过程中的核废料处理，拓展业务范围。

5. 强化发展海上风电装备

重点围绕海上风电储能、大容量海上风电整机制造、长叶片、发电机、变流器、轴承等关键零部件制造领域开展招商引资，完善产业链，形成集聚效应。

6. 前瞻发展能源互联网等新业态

加快招引能源互联网、数字能源企业，协同远景能源，打造国际一流的数字能源产业集群，实现储能产业基地、智能风机装备制造及物流基地、智慧能源产业链配套基地、智能物联网云中心、大数据运维中心及海上智慧风电场等智慧能源产业跨越式发展。支持林洋能源等重点发展智能开关（柜）、智能导线、智能电表等智能电网输变电设备及柔性输变电设备。大力发展合同能源管理、智能电力监控及能耗管理系统等能源服务产业。

（三）电子信息半导体

壮大电子信息与半导体产业，加大招商引资建链补链强链，拓展产业宽度，强化新兴产业布局，推动产学研用，形成产业集群和提升产业知名度。

1. 做大新型电子元器件

聚焦新型电子元器件、显示设备等，大力促进新型电子元器件等产业领域发展，相继引进和发展电视机、计算机、显示器、手机等电子终端产品。在显示材料发展基础上，引进显示设备制造企业，向下游显示元件、组件和器件等环节渗透，逐步打造新型显示产业链。

2. 打造物联网感知终端设备制造产业集群

充分把握物联网产业的传感器、芯片等核心元器件向低成本方向转化的机会，依托英内物联，上游引进标签/读写器芯片企业，下游引进读写器等信息采集部件及通信模块制造企业，延长 RFID 产业链，加大 RFID 智能硬件制造企业的招引力度。壮大发展物联网感知终端设备制造企业规模，针对条码标签、RFID 标签和读写器、摄像头、红外线、GPS 等感知终端企业，开展招商引资，形成物联网感知终端设备制造产业集群。

3. 加快布局信息安全与信息技术服务业

前瞻布局信息安全产业，针对互联网涉密安全终端产品、涉密移动信息安全产品、互联网信息内容安全产品、基础信息安全产品等领域，加大招引力度，抢占信息安全产业发展先机。推进工业软件发展，形成一批面向不同工业场景的工业数据分析软件与系统。

4. 壮大半导体材料与设备产业规模

重点发展砷化镓（GaAs）第二代半导体、碳化硅（SiC）与氮化镓（GaN）第三代半导体等产品生产及检测装备，提高半导体工艺及产品良品率。支持硅单晶炉、封装及检测设备的研发和产业化。支持捷捷微电、吉莱微电子、启微半导体等企业重点发展大面积宽带隙半导体材料与器件、大尺寸晶圆等集成电路的全套关键材料，着力发展集成光电子与微纳电子封装用高分子材料，以国内知名半导体材料企业为引资引智重点，吸引聚集硅片、光刻胶、溅射靶材、引线框架等相关材料和配套产品，壮大半导体材料与设备产业规模。

5. 着力提升芯片研发设计水平

加快毫米波芯片、太赫兹芯片、云端一体芯片的知识产权布局储备。着力引进芯片设计企业，鼓励吉莱微电子等企业向上游延伸，提升芯片设计能力，重点开展大功率 LED 面板显示及触控驱动、汽车电子、家电、移动终端、工业控制等重点应用领域专用芯片以及存储器、微控制器、图像处理、数字信号处理等高端芯片研发，支持设计企业与启东精密机械整机企业协同开发，推进产业化，以整机升级带动芯片设计研发、以芯片设计创新提升整机系统竞争力。

6. 提高芯片制造与封装测试能力

聚焦突破特色芯片制造，加强先进生产线的布局和建设，实施 8 英寸或 12 英寸晶圆面板驱动、存储器等一批制造项目，发展模拟及数模混合电路、微机电系统、射频电路、化合物半导体等特色专用工艺生产线，以制造工艺能力提高带动设计水平提升。围绕新能源汽车、5G 通信、消费类电子等重点领域，探索布局 GaAs、SiC、GaN 等化合物半导体材料及器件生产线，满足高功率、高频率、高效率等特殊应用需求。依托捷捷微电等企业，大幅提升封装测试水平，适应设计与制造工艺节点演进需求，支持开展凸块、倒装、晶片级封装、硅通孔等先进封装和测试技术的开发及产业化。鼓励封装测试企业与设计企业、制造企业间的业务整合或并购，探索新兴产业业态和创新产品。

7. 加快推动集成电路一体化发展

坚持应用引领，以设计为核心，促进集成电路系统应用。加大与上海集成行业协会、欢芯鼓伍俱乐部等合作力度，积极引入半导体设备、芯片设计、封装和应用企业。以捷捷微电为芯片设计、制造和使用一体化发展龙头，鼓励吉莱微电子等企业积极向上游延伸产业链，加强研发与工艺创新的横向协同。以 5G、物联网、可穿戴设备、医疗等领域为重点，推动产学研用结合，逐步形成芯片设计制造和应用的联动发展，打造在全国有影响力的第二代及第三代半导体全产业链产业基地。

（四）新材料

新材料产业以延伸产业链、快速提升产业规模、加强产业协同、培育新兴领域为主攻方向。显示材料是产业重点突破领域，壮大产业体量，向下游延伸产业链，"育特色"。围绕新型高分子材料、新型建筑材料两大领域，以绿色零碳、可回收、可降解材料为发展方向，做大做强，"铸长板"。在生物基材料、生物医用材料、高性能复合材料、新能源材料、超高温材料、柔性电子材料、新兴功能材料等领域布局一批"谋长远"新材料品种，抢占产业发展先机。"十四五"期间，启东新材料产业主要发展方向，一是做大做强新型高分子材料。进一步完善新型高分子材料产业链，尽快形成创新能力强、产业规模大、特色鲜明、具有竞争优势的产业集群。依托华峰超纤等龙头企业，推动华峰超纤"可降解新材料一体化项目"投资进度，重点发展可降解新材料、可降解塑料、绿色超纤、非织造布超纤材料、新型环保超纤材料、新型金属材料、$PM_{2.5}$过滤材料、可降解树脂等功能性及高分子先进复合材料。依托德威涂料等龙头企业，鼓励新材料企业向下游延伸产业链，大力发展表面功能型新材料产业、新型防腐涂料、面向资源再生的材料。二是加快发展新型建筑材料产业。把握零碳建筑发展机遇，依托东方雨虹等龙头企业，大力发展新型建筑材料产业。推动东方雨虹 PE 膜项目投资达产，以低碳零碳建筑材料、新型建筑装饰装修材料、新型建筑防水材料、新型保温隔热材料、新型墙体材料等为重点，加大重点企业引培。三是推动传统材料企业转型升级。鼓励包装材料企业转型升级，向轻量化、安全化、环保化、智能化、多样化和多功能方向发展。引导金属类材料企业大力发展高纯金属、非晶合金等特殊金属材料，以及可用于核电、超超临界火电、海洋工程、汽车工程、轨道交通方面的高品质特殊钢。引导化工类材料企业向合成橡胶、工程塑料、有机硅材料和氟材料等方向转型升级。四是发展壮大显示材料产业。加大显示材料企业引培，向上游延伸产业链，发展光学显示材料产业。以液晶材料、玻璃基板、有机发光材料等新型显示材料为重点，大力发展显示材料产业。五是前瞻发展生物基材料。把握碳中和下生物基材料产业快速发展战略机遇，加强巴斯夫等全球生物基材料龙头企业以及创新企业的招引，积极构建生物基材料产业链。

（五）精密机械

启东精密机械产业以总集成、总承包和核心零部件为核心，重点发展电动工具、节能装备、环保机械向高端化、系列化、配套化方向转型。突破润滑设备、油泵阀门、智能数控等国内一流、世界先进水平的关键共性技术及部件。积极对接浦东主导产业，引进机器人、数控机床、人工智能终端设备等产业，提升产业核心竞争力和产品附加值。

1. 积极建设阀门产业链

支持神通阀门围绕进口替代，加快发展低温阀、低温过滤器等高附加值产品。精准引培阀门上游企业，引进阀门类生产企业，与神通阀门形成共生关系，提升产业关键环节控制力，提高供应链整合能力，壮大产业规模，将启东阀门产业打造为具有规模优势的全国特色产业。

2. 推动润滑液压产业升级发展

推动润滑液压产业向服务化、数字化、敏捷化、高质量发展，以感知传感器、云计算、大数据等核心技术为依托，打造工业互联网业务。加强与上下游资源共享与互补，积极探索合作模式，打造产业互联网新生态。

3. 提升智能物流装备制造产业能级

鼓励物流装备制造企业采用自动化生产线，提升自动化、信息化、智能化水平，努力转型为物流系统集成商。精准招引面向装备制造、新材料等领域的智能物流企业，壮大自动输送与智能分拣设备细分市场规模，鼓励物流装备制造企业开发智能物流装备业务，积极进入自动化立体仓库、自动引导车、后道包装与码垛机器人、自动识别与感知系统等细分市场，形成较为完整的智能物流装备制造产业体系。

4. 着力打造智能机器人产业

把握减速器等关键零部件的国产替代和成本竞争机会，聚焦减速器、伺服电机、控制器等机器人产业链环节，引进工业机器人关键零部件企业。着力引进面向装备制造、建筑、纺织、物流等应用场景的工业机器人集成企业，发展六轴及以上、协作、并联、重载搬运、洁净等工业机器人。着力发展应用于特殊环境下的特种机器人和智能生活服务机器人。

三 抓效益，加速传统服务产业转型升级

（一）生命健康产业

生命健康科技产业以快速壮大规模、拓展产业宽度、拉长产业链、探索

本地创新模式、打造卓越产业链为主要任务。重点聚焦生命数字、高端医药、健康服务等领域,以生命健康科技园建设为抓手,打造产业发展核心载体,明确"跑好对接浦东'第一棒'"的战略定位。围绕"长江绿滩、创智蝶谷、生命乐城"三大主题,坚持"以城为主、城中有产、产有特色、产城融合"的发展思路。秉持"协同张江、对接苏南、产城融合"发展理念,对接上海生物医药科技产业促进中心、张江高科技园区及国外优势资源,打造生命健康产业生态圈,形成集"人才集聚、科学研究、技术开发、中试孵化、规模生产、检验检测、市场开拓"于一体的生命健康产业链。

1. 着力发展高端医疗器械、数字诊疗设备

抓住高端医疗器械与诊断设备采购国产化契机,聚焦高端医疗器械、创新型临床体外诊断设备,开展精准招商,打造生命健康制造基地。高端医疗器械重点发展植介入器械、全降解血管支架、影像设备、手术精准定位与导航系统、医疗机器人、康复器械等。创新型临床体外诊断设备重点发展全自动生化分析仪、化学发光免疫分析仪、高通量基因测序仪、五分类血细胞分析仪等。着力引进生物制药设备企业,形成生物制药范围经济。

2. 生物制药产业建链延链,壮大规模

围绕生物医药头部企业,配套 CRO 上游企业,完善配套设施,建链延链,完善研发转化服务体系,构建从早期药物研发、中试到生产等各环节生物医药产业链。支持临床产品应用,进一步集聚 CRO/CDMO 企业,壮大生物医药产业集群。以药明康德、睿智医药等企业为核心,聚焦抗体药物、新型疫苗、重组蛋白及多肽药物、基因治疗等领域进行引培。抗体药物重点布局针对肿瘤、免疫系统疾病、心血管疾病和感染性疾病等领域。新型疫苗重点布局针对新冠肺炎等重大传染病疫苗、基因工程多联疫苗、十三价肺炎结核疫苗、宫颈癌疫苗、呼吸道合胞病毒疫苗等领域。重组蛋白质重点布局针对糖尿病、病毒感染、肿瘤等疾病的新产品开发领域。

3. 培育发展医美制造

重点发展与医美产业相关的医美材料、产品和器械。医美材料重点发展透明质酸、胶原蛋白等生物活性材料,以及假体植入材料、线雕材料、组织工程软骨等。医美产品重点发展医美面膜、可注射填充物、肉毒素等。医美器械重点发展针对皮肤美容、口腔美容等的医用激光、光子、射频及超声设备、水光仪等。

4. 加快发展海洋生物医药

加大海洋生物医药企业引培力度，加大海洋药物与生物活性分子的研发力度，推动海洋药物及保健品在抗肿瘤、抗感染，治疗心血管疾病、精神疾病等方面的产业化进程，实现海洋生物医药产业与海洋食品产业的联动发展。

5. 推动高端化学医药转型升级

高端原料药方面，针对恶性肿瘤、心脑血管疾病、糖尿病、精神性疾病、自身免疫性疾病、耐药菌感染、病毒感染等疾病，重点引培支持新靶点、新机制小分子药研发企业。高端制剂方面，推广缓控释、透皮吸收、黏膜给药、纳米制剂、靶向给药、预灌封等新型药物制剂技术，围绕恶性肿瘤、神经退行性疾病、心脑血管疾病、代谢性疾病、自身免疫性疾病等重大疾病防治需求，积极引培基于新机制、新靶点和新适应症的高端制剂和新型辅料企业。

6. 壮大高端药食功能性食品产业规模

积极推动拜耳医药基地扩大，引导拜耳医药在启东部署研发中心，扩大启东生命健康科技产业的溢出效应。积极招引透明质酸等生物活性材料生产企业，招引免疫、美容等广谱性保健食品，深海鱼油等海洋功能食品，维生素、氨基酸等营养补充剂等生产企业，扩大高端药食功能性食品产业规模，形成集聚效应。

7. 加快打造中成药产业集群

依托盖天力，强化发展药物成药生产环节，重点针对心脑血管疾病、自身免疫性疾病、妇儿科疾病、消化科疾病等中医优势病种，加大以单方、验方、医院制剂等为基础的中药新药研发制造企业招引力度，打造中成药产业集群。

（二）物流业

启东紧抓"一带一路"、长江经济带、江苏沿海开发、长三角一体化等国家战略的重大发展契机，以建设长三角北翼对接国内外区域物流中心为总目标。坚持物流基础建设和重点物流产业建设"双轮驱动"的发展思路，以物流基础设施、物流社会化专业化、智慧物流、标准化物流等物流基础建设夯实物流基础；以港口物流、工业物流、商贸物流、快递物流、农副产品物流等重点物流产业建设为突破口；以吕四冷链物流中心和火车站片区物流园等重点区域项目为抓手，提升启东整体物流能级。以联动发展、系统发展、协同发展、统筹发展和开放共享为方向，加快构建立足南通、合作长三角、服务中西部、对接国内外的区域物流中心，打造区域性物流节点城市和服务长三角及长江流域的区域现代物流中心。

1. 港口物流

（1）建立现代港口物流体系。发展煤、气、粮、油储运等港口物流，大力发展现代渔业和石化新材料、电力能源、重装备制造、新型建材等临港产业。全力打造衔接"一带一路"、长江经济带的上海北翼重要海港。推动港口物流发展，依托启海港区寅阳作业区和通州湾港区吕四作业区，发展港口铁—水、水—水、公—水、公—铁等多式联运，逐步形成以电动工具、海产品、大宗散杂货、集装箱等特色货为主的现代港口物流体系。

（2）加快港口物流基础设施建设。发挥吕四港深水港航运优势，依托环抱式港池、新渔港经济区、新材料产业园三大平台，完善吕四港码头、仓储堆场、集装箱内河转运等物流设施建设，推进吕四港公用码头和建材码头建设。推进沿江、沿海和内河港口码头规划，充分发挥一类开放口岸功能，加快公用码头建设。

（3）积极推进港口保税物流建设。推进沪启港口战略合作，加快保税物流园区建设，承接苏北地区进入上海自贸区货物、上海出口货物查验业务，发展保税物流、保税仓储、保税展览和自贸区直销商品业务。

（4）推动开展集装箱物流业务。建立集装箱堆存行业准入规范，开展集装箱提箱、堆存、装卸、租赁、拼箱等业务，建设上海港区重要的集装箱集拼业务处理中心，提高资源的利用效率，更好地满足港口集装箱物流发展需求。以吕四港为重点，发展集装箱铁路班列运输，提高海铁联运比例，促进海运和铁路货运有效衔接。推进内河运输集装箱改造，加强与长江中下游航道的运输联动，发展江海联运，构建具有较强竞争力的集装箱物流体系。

（5）打造航运物流一体化体系。加快提升疏港航道通航能力，规划建设通扬线、三河港线和汇吕线等内河航道，建成以吕四港为核心，以通吕河、蒿枝港、三和港河为骨干的疏港航道，形成通江达海、江海联运的航道网络，打造成为陆海空、公铁水联运的长三角地区重要的一体化航运中心。围绕港口物流节点的联网应用，提供数据采集与共享服务，全面实现船公司与货代、船公司与堆场、货代与仓库、货代与货代、货代与集装箱车队、货代与堆场进行信息联网和数据共享，打造基于云服务的电子商务交易平台，实现航运交易的全流程电子商务，形成实时交易数据。

2. 冷链物流

（1）优化冷链物流业空间布局。发挥启东吕四港靠海优势和海鲜产品资源优势，依托海鲜产品产业和专业市场，以冷链物流基础设施建设为重点，规划形成以"港口"为依托的冷链物流产业核心集聚区、以地方产业为支撑的冷链物流基地。加快推进与上海冷链物流企业的合作，在上海的各区县以及上海周边区县等地建设一批海鲜产品冷链物流中心，确保"最后一公里冷链"，承接上海城市非核心物流功能。

（2）培育壮大冷链物流主体。扶持本地第三方冷链物流企业发展。鼓励南通市、江苏省冷链物流企业与央企、外资等知名企业的合作、共建，培育和壮大一批经济实力雄厚、经营理念和管理方式先进、核心竞争力强的第三方冷链物流企业，提供从源头到消费的全程、一体化冷链物流供应链管理方案。

（3）加快冷链物流干线运输的建设。建设冷链物流通道，促进冷链运输专线专业化的提升。加强鲜活农产品冷链物流设施建设，支持大宗鲜活农产品产地预冷、初加工、冷藏保鲜、冷链运输等设施设备建设，形成重点品种农产品物流集散中心，提升批发市场等重要节点的冷链设施水平，完善冷链物流网络。积极鼓励和支持企业开展生鲜农产品冷链配送，对冷链温度控制实行精细化管理，制定严谨的配送销售流程，健全农产品质量安全追溯体系。支持农产品生产基地改造提升物流设备设施，推广机械装卸、自动化拣选、电子交易、智能仓储等设备技术应用，开展集散配送业务。整合低温屠宰、低温冷冻、冷链运输、检验检疫、包装加工等设施资源，完善冷链物流网络体系，形成专业化农产品冷链物流基地。加强冷链物流设施设备信息化改造，构建全流程质量监控和追溯系统。

3. 制造业物流

（1）发展产业配套物流。围绕启东经济开发区、吕四港经济开发区、高新技术产业开发区、海工船舶工业园等重点产业基地，推动物流业与制造业联动发展，大力发展产业配套物流，依托海工及重装备、电力及能源装备、精密机械及电子信息等"三优三新"产业，推动装备制造物流等专业化物流业态发展。支持建设与制造业企业紧密配套、有效衔接的仓储设施和物流信息平台，鼓励"三大支柱"产业集聚区和功能区配套建设公共外仓，加快培育和引进第三方物流企业。组织实施一批制造业与物流业联动发展的示范工程和重点项目，促进高端制造业与物流业有机融合。

（2）加快供应链物流发展。推动物流业深度嵌入制造业供应链，鼓励传统运输、仓储企业向供应链上下游采购、销售、包装、流通加工等延伸服务。大力发展供应链物流，建设第三方供应链管理平台，为制造业企业提供供应链计划、采购物流、入厂物流、交付物流、回收物流、供应链金融以及信息追溯等集成服务。推动专业化物流基地对接订单物流。加快发展具有供应链设计、咨询管理能力的专业物流企业，着力提升面向制造业企业的供应链管理服务水平。

4. 商贸物流

（1）建设商贸物流基地和市场。依托天汾电动工具商贸城、吕四盈港市场、中国吕四国际水产品交易中心等，加快专业市场配套物流设施建设，促进专业市场转型升级，形成一批具有展示交易、价格发布、信息交流、电子商务等一体化物流服务功能的商贸物流基地。围绕电动工具、海鲜水产等地方特色产品，重点建设专业化的商贸物流基地。

（2）鼓励发展电商物流。鼓励企业广泛应用电子商务创新经营管理模式，支持文峰大世界、大润发等传统商贸企业以自主品牌为支撑，发挥营销网络优势，拓宽营销渠道。引导实体流通企业逐步提高信息化水平，将线下物流、服务、体验等优势与线上商流、资金流、信息流相融合，拓展智能化、网络化的全渠道布局。

（3）提升物流服务功能。加快制造业集聚区、服务业集聚区的物流功能整合，依托专业市场园区建设专业配送中心，强化采购、集货、分拣、储存、理货、加工、送货、信息处理等一体化服务功能，提升物流服务能力。

5. 快递物流

（1）构建快递基础设施网络。扩大快递基础设施供给能力，结合综合物流园区规划，配套建设快递分拣中心，推进快递产业园等快递基础设施，如启东邮件处理中心、顺丰启东快件转运中心、启东"智慧邮政"综合服务监管平台等项目建设，构建快递基础设施网络体系。

（2）建设"智能投递"高端。积极参与"智能投递"高端建设，打造智能化、标准化、公共化、平台化、集约化、便捷化的快递收派服务体系。推进快递营业场所标准化建设，鼓励在居民小区、地铁站周边、商务中心等进行智能快件箱的布局，鼓励快递企业与便利店、社区物业、超市和商务楼宇物业等社会公共场所合作，开展联收联投、网订店取等业务，建设"E邮政"等投递终端，研发并试点应用智能冷藏包裹箱。

（3）整合资源健全快递标准。鼓励优势快递企业加强联合、整合资源，加快形成品牌化、规模化、网络化、信息化的大型快递企业集团。严格执行涉及快递业的国家、行业、地方强制性标准，健全快递标准规范体系，加强快递从业人员寄递安全培训。

6. 农产品物流

（1）建设农产品物流基地。围绕启东"四青"作物、鲜嫩蔬菜等农（渔）产品，依托大型农产品批发市场和集配中心，加快农产品物流业的整合发展，建设一批规模较大、带动较强、技术水平较高的农产品物流基地。结合市区重点批发市场整合搬迁工程，规划建设现代化、公益性农副产品物流中心。加快推进启东中国供销农产品批发项目建设与吕四水产品国际交易中心等一批新兴市场建设，将启东打造成为华东地区农副产品、水产品等重要大宗货物交易中心。

（2）促进农产品网络销售。以市场需求为导向，促进农产品网络销售，推进农产品电商配送。鼓励供销合作社等各类市场主体拓展适合网络销售的农产品和服务，引导电子商务企业与新型农业经营主体、农产品批发市场、连锁超市等建立多种形式的联营协作关系。拓宽农产品进城渠道，突破农产品冷链运输瓶颈，促进农民增收、丰富城市供应。引导电子商务服务企业拓展农村业务，加强电子商务知识培训和政策引导，鼓励农村青年进行互联网创业。

7. 能源物流

（1）打造能源物流中转枢纽。充分发挥启东优越的地理位置优势，携手长三角重点沿江、沿海港口码头，发挥"江海联运、集约中转、区港联动"的能源物流中转港作用。以广汇综合物流企业为主导，将启东打造成为长三角地区重要的能源中转基地，并要充分完善中转型配送基地建设，选择水运资源丰富、环境压力相对较小、物流仓储土地资源丰富、环境治理成本较低的地域建立中转型配送基地。

（2）建立健全能源信息保障系统。整合能源物流枢纽资源，进行全面的信息数据统一化工作，以形成协调高效的一体化模式和管控信息化系统。具体包括：建立新的管理能源物流职能的团队，并尽快建立和完善相应的信息化支持；构建基于现代物流的电子商务平台，实现信息流、资金流、知识流和物流的有效集成，释放能源物流中转枢纽势能。

（三）楼宇经济

启东坚持楼宇经济发展与启东产业导向相结合，坚持市场主导与政府服务相结合，坚持总体布局与合理分工相结合，聚焦现代物流、休闲旅游、生命健康、金融后台服务、商贸服务、科技服务等领域，对企业采取"引进一批、做强一批、培育一批"的思路，引导启东楼宇合理布局、集聚发展。

1. 加快引进培育优质楼宇经济主体

(1) 大力引进知名总部企业。发挥启东作为上海毗邻区的区位优势,完善相关政策、主动协调各项服务、创新招商方式,不断增强启东对总部企业的吸引力度。围绕启东重点产业发展导向,积极引进国内500强企业来启东设立地区职能性总部机构。

(2) 着力做强现有总部企业。增强现有总部企业在启东的归属感,扶持、帮助已落户的总部企业进一步发展,增强企业根植启东发展的信心。强化服务功能,加大政府对总部企业的服务力度,形成常态化服务机制,及时了解掌握总部企业发展需求。

(3) 努力培育本土总部企业。坚持楼宇经济与优势产业发展和产业结构调整相结合的目标,重点培育能够体现启东产业优势的总部企业。支持工业企业、建筑企业主辅分离,本土企业进行并购重组与战略合作,进一步提升本土企业的市场扩张能力、资源配置能力与融资能力,努力开发拓展异地业务,提升本土企业的对外竞争力,加快本土企业成长为具有启东特色的优势企业总部。

2. 推进楼宇经济载体建设

(1) 重点打造楼宇经济集聚区。以汇龙镇、启东经济开发区、吕四港镇、生命健康科技园为启东楼宇经济发展的重点区域,加快培育形成启东楼宇经济集聚示范区。重点引进现代物流、生命健康、金融服务、现代商贸等行业总部企业,示范引领全市楼宇经济发展,带动启东现代服务业迈向高端化、集约化,对全市经济转型升级发挥持续的辐射作用。

(2) 加强楼宇建设规划。立足全市楼宇空间布局与业态分布现状,开展楼宇经济发展专项研究。高标准制定楼宇发展规划,优化楼宇空间布局,明确不同区域范围内楼宇的功能与业态定位以规划指导总部楼宇项目建设。对汇龙镇、经济开发区、生命健康科技园内发展空间较大、功能定位互补的区域进行成片规划、连片开发。

(3) 提高楼宇服务效能。设立重大项目企业绿色通道,开通楼宇发展绿色通道,建立"楼小二"楼宇企业服务团队。加强重点楼宇政务服务入楼，降低楼宇内企业时间成本，优化启东楼宇经济软环境。加快楼宇经济信息网络平台搭建，将楼宇经济信息纳入政企云平台，提高启东政务信息化水平。构建政府与重点楼宇内企业的信息交互平台，深入推进政务公开，实现政府与企业的信息互通共享。

（四）商贸服务业

坚持传统改造升级和新兴培育发展并举，激发企业主体活力，增强商贸发展内生动力，探索商业新模式、新业态、新技术。深化商贸服务业改革，以市场化、产业化、集聚化、电商化为发展方向，以优化结构、提升层次和转型升级为重点，加快商贸服务业基础设施建设。大力发展电子商务产业，引导产业集聚发展，不断提升城市服务功能、集聚水平和辐射能力，积极推进贸易便利化，促进内外贸一体化。

1. 推进商贸服务业转型升级

（1）打造特色专业市场。按照"功能集中、优势互补、错位发展"的思路，引导各类市场合理布局、有序竞争、协调发展，形成功能明确、分工合理的多层次发展格局。依托交通枢纽发展商品市场，在沿江沿海港区、高速公路出入道口、火车站等区域规划建设区域性生活资料和生产资料批发市场。立足优势产业，加强分类指导，建设一批综合与专业、批发与零售、产地与销地联动融合的商品交易市场，培育一批有影响力的区域性商品交易市场群。支持天汾电动工具商贸城、吕四水产品批发市场等重点市场做大做强，打造区域性大型交易市场，推动建设形成若干个在国内外具有较大影响的交易集聚区。

（2）培育壮大市场主体的商贸竞争力。培育发展一批主业突出、核心竞争力强的大型商贸流通企业，鼓励其扎根启东。加强商贸品牌建设，鼓励农渔产品、电动工具等优势产业加快自主品牌发展，通过品牌的自主化、集聚化和高端化来提升商贸经济的整体竞争力，扩大"启东品牌"在国内外消费市场的影响力。以总部经济为核心，突出"招大引强"，加快引进国内外知名商贸业企业区域性总部、功能性总部。积极引进和集聚商贸、旅游、文化等行业龙头企业，带动启东商贸服务业跨越式发展。鼓励商家和企业在各类型商贸聚集区、大型商贸设施内引进国际著名商贸品牌。顺应商贸流程再造趋势，引导龙头商贸企业逐步由单一贸易功能向采供、货运、配送、贸易、金融、信息等服务功能拓展，形成一批具有生产基地、制造加工、物流配送、终端销售控制能力的商贸集成服务商。

2. 加快推进城乡商圈建设

（1）提档升级城市中心商圈。按照"商住分开、人车分流、立体开发、集中打造"的理念，以建设长三角休闲旅游目的地为目标，以品牌商场、特色街区为支撑，在启东新城区中央商务区发展购物中心、总部经济、楼宇经济，建设集购物、娱乐、休闲、餐饮等功能于一体的百亿级商圈。重点加快推进启东新城区中央商务区、蝶湖公园片区等项目建设；优化城市商业综合体业态，促进其提档升级；大力引进投资者或开发商，加快中心农贸市场片区拆迁改造；着力引进高端商贸品牌入驻启东，打造启东全域旅游核心购物区。

（2）推进乡镇商圈建设。以吕四港镇、圆陀角旅游度假区、启隆镇、惠萍镇和南阳镇为重点打造各具特色的镇级商业中心，加快乡镇商圈建设。加快镇级商业与服务业发展，积极培育现代流通方式，进一步提升商业对现代农业、工业以及休闲旅游等产业的配套服务功能。

3. 大力发展电子商务

（1）深化电子商务应用。顺应"互联网+"发展趋势，充分发挥吕四港镇电动工具产业集群优势，加快电子商务发展。推进商品市场电子商务应用，促进线上交易与线下交易相结合。扶持各类专业市场应用电子商务发展线上市场，推动专业市场通过引导商户开设网店、市场自建电商平台、开展网上现货交易和发展电商园区等方式，实现专业市场和电子商务联动发展，促进专业市场交易方式转变升级。深化"互联网+流通"行动，积极推进电子商务在金融、物流和旅游中的应用。

（2）建设电商产业园和跨境电商示范园。重点引进培育电子商务龙头企业，打造启东知名电商品牌。发展壮大跨境电子商务，打造跨境电商体验购物城。引导电子商务向产业园集聚，打造现代电子商务产业园。

（3）发展农村电子商务。开展"电商进乡村"工程，建立乡镇和村级电商服务站，以电动工具、海洋水产品、当季水果为依托，探索建设具有启东特色的"淘宝村"，增强网络代购、农产品收购、快递分发、配送等功能，提升农村电商服务平台水平。加强农村电商人才培训，利用第三方电子商务平台，通过开设网上旗舰店、专卖店的方式，组织龙头企业、种养大户、合作社等企业开展网上销售和对接活动。

（五）金融服务业

紧抓上海国际金融中心建设与自贸区建设机遇，发挥启东作为上海国际金融中心北向辐射先导区的区位优势，深入推进金融服务高标准、高要求对接上海。发展多样化特色金融业态，完善启东金融服务体系，强化金融支持启东经济转型升级的功能，推动金融服务与创业孵化紧密结合，将启东打造成为上海金融中心配套服务基地的北向先导区。

1. 加强机构建设，推动启东金融产业壮大

（1）积极招引支柱性金融机构。发挥启东作为上海国际金融中心北向辐射先导区的优势，吸引国内外银行业、证券业、保险业、信托业金融机构落户启东，提高启东基础性金融支柱产业发展水平。招引符合条件的外资银行、股份制商业银行、地方性商业银行等银行业金融机构来启东设立分行或营业网点，扩大启东金融产业整体规模。在充分利用信贷资源的同时，重视资本市场的直接融资以及证券期货和保险的作用。

（2）培育发展地方新型金融机构。坚持发展与监管并重，在支持地方新型金融机构做强做深做专的同时，引导农村小额贷款公司、典当行、融资租赁公司、商业保理公司、地方资产管理公司、融资担保公司等地方新型金融机构规范健康持续发展。

（3）引进中介配套服务机构。发展会计师事务所、律师事务所、资产评估公司、保险中介公司、信用评估公司，同时引进金融综合咨询类、金融代理服务类、金融技术和信息服务类等各类中介服务机构，在丰富金融业态与完善金融配套服务的同时，推动构建启东金融机构与中介机构之间的良性互动发展格局。

2. 推进集聚发展，搭建启东金融服务平台

（1）大力推进金融产业集聚发展。按照"一轴一区"的总体思路进行集聚区空间布局。其中，"一轴"为人民东路—人民中路金融发展轴，"一区"为新城金融商务功能区，最终形成"一轴集聚、一区支撑"的金融发展格局。

（2）强化金融服务平台建设。支持金融监管部门重点打造企业直接融资平台、中小微企业融资创新服务示范平台、农村金融交易平台、政企资源对接交流平台等金融服务平台。进一步创新面向民营企业和小微企业的融资机制，在提高服务效率的同时加强启东金融服务供给能力与服务便利性。发挥各平台功能与作用，提高企业与金融机构的积极性与参与度，努力打造启东一站式综合金融服务平台。

3. 发展特色金融，丰富金融发展内涵

（1）大力发展科技金融。加大金融对科技创新的支持力度，建立完善的金融支持科技创新发展的模式，构建金融、科技、产业多元融合创新平台，促进启东经济产业结构升级。完善创新科技金融投融资服务体系，健全科技企业与多层次资本市场之间的联动机制，支持开展科技金融服务中心建设，加大对科技企业的金融服务力度，实现金融与科技企业的有效结合。

（2）创新发展海洋金融。鼓励现有驻启银行依据自身业务特色与资金负债实际，开拓设立从事港口物流、船舶融资、海洋科技等的专业性分支机构。支持已有涉海企业跨境投融资，拓宽海洋金融投资融资领域，提高投融资比例，推动船舶融资、港航物流金融、海域使用权抵押贷款等融资类产品创新。鼓励民间资本进入，在本地探索设立涉及船舶制造、船舶租赁、渔业捕捞、涉海旅游开发、海洋科技等行业的涉海产业基金。

（3）积极发展农村金融。创新农村金融发展模式，拓宽三农融资渠道，创新各项农村金融产品，降低农村地区贷款制约，推动小额信贷、融资租赁等新模式新业态在农村金融领域的发展。加强农村金融服务体系建设，继续引导大型银行向乡镇延伸服务网点，推进涉农金融机构改革，从覆盖率、可得性、满意度三个方面实现乡、镇、村金融服务全面发展。

（4）努力发展绿色金融。积极参与南通国家级现代农业示范区建设，集聚绿色金融资源，创新绿色金融产品与服务，加大对绿色企业、绿色村居、绿色出行、绿色校园建设等全市重点工作的支持力度。鼓励在启商业银行推广排污权抵押贷款、能效信贷等绿色信贷，成立绿色信贷评估执行机构，加大对绿色企业和项目的支持力度，发挥绿色金融在 G40 健康生态走廊建设与启东沿江生态走廊建设中的支撑作用。

4. 强化金融支持，推动产业转型升级

提高金融支持产业转型升级的能力。加大金融对"两主两新两优"产业（"两主"：生命健康科技、海工及重装备两大主导产业；"两新"：新材料、新能源两大新兴产业；"两优"：电子信息及半导体装备、精密仪器两大优势产业）的支持力度，推动启东产业结构向精细化、高端化迈进。支持金融机构盘活存量信贷资源，推动产能过剩行业企业进行技术改造和兼并重组，消化过剩产能，促进产品升格，实现传统产业的转型升级。

总体上，启东市搭建生产性服务业"一平台多功能区"架构，积极引进科技研发、软件开发、工业设计、金融服务、区域总部等业态，导入专业化社会组织，加快生产性服务业集聚发展。推进服务业与制造业深度融合，引导制造业企业从提供产品向提供"产品+服务"转变。

（1）搭建生产性服务业"一平台多功能区"架构。结合启东楼宇经济发展，根据各产业园区产业发展需求，按照"集中布局、集聚要素、集合功能、融合升级"原则，建设启东生产性服务业集聚中心，形成涵盖电子商务、现代物流、检验检测、人力资源、知识产权等一系列要素的生产性服务业平台，提高对制造业转型升级的支撑能力。以省级生产性服务业示范集聚区吕四天汾电动工具商贸城为龙头，加快推进挖入式港池物流园区建设，在远离市区的启东高新区、海工船舶工业园、生命健康科技园等产业集聚区，建设多个生产性服务业功能区，积极推动启东经济开发区、生命健康科技园创建两业融合示范园区。推进广汇能源综合物流基地、启东中合农产品冷链物流等项目建设，积极引入供应链管理企业，为制造企业提供专业化、一体化供应链管理服务，降低制造业流通成本，提高流通效率，提升制造企业的市场反应能力。

（2）聚力发展信息科技、工业设计、检验检测等生产性服务业。加大科技服务企业招引力度，支持龙头企业按照市场化原则，为产业链上下游企业提供研发设计、计量测试、检验检测等社会化、专业化服务。加快启东工业物联网建设，构建基于云计算、大数据、移动互联网等新兴技术平台和架构的产业公共服务平台，促进生产要素跨界和跨时空聚合共享。积极发展面向制造业的信息技术服务业，开发智能软件和智能平台，联动信息化、智能化和工业化，进一步深化电子商务的市场应用。扩大北大生科华东产业研究院的公共仪器平台共享范围，在全市生命健康科技领域进行推广，提高利用价值。鼓励电动工具公共服务中心提高检测服务能力，增加光电、锂电等检测设备，免费为中小企业提供检测服务。

（3）提升生产性服务业专业化水平。支持集群发展促进机构、行业协会、产业联盟等社会组织发展。组织产业链供需对接活动，形成一批有影响力的活动品牌。整合第三方服务商，搭建产业发展平台，办好天汾电动工具展会、天汾五金交易会（广州专场）等多种形式产业发展促进会议。鼓励制造业企业主辅分离，引导制造业企业分离物流、会务、检验检测等非核心的辅助性业务，通过财政补贴、税费减免等方式降低企业主辅分离成本。促进制造业企业向创意孵化、研发设计、售后服务等产业链两端延伸，全面普及制造业电子商务应用。

四　转理念，科学布局打造全域旅游样板城市

基于全域旅游龙头景区带动型、城市全域辐射型、全域景区发展型、特色资源驱动型、产业深度融合型五种发展模式的研究，启东确定了启东都市依托型全域旅游发展模式——"沪启联动""伴城伴乡"模式。依托国际化

大都市上海，基于启东与上海的区位关系，融入上海市场；基于长三角一体化国家战略，推动启东全域旅游走向高质量发展。

（一）因地制宜

在对接上位规划的基础上，启东市重新审视旅游资源的特色和内涵，依托交通格局、城镇体系、资源分布和旅游景区发展基础，确定整体采用"113"全域旅游新格局暨"一核综合服务、一环全域串联、三极共振增长"的空间战略布局。

1."一核"，主城文旅休闲服务核

依托启东城区的政治中心、经济中心和文化中心区域功能和交通便利、位居中心、连接各镇区的地理区位，全面改善启东城市面貌、完善公共服务与旅游集散功能，将启东城区打造成主客共享、文化乐活的城市休闲会客厅。重点从环城水系环境优化、绿色生态公园建设、时尚街区打造、夜生活氛围营造、绿色交通体系完善、文化场馆与体育设施建设等方面，将启东城区打造成集生态宜居、休闲宜游、富饶宜业的江风海韵度假之城、主客共享之城与时尚活力之城。同时，对接城乡一体化及启东市"南延北进东拓西扩"的发展战略，联动惠萍镇发展乡村旅游，将惠萍镇打造为"启东城区的东大门"；提升北新镇旅游接待水平，承接都市休闲功能。

2."一环"，江海百里生态环线

以自驾车廊道、百里生态画廊为核心功能，依托现有的沿江、沿海、沿道路网体系，打造以"江风海韵农业观光"为主题的江海百里生态环线。

3."三极"共振增长

圆陀角旅游发展增长极。整合度假区旅游功能，营造旅游氛围，以江风海韵、首缕阳光为特色，以奇景观光、运动娱乐、美食休闲、商务会议、旅游地产为主要功能，打造国家级旅游度假区。吕四港旅游发展增长极。以"千年古镇海洋重镇"为发展方向，将吕四建成一个以特有的海洋资源、渔文化背景为依托，以"海、港、湾、岛"为核心元素，融东方文化、渔港风情、休闲美食、旅游景区、水上运动于一体，面向国际、立足一流的多功

能综合性渔港风情区。启隆产业园发展增长极。依托启隆镇优越的地理区位、优质的生态资源及置换出的建设用地等，高度融入崇明世界级生态岛建设，精准对接崇明岛发展定位，立足启隆镇旅游资源优势与特色，以市场为导向，构建集生态观光、康养休闲、科研展示于一体的生态旅游度假区。

（二）功能打造

坚持创新特色化发展，实现由单一观光型产品结构为主向观光型、休闲度假、专项旅游产品相结合的复合型产品结构转型。发展互动性、体验式、休闲型旅游项目，整体提高旅游产品的质量与服务水平，积极打造全域旅游产品体系。精心打造一批上档次、成规模、有特色、配套齐全的文化旅游载体，提升旅游产业链整体开发水平，促进启东市旅游向城景一体、产业一体、城镇一体转型升级，使得旅游与城市功能定位相协调，推动全域旅游高质量发展，彰显国际化水平。

总体上，启东市综合考虑旅游发展实际情况、旅游投资额占比、建设项目大小等众多因素，积极构建"9+18+N"的项目支撑体系。其中"9"代表9个中大项目，"18"代表18个重点项目，"N"代表N个支撑项目。在空间布局的基础上，重点布局城旅综合服务区、渔港文化体验区、滨水欢乐度假区、健康有机生态区、现代农业休闲区、文化创意游憩区，形成覆盖全域的旅游空间模式，形成六大功能分区联动。

城旅综合服务区。突出"旅游即城市、休闲即生活"发展理念，在汇龙镇中心城区汇聚"享悠闲、慢生活"的要素，增强游客游憩功能，延长游客逗留时间，逐步将汇龙镇建成都市中央休闲区和游客集散地。依托惠萍镇、北新镇发展乡村旅游，对接城旅融合及启东市"南延北进东拓西扩"的发展战略，打造城郊乡村旅游示范地。

渔港文化体验区。依托吕四港镇的文化旅游资源（吕祖文化、长寿文化、垦牧文化、非遗文化、名人文化）渔港生态旅游资源，提升仙渔小镇、吕四渔港、鹤城公园、渔家乐等项目品质，创建融海鲜品尝、物流集散、风情体验等功能于一体的综合性美食主题休闲目的地，整体打造为充满文化底蕴与渔家风情的文化体验区。

滨水欢乐度假区。依托东海镇的乡村资源和寅阳镇的滨水资源，打造滨水欢乐区，面向上海市场，主要推出滨水度假与休闲娱乐产品。

健康有机生态区。以启隆镇优越的地理位置为基础，高度融入上海崇明岛世界级生态岛的建设，以良好的生态环境为载体，打造一个以生态旅游、休闲娱乐、度假康养为核心功能的生态有机休闲区域。

现代农业休闲区。依托合作镇、南阳镇、王鲍镇的乡村旅游与生态资源打造休闲农业旅游区，提升区内旅游项目，新建相关田园体验类项目，打造市民和游客向往的绿色生态花园。

文化创意游憩区。整体围绕"文化创意、休闲度假、休闲娱乐、教育研学"主题，在现有资源的基础上整合提升，以生态资源为依托，将文化和旅游相结合，打造成为华东地区最大的滨海主题文创休闲新区域。

（三）产业融合

深化政府主导下的大旅游发展战略，启东积极探索旅游产业与其他产业协调发展的新途径。推进现代旅游和农业、文化、体育、健康等产业深度融合，推动旅游业"全时、全业、全景"发展，全面推进全域旅游发展，以"文化+旅游""体育+旅游""农渔业+旅游""工业+旅游""康养+旅游""研学+旅游"等多产业结合方式，打造多业态融合发展模式，形成泛旅游产业引导下的启东产业发展新格局。

1. 推进"文化+旅游"融合发展

深入挖掘江海文化、渔港文化、美食文化、沙地文化等文化旅游资源，全力推进全市文化资源、历史古迹和艺术展馆等文化设施与旅游产业的深度融合，强化文化部门与旅游部门协同合作，全力推动文化旅游融合发展。结合启东本地历史文化及资源特色，提炼文化元素符号，对接大型文旅集团进行市场化运作，推出"江海千古情"大型真人实景演艺活动。不定期举办民间特色歌舞表演、主题节庆会展等。打造启东特色的文化演艺品牌，丰富居民及游客的生活。

2. 推进"体育+旅游"融合发展

适应大众旅游和大众体育时代的形势，依托江海资源、户外运动发展基础，采取以"体育+旅游"产品为亮点的旅游发展模式，将启东打造成为华东体育旅游示范区。通过常态化举办风筝冲浪赛、马拉松赛、环岛自行车赛、国际铁人三项赛、中国沙滩排球邀请赛等旅游赛事，形成分层次、有竞争力的体育旅游精品品牌，打造运动爱好者休闲、集会的重要场所，不断提升启东的影响力和知名度。

3. 推进"农渔业+旅游"融合发展

以"乡村振兴战略"发展为契机，坚持"农旅结合、以农促旅、以旅富农"，打造"一村一品、一村一特、一村一韵"的乡村旅游特色村，构建乡村旅游品牌。充分发挥启东农业、渔业的资源优势，遵循农渔业景观化、休闲化、旅游化的思路打造农渔旅游产品，提高农渔产业附加值，丰富旅游产品体系。增加农业观光、渔业休闲、农事体验等类型旅游产品，延长拓展产业链发展，撬动启东农渔旅深度融合，打造休闲农渔品牌。

4. 推进"工业+旅游"融合发展

依托现有的米歌酒庄、船舶产业、电动工具产业、健康医药产业等发挥启东工业旅游品牌，推出集工业体验、工业观光、研学科普等产学研于一体的旅游产品，推动工业产业与旅游产业的深度融合。

5. 推进"康养+旅游"融合发展

利用温泉、沿江沿海等特色旅游资源和生物医药产业发展优势，推出集健康养老、疗养康复、健康管理、文化体验于一体的康养旅游产品，推动医养康体产业多元融合发展，形成独具启东特色的滨海康养品牌。此外，加大启东绿色产品开发力度，构建"绿色启东"健康品牌。围绕特色种养业，通过开展"有机食品、绿色食品、无公害食品"和地理标志产品认证，大力推进绿色有机健康产品的标准化、产业化、品牌化发展。

6. 推进"研学+旅游"融合发展

研学知识游正成为素质教育的新内容和新方式，能不断提升中小学生的自理能力、创新精神和实践能力。启东充分依托教育资源开发研学旅游市场，将教育文化融入研学旅游，打造最具向导力的中国研学基地。将主题体验、学校研学教育、亲子教育、特色旅游购物等形式相结合，不断推出迎合当下潮流的旅游产品，创造新的经济活力。

（四）品牌塑造

塑造启东全域旅游品牌形象，通过有计划、有步骤、循序渐进的传播推动，最终形成在游客心目中的品牌架构。针对启东旅游品牌进行深入研究，根据品牌重塑、品牌认知和品牌渗透三个阶段，通过一个品牌标识高度聚焦项目，重塑品牌形象；通过一套宣传口号强化鲜明的主题，塑造品牌认知；通过一套完整的目的地营销体系，深化品牌渗透。

1. 着力构建城市旅游品牌

通过结合文化内涵、挖掘文化底蕴、强化文化品位，叫响"日出江海、美丽启东"品牌。对已有的旅游品牌进行深度开发和推广，并树立品牌意识、强化品牌保护。推动构建多领域、多层次、多渠道的城市品牌建设交流与合作机制，与长三角其他城市成立"品牌联盟"，在价格、宣传、推广、营销层面，真正实现资源共享、客源互换，扩展文化旅游外延，提升旅游产品档次，依靠区域合作的力量做大旅游品牌。

2. 实施城市营销战略

着重在主要市场上确立产品品牌和增强市场知名度、美誉度。以城市营销为主导，结合景区营销、产品体验、事件营销等多种手段，全面宣传"日出江海、美丽启东"的旅游形象。在主推城市名片、充分弘扬地区特色文化的同时，从战略高度推广启东旅游业，使城市营销成为旅游发展战略的重要组成。通过战略审核、规划和组织，以政府引导、全社会参与、市场运作等方式，积极实施宣传工程，树立城市个性品牌和高品质形象。

3. 探索旅游宣传新模式

旅游、宣传、涉外部门以及新闻媒体从培育大旅游产业出发，共同塑造启东旅游业的良好形象，增强启东市旅游业市场竞争力。特别针对上海、苏州、南京、合肥等长三角核心城市客源市场，通过新媒体和传统媒体两大类型的途径进行营销传播。通过"旅游网站更新+微博""微信内容创意+官方系列新媒体建设及运营+百度旅游专区建设+微电影营销+合作旅游网站推荐"等新媒体传播方式进行推广；同时加强传统媒体的营销推广方式：热门卫视广告投放+系列纪录片制作+报纸、杂志专题报道重点客源城市户外广告投放。积极探索直播经济、网红经济、粉丝经济等模式创新，以城市旅游官微和城市旅游产品销售网上商城旗舰店等方式，不断强化品牌推广和宣传，形成热点效应，稳步扩大启东旅游客源市场，提升城市旅游的美誉度和影响力。

（五）健全服务体系

1. 便捷旅游交通体系

按照"增加投入、扩展规模、提高档次"的原则加快建设和完善旅游交通体系，尽快建成现代化立体交通网络。有效实现交通规划和旅游交通的融合，使启东的旅游交通由运量保障型向舒适快捷网络型发展，构建启东网格化的全域旅游交通体系。对外，优化与崇明岛的交通联动，打造"特色化、人性化"的交通环境；对内，进一步完善内部交通体系，打造风景廊道与绿道。对正在规划、实施的交通体系，充分融入旅游要素，构建与用地规划相适应的连续、安全、便捷的交通系统，切实实现交通对旅游的支撑和促进作用。

2. 完善旅游配套设施建设

紧扣启东全域旅游发展，提升城市基础设施和服务管理水平，进一步完善国内外客源市场接待设施，满足各级各类游客市场需求。坚持适度超前、定性分类、提高档次、完善配套、增加功能、提高服务质量的原则，规划建设多种类型的住宿设施，如星级饭店、假日公寓、家庭旅馆、青年旅馆、温泉疗养院、乡村客栈等，建立合理的旅游饭店等级结构。加强一、二级旅游集散中心建设和枢纽营地建设，加强线上智慧旅游体系建设，包括游客在途服务、智慧枢纽运营、智慧景区和智慧旅游建设等，为游客提供智能化的先进导览、导购和其他目的地旅游服务。

3. 全域治理乡村环境

持续推进美丽乡村建设、农村人居环境整治，着力提升村容村貌。科学规划村庄建筑布局，大力提升农房设计水平，突出乡土特色和地域民族特点。全面推进乡村绿化，建设具有乡村特色的绿化景观。鼓励具备条件的地区集中连片建设生态宜居的美丽乡村，综合提升田水路林村风貌，促进村庄形态与自然环境相得益彰。充分利用交通廊道、自然河流水系和沿海滩涂等建设城镇公共绿地和生产防护绿地，打造以"江风海韵　农业观光"为主题的江海百里生态环线。

4. 加强旅游信息化建设

构建启东市智慧旅游数据交换与共享平台，着力在旅游景区、酒店、旅行社等重要业态打造智慧旅游服务载体，实现主要旅游场所、旅游公交免费无线网络覆盖；推进智慧景区建设，完善景区体验触摸屏和 PDA 等设施服务，推出"掌上游启东"应用服务系统，整合启东市特色吃、住、行、游、购、娱等多方面旅游相关资讯。开发新型游客体验终端，利用网络和多媒体技术，实现政府、企业、个人多方信息的实时互通。搭建乡村旅游服务营销平台，提供郊区景点和农家乐的权威资讯并将其纳入"掌上游启东"，为游客实现一键导航等提供服务。

5. 创新旅游管理体制机制

完善旅游行政服务制度，加快旅游市场标准化建设，畅通旅游投诉受理渠道，构建旅游人才保障机制，推进诚信旅游标准化建设。创新构建"启东特色文化酒店"评价体系，编制质量手册，强化产品特色，提供差异化、定制化和个性化服务，将规范化与特色化相结合，凸显启东特色。

分报告三

争创一流，走好全域创新之路

一　科创招引，在创新主体上着力

2021 年以来，围绕启东市第十四次党代会"做大临港产业，做强特色产业，做优战略新兴产业"的目标任务，启东调优招商组织架构，新组建生物医药、电子信息半导体、智能制造、临港装备四个产业招商分局，聚焦上海、苏南等重点区域，围绕产业链上下游精准招商。拓宽项目信息渠道，构建"驻外招商分局、大型央企国企、世界五大行、知名行业协会、基金公司、在外成功人士"等六大信息网络，捕捉重大项目信息近 300 条。强化项目推进，健全市领导挂钩重大项目联系制度、项目质量综合研判机制、区镇招商引资考核激励机制。2021 年，启东市新签约引进亿元以上产业项目 102 个，其中 10 亿元以上项目 30 个，百亿级项目 4 个。

（一）推进法治化营商环境建设

营商环境是"双招双引"的底气和生命线，是一座城市的核心竞争力之一。哪里营商环境好，人才就往哪里走、资金就往哪里流、项目就在哪里建。营商环境优不优，决定了招商引资工作能不能做得好，决定了"双招双引"质量和产业发展水平。

培育积极健康的营商环境，离不开法治的土壤。打造法治化营商环境，即在营商环境打造过程中秉承法治精神，建设法治政府、坚持依法办事，维护司法公正、培育全民守法意识，创造守法经营、公平竞争的环境，对民营企业的投资经营活动所必需的政务服务、法治建设、市场竞争等相关环境因素进行构建的行为。打造法治化营商环境对促进经济社会健康发展具有重要意义。法治能够指引商事主体的活动方式、保障其合法地位和权益，鼓励创新、禁止违法，进一步明晰政府与市场的关系、减少政府对微观经济生活的干预。据此，启东高度重视法治化营商环境的建设，通过不断优化市场、政务、社会和法制等环境，启东经济社会实现了高质量持续发展。2022年上半年，启东市新签约重大项目、实际利用外资等指标位列南通第一，超10亿元项目数和超1亿美元项目数提前完成全年目标，分别达年度目标的110.5%和133.3%。

1. 打造高效便民政务环境

一是打造"放管服"改革升级版。持续优化"一站式"企业开办服务，通过实施"一件事、一次办、零费用"改革，极限压缩审批时限，温情提供免费刻章、赠送创业大礼包。通过深化政银合作机制，实现了在银行网点"就近办理"。依托全程电子化办理、全链通平台，拓展银行代办服务，实现了营业执照、公章刻制、涉税事项、银行开户、社保登记、医保登记、公积金缴存"七办一体"。企业开办实现0.5个工作日的办结常态化服务。全面落实"证照分离"改革，梳理并公布87个涉企经营许可事项改革清单。通过"直接取消审批、审批改为备案、实行告知承诺、优化审批服务"四种改革方式，进一步优化市场准入，截至2022年上半年，已累计完成3585件，实现企业"准入即准营"。成功试点"一业一证"改革，全面摸排梳理企业关联度高、发生频次高、准入环节多的事项。首批推进了10个行业作为试点事项，设计开发《行业综合许可证》制发系统，初步形成了"可借鉴可复制可推广"的改革经验。2021年5月28日，举办南通地区"一业一证"试点首发仪式，改革效率和成果得到南通市政务办的充分肯定。推广电子营业执照应用，为加快推进高频电子证照跨省互认应用，市政务办积极协调对接，实现全省电子营业执照推广应用首发仪式在启东市召开，全省利用电子营业执照跨省办理分公司的首张营业执照从启东发出，标志着全国任何地方的有限公司均可通过电子营业执照在江苏省全程电子化设立分支机构，实现了"跨省网办"再上新台阶。

二是探索简单破产案件快审机制。加大"执转破"工作力度，积极开展"优化法治化营商环境执行年"1＋4专项行动，出台《企业信用修复"暖企"专项行动工作方案》。2022年上半年对49家应予恢复信用的企业予以恢复。

三是开启"走访挂钩"活动。调研组通过观摩挂钩企业现场、深入生产车间、召开座谈会等方式，"零距离"了解企业的产品生产、市场销售、专利申请、研发投入、享受财政金融税收、在常态化疫情防控的情况下企业用工、物流交通、原材料供应等情况。向企业负责人了解经营发展存在的困难，坚持"收集—处理—反馈"机制，提高政府服务水平。

四是整合政务服务资源。根据审批事项的相似度、关联度及专业度，在药品医疗器械经营、危险化学品经营等八个领域实行证照联办模式，将营业执照与登记前置审批项目、后置审批项目、关联服务项目申请由联办窗口一窗受理。科学融合简化办理手续，确保在联办窗口一次性告知、受理和录入申请事项，形成了审批机构结构改革与审批业务改革的叠加效应。

2. 打造平等规范的市场环境

一是加快商事制度改革。"多证合一"、简易注销、先照后证、市场主体承诺制等商事登记改革举措不断推陈出新。截至2022年上半年，全市"多证合一"企业换照率达96.5%以上，简易注销的网上申报率占注销总数的九成以上，新办企业电子营业执照发放率100%，"先照后证"审批事项执行率100%，进一步促进审批数据与监管部门的无缝对接。

二是保护商事主体合法权益。近年来，启东持续规范企业经营行为和市场经营秩序，坚决制止各种不正当竞争和侵犯消费者权益行为，严厉打击假冒伪劣、偷税漏税等违法经营活动。同时，定期发布典型案例，同步向各类企业发布审判白皮书，引导企业加强内部制度风险管控，并积极发挥商会及商事调解中心的作用，满足各类合理诉求。

三是完善公共资源交易，规范中介服务。启东推进公共资源交易市县一体化平台建设，对中介服务实行目录化管理，并通过严格信用考评等多措并举全力规范涉审中介服务行为。

四是健全矛盾纠纷多元化解机制。深入推进"诉源治理减量工程"，全力提升"一站式解纷门诊部"成效。加强与职能部门沟通联络，联合劳争委召开新闻发布会，发布劳动争议典型案例，从源头上减少劳资纠纷。与倪伯苍工作室共建网格法治驿站，更好筑牢基层矛盾纠纷治理防线。

3. 打造和谐稳定的社会环境

一是建立法治启东，提高公众安全感。"十三五"期间，启东市政府积极回应社会关切，始终保持对黑恶势力犯罪、多发性侵财犯罪、食药环等民生类案件的严打高压态势，有效地压降了刑事案件发案率，人民群众安全感显著提升。

二是建立法治政府。2021年是"八五"普法开局之年，启东市商务局通过中心组专题学习、"三会一课"、专题党课、主题党日等形式，领导干部带头学，带动全局党员干部深入系统学习习近平法治思想，务求学深悟透、融会贯通，着力增强人民群众法治获得感、幸福感、安全感，切实把习近平法治思想贯彻落实到位，助推启东法治建设开启新征程。同时，积极贯彻落实省、市行政执法"三项制度"的部署，采取灵活多样的形式，进一步加强各科室贯彻落实"三项制度"和行政规范文件合法性审核工作学习指导，不断提高单位领导及工作人员对规范性文件合法性审查工作的认识水平和业务能力，按照"三项制度"的要求做好执法工作。不断规范规范性文件出台流程，发现问题及时纠正，逐步提升巩固全局规范性文件合法性审查工作执行力。

三是加强社会信用体系建设。启东成立了领导小组，制订下发了《启东市社会信用体系建设工作意见》，为全面开展社会信用建设提供组织和制度保障。各行业领域全面建立信用记录，将信用信息及时归集至启东信用平台，实现信用信息共享查询。启东加强信用建设，强化税收协同共治。2020

年启东出台《关于进一步强化税收协同共治工作的通知》，大力营造依法诚信纳税氛围。加大舆论宣传与引导力度，充分利用各种媒介，大力开展税法和税收协同共治宣传活动，不断提升税收协同共治的社会影响力和认同度；强化诚信纳税信用体系建设，实现纳税信用等级评定、黑名单制度与社会信用机构的信息共享和结果挂钩，不断完善企业和个人综合信用档案，健全惩戒机制，提升信用成本，切实增强全民诚信缴纳税费的自觉性和主动性。

四是筑牢安全底线。加强危化品、交通运输、城建、消防、民生、疫情防控等重点领域风险排查和防范化解。通过围绕重点领域、重要部位、关键环节，开展地毯式排查、系统性整治、全过程督查，以最高标准、最实举措、最严要求攻坚化解突出隐患问题，确保社会大局和谐稳定。2022 年 6 月，启东生态环境局在启东生命健康产业园开展"生态环境重点行业领域安全生产百日攻坚"专项整治行动。横向到边、纵向到底，不漏一企，对重大事故隐患"零容忍"，对存在事故隐患不整改的行为"零容忍"，严肃追责问责，对事故隐患进行"大抄底"，确保事故隐患动态"清零"，严防环境安全生产事故发生，确保环境安全生产形势稳定。自百日攻坚行动开展以来，对启东生命健康产业园重点企业开展安全生产巡查 65 次，出动 163人次，排查安全生产隐患 125 条，已落实整改 92 条。

4. 打造公平公正的法制环境

一是出台促进民营经济发展的制度规范。针对民营企业面临的实际困难，制订出台《关于促进民营经济高质量发展的若干政策措施》《启东市检察院关于充分履行检察职能依法保障和促进民营经济健康发展的意见》等支持政策。加大力度推动政策兑现，把各项政策从"白纸黑字"转变为企业的"真金白银"。

二是建立权力清单管理制度。启东在南通县市区率先完成"5 张清单"，对原有 6700 余项行政权力进行全面清理，取消所有非行政许可审批事项，保留市级行政许可 261 项。依法逐步赋予吕四港镇、近海镇等 4 个省级经济发达镇和南通市级中心镇下放事项 714 项，激发了基层政府的发展活力。

三是落实涉企经济犯罪案件办理"三快机制"。拓展警企联动服务中心功能，完善信息收集预警、安全权益保护、纠纷调处求助、触发联动处置四项措施。

四是推进全域诉服改革。建立立案延时投诉举报机制及内部层级流程管控机制，督促网上立案效率的提升，并统筹各类诉讼服务事项，实现立案、申请、查询等服务"全市通办、一窗通办、一网通办"。

五是全面优化执法环境。严厉打击各种违反市场交易的行为，严格规范涉企执法检查行为。推行"双随机、一公开"监管，深化"一支队伍管执法"，切实杜绝"一事多罚"。严格规范行政处罚裁量权，增强执法文书的说理性，对民营企业同等情况同等对待。

（二）调整优化招商策略

1. 树立"项目为王"理念

项目建设是经济发展的"压舱石"。在全球疫情蔓延和复杂国际形势等一系列不可预见风险挑战下，启东把项目建设作为经济工作的"生命线"，牢固树立"项目为王"理念，聚焦重大项目，深挖发展潜力。2021 年新开工重大产业项目 85 个，其中百亿级 2 个；项目平均投资规模提升 29%。启东经济开发区继续实行园区班子成员挂钩联系重大项目推进机制，明确责任人，充分发挥项目建设推进合力，全年新开工亿元以上项目 19 个，其中 10亿元以上重特大项目 8 个，20 亿元以上高端制造业项目 2 个。同时细化项目推进每个环节，实行"一企一策"，开展"保姆式"服务，确保所有新开工项目应开尽开。市自然资源和规划局坚持"项目为王"，以任务书交办的形式分解落实重点项目保障、重点工作推进，按"周调度"频次强化过程管控。上半年共获批 3 个村镇批次、2 个增减挂钩批次、5 个单独选址项目853.76 亩；2 个村镇批次、1 个增减挂钩批次 242.7 亩正在组卷上报。吕四港区域完成 4 宗省级 124.2 公顷和 4 宗县级 126.8 公顷审批用海项目确权，五金机电城区域围填海历史遗留问题获部备案。2022 年上半年共挂牌出让土地 31 宗 2512.8 亩，已成交 18 宗 1710.7 亩，出让金总额 25.4622 亿元，划拨土地 13 宗 423.6 亩。

2. 利益共享促招商

股份制有效地将技术可能性转化为市场可行性，股份制同样在统一"双招双引"政策过程中具有重要意义。通过建立合资公司，发挥公司治理机制功能，按持股比例和补充协议对开发、招商和管理工作以及收益分配进行安排。飞地经济在长三角得到了广泛发展，在推动资金和人才要素自由流动方面发挥了重要作用，是迄今为止最有效的"双招双引"合作实践模式。启东与上海设立了上海市北高新（南通）科技城、上海外高桥集团（启东）产业园、上海杨浦（海安）产业园等多家共建园区。其中，上海外高桥（启东）产业园由上海外高桥保税区联合发展有限公司与启东高新技术产业开发区开发有限公司按3∶2的比例出资成立，双方约定收益五五分成。

3. 加大招引宣传

启东市各部门之间加强协作，研究制定全年企业招引计划，指导区镇开展区域招商、定向招商等多种形式的招商活动，切实提高企业招引力度。同时加大政策宣传力度，制作了招商引资宣传片，营造有利于企业培育的浓厚氛围。

4. 线上线下齐发力

2022年3月，大连博融钒液电池项目和吕四港经济开发区正式签约，拟投资30亿元建立钒液电池生产中心。为了克服疫情带来的不利影响，启东创新招商方式，积极开展"云"招商、"云"签约、"云"注册，将招商引资由"面对面"变为"屏对屏"，跑出招商引资加速度。2022年"五一"假期首日，启东市合作镇通过视频会议形式，与上海、南京、长沙的客商举行了3场"云招商"活动。截至2022年7月初，全市开展各类"云"招商活动100余场次。全市构建"线上+线下"多层次、多渠道、多元化立体招商网络，有16个项目通过"云"签约落地，其中10亿元以上项目5个。

5. 招引推进同步走

一手抓新项目引进，一手抓落地项目推进。市商务局建立招商引资"日统计、周通报、月点评、季督导"机制，每天统计汇总各区镇招商引资工作动态及项目进展，每周编制工作周报呈报市主要领导，每月召开工作点评会，每季度进行考核督导，全力推进项目加快落地。2022 年上半年启东市已举办各类招商活动 42 场；下半年，各区镇在苏南、广深区域的"小而精"专题招商活动正在如火如荼地开展中。下一阶段，启东市还将举办深圳招商会和项目集中签约等活动。

6. 拓宽招引渠道

"十三五"以来，启东市不断拓宽招商引资渠道，加快构建政府资源招商和社会中介招商"双轮驱动"的新格局。全市已初步形成了驻点招商（产业招商分局）、中介招商（世界五大行）、资本招商（资金公司）、乡贤招商（启中校友会、启东商会）等多元化招商渠道。

一是成立产业招商分局。市级层面组建生物医药、电子信息、智能制造、临港装备四个产业招商分局和北京、广深两个区域招商分局，园区层面构建三大招商板块、成立 10 个产业分局。聚焦上海、苏南等重点区域，主攻重特大项目和"专精特新"项目招引。

二是对接大型央企国企。加强与中远海运、中集集团、招商局集团、中信集团、中储粮集团、中航科工集团等大型央企国企对接，借助国企央企带动效应，吸引产业链上下游企业来启投资兴业。

三是与五大行建立战略合作。与世邦魏理仕、戴德梁行和仲量联行等世界五大行进行战略合作，利用五大行在资源信息、专业服务、影响决策、市场运作等方面的优势，捕捉重大项目及外资制造业项目信息。

四是对接知名行业协会。积极对接中国半导体行业协会、上海集成电路行业协会、上海生物医药行业协会、上海重型装备行业协会、上海粮油协会、上海外资企业协会、上海韩国商会、上海美国商会、上海市台湾同胞投资企业协会等知名协会组织，引进了益海嘉里金龙鱼食品工业园、鲲宝智能物流等重特大项目。

五是对接知名基金公司。放大已成立的"金北翼"母基金作用，积极对接兴橙资本、中芯聚源、元禾璞华等半导体产业基金公司，嘉乐资本、金浦健康、恩然创投等生物医药基金公司和中欧资本、前海秋石资本、爱平资本等智能制造基金公司，为在手在谈战略新兴产业项目提供资金扶持。

六是借力在外成功人士。发挥上海、北京、深圳、苏州、杭州等地启东商会以及启东中学校友会的桥梁纽带作用，举办"东疆之子家乡行"等活动，开展乡贤招商。

（三）提升招商引资质效

1. 精准培训

进一步推动思想破冰，拓宽全市招商干部工作视野、丰富业务知识储备，推动新常态下招商引资工作跨越式发展。2022年6月2日，启东市商务局组织举办2022年第一期全市招商引资专题培训班，各区镇分管领导、专职招商员以及市招商分局全体人员参加培训。培训通过课堂教学、现场观摩、提问交流等方式进行。行政审批局、自然资源与规划局等部门对环保、国土相关政策进行了专题讲座。培训期间，全体参训学员先后赴高新技术产业开发区、吕四港经济开发区进行招商引资项目观摩，分别考察观摩万洋众创城、英内物联网、华峰超纤、东方雨虹、新材料产业园、"2+2"码头等项目。通过集中培训、现场观摩和提问交流，全面掌握园区交通、资源、产业等优势以及项目需求，提升精准化、专业化招商水平，为加快打造千亿临港产业贡献招商力量。

2. 精准发力

一是明确产业方向。锚定先进制造业不动摇，扎实开展"招商引资突破年"活动。构建"驻点+委托+代理"多点联动的招商格局，深化与戴德梁行、苏商会等机构合作，全力拓展项目信息渠道。瞄准上海和苏南，深入实施对接浦东三年行动计划，深化启东配套浦东产业园建设，加快启东—吴江高端制造合作园落地。主动融入上海"3+6"新型产业体系。坚定不移做大做强临港产业、特色产业、战略性新兴产业、生产性服务业、旅游业。深化部门挂钩重点产业发展机制，完善产业专班研究服务，不断提升产业集群的竞争力、影响力。探索构建"亩产、资源效益论英雄"评价体系。深入开展低效产业用地再开发专项行动，推进重点园区空间再造，加大低效用地盘活力度，为优质产业项目落地腾出空间资源。出台《关于引进央企总部的工作方案》，聚焦总部经济，划出"产业地图"，实施精准招商。

二是锁定重点区域。围绕跑好对接浦东第一棒，做足产业合作文章。针对浦东六大"硬核"产业，加快建设启东配套浦东产业园、东江生物医药产业园、半导体装备和材料产业园等产业承载平台。深耕苏南、北京和广深等重点区域，集中精力围绕产业链上下游进行招商。近年来，一大批产业龙头和行业领军企业落户启东。临港产业集聚了卫华港机、益海嘉里等百亿级项目；生物医药产业集聚了药明康德、印度西普拉等一批行业龙头；半导体产业引进了至纯科技、托伦斯半导体等领军企业；海工装备产业汇聚了中集太平洋、寰宇东方等代表企业。

三是组建产业分局。围绕启东市重点产业，成立生物医药、电子信息、临港产业、智能制造四大产业招商分局和北京、广深两大区域招商分局。加大产业研究，从专业化角度分析产业选址特性、精准锁定项目，专业化推进启东市重点领域招商。园区根据自身产业情况成立10个以主导产业为主题的产业招商分局。镇按照"党政主要领导+分管领导+招商人员"模式组建招商队伍。全市共配备专职驻外招商人员106名。与复旦大学、新加坡国立大学苏州研究院、上海大学等高校合作，定期举办全市招商干部培训班，从宏观经济形势、产业发展、招商策略等方面深入学习，提升招商业务水平。

四是抓住有利时机。新春佳节是和客商加深联系的黄金时期，启东经济开发区抓住有利时机，在疫情防控之下招商引资精准发力。2022年春节前夕，该区驻外招商分局逐一走访驻地项目企业，送上开发区领导的新春问候。春节期间，启东开发区领导及招商人员利用微信、电话、电子邮件等方式向客商传递新春祝福，与客商密切联系，开展云招商。春节也是在外企业家、知名人士返乡探亲访友的重要时期，启东开发区招商员主动登门走访，话乡音、叙乡情，寻找新的项目线索。春节前夕，吕四港经济开发区就广泛发动全体机关干部，以"人人都是招商员"的思维，利用好春节成功人士返乡的好时机宣传推介、搜集项目信息。春节期间，通过大家的热情推介，返乡人士为吕四港"一年建设、两年开港"的成果赞叹，大家在传递新春问候的同时也获取了不少项目信息。2月7日，吕四港经济开发区召开招商引资专题工作会议，汇总春节期间获取的产业项目信息合计 12 个，其中 5 亿元以上产业项目信息 6 个、10 亿元以上产业项目信息 3 个。

3. 完善机制

一是建立项目联合研判机制。制定出台《启东市产业项目质量综合评估办法（试行）》，聚焦重特大项目和专精特新项目，建立项目研判机制。联合发改、环保、自然资源、行政审批等职能部门，重点考察项目的投资方实力、科技含量、亩均投入产出、能耗、环保等指标，严把项目质量关，确保引入一批投资主体实力强、亩均投入产出高、产品市场前景好的优质制造业项目。

二是健全领导挂钩联系机制。建立四套班子领导挂钩联系项目制度。梳理 30 个左右在手在谈相对成熟的重大项目，落实重大项目专班服务机制，组成"市领导+区镇主要领导+部门项目联合服务小组"推进专班，清单式、一次性解决项目落户存在问题。坚持把招商引资作为"头号工程"，将拜访项目任务数分解至区镇，督促区镇主要领导带队招商。实施"日分析、周汇总、月点评"的项目推进机制，每天统计更新项目进展、招商组织推进情况，每周汇总形成招商引资工作周报，每月开展区镇招商工作点评。

三是强化考核机制。建立招商引资工作开展情况周报制度、招商引资在手项目进展情况月报制度和招商引资开展情况定期通报制度，进一步完善招商引资过程性督查考核机制。通过过程性考核和阶段性考核相结合，不断增强招商压力，增进招商动力，提高招商能力。不断优化考核方法。突出重特大项目，重点考核 10 亿元以上重大项目。突出项目落地，提高具备开工条件项目分值，为全市项目建设提供有力支撑。突出制造业外资考核，重点考核制造业外资和生产性服务业外资到账，优化提升启东市利用外资结构。突出资源集约化利用，将盘活存量资产项目纳入高质量考核体系，有效缓解工业土地指标紧张形势。

四是完善激励政策。以"金北翼"母基金为依托，设立生物医药、电子信息产业子基金，为生命健康、电子信息半导体等"专精特新"中小项目落地发展提供资金支持。制定出台《外来投资项目第一引荐者奖励实施办法（试行）》，对为启东市直接介绍（或起关键作用）外地来启东兴办投资相关产业项目（人才项目）的第一引荐人按照相关政策规定给予奖励，充分调动全社会参与招商引资积极性。制定出台《启东市优化营商环境企业优惠政策 100 条》，其中有 9 条详细介绍了招商引资相关优惠政策。

二　产学研结合，在科创平台上聚力

构建产学研深度融合的技术创新体系，涉及创新主体、创新基础设施、创新资源、创新环境、外界互动等多方面要素，是深化科技体制改革的一项重要内容，是推动经济增长方式由要素驱动向创新驱动转变，实现企业、高校和科研院所等产学研主体协同创新的有效途径。构建产学研深度融合的技术创新体系，是新时代发挥社会主义制度优越性、突破核心技术瓶颈的重要途径，是立足新发展阶段、贯彻新发展理念、构建新发展格局的题中应有之义，对于深化供给侧结构性改革、推动产业优化升级、建设现代化经济体系、促进中国经济高质量发展具有重要支撑作用。

（一）营造良好创新生态

1. 加强知识产权保护

自 2018 年 6 月被列为江苏省知识产权强省建设区域示范建设单位以来，启东把实施知识产权战略作为推动创新发展的有力支撑和根本保障，扎实推进知识产权强省建设区域示范建设工作。在知识产权体系建设、战略推进、政策融合、创新激励、工作措施等层面不断创新，制定发布知识产权质押融资补助和专利资助办法，有效资本融通引导企业开展发明专利大创造，实现全域创新。动员企业跳过实用和外观专利申请，直接通过"中国（南通）知识产权保护中心"申请发明专利，避免"一案双审"，实现知识产权价值最大化。将知识产权贯穿于招商引资、企业评价全过程，把专利授权量作为区镇兑现企业招商引资优惠政策的必要条件，全市知识产权发展水平成效明显。2020 年，启东市专利申请 3530 件、同比增长 12.74%，专利授权 3062

件、同比增长 76.89%；万人发明专利拥有量由 2017 年 22.77 件增加到 31.41 件，增长 37.94%；新增注册商标 2133 件，同比增长 0.71%，地理标志证明商标注册成功 6 件，实现零的突破，当年注册数量在全省县级市中名列第一。启东围绕知识产权标准化建设和创造能力，上下联动，形成全域政策合力和叠加效应。深入实施知识产权战略，推动知识产权战略区域试点示范工作向启东经济开发区、启东高新技术产业开发区和其他特色产业园延伸，形成以点带线、以线促面、层层推进的知识产权战略机制。启东经济开发区和吕四港经济开发区先后被评定为"江苏省知识产权示范园区"和"国家级知识产权试点园区"。

2. 完善创新发展体制机制

建立由市科技局、人才办、发展改革委、财政局、人力资源社会保障局、市场监管局、地方金融监管局、税务局等部门组成的科创型企业培育工作联席会议制度，加强对科创项目分析研判和指导推动，协调解决企业创新发展中遇到的问题，统筹推进全市科创型企业培育工作。建立"科技型中小微企业—培育入库企业—高新技术企业"的梯队培育机制，不断壮大高新技术企业规模。国家级高新技术企业从 2015 年的 95 家增长到 2020 年的 227 家，年均增长 19%。省级以上工程技术中心数量从 2015 年的 38 家增加到 2020 年的 48 家，年均增长 2 家。建立市、区镇两级创新型企业培育联动机制，对入选南通企业培育库的科技创新型企业、高成长性科技企业、科创板上市培育企业实行动态管理，每年更新调整一次。建立企业发展监测机制，及时掌握企业运行情况。对提供资料弄虚作假的企业，一经发现即向南通反馈并撤销其培育认定，责令退回奖励和补助所得，记入企业信用信息。强化科技与金融互动机制，切实解决科技创新型企业融资困境，助力科创型企业加快发展。2018 年初，启东农商银行科技支行正式开业，是启东首家科技型银行网点，致力于成为专注科技金融服务的特色支行。同年 1 月 26 日，启东农商银行科技支行向一家科创型小微企业发放了第一笔科创贷款，以在建工程抵押的担保方式为其提供了 500 万元的信贷资金支持。

3. 开启"集群注册"

作为南通创新生态"萤光涌现"试点项目，"集群注册"打破了过去"一址一照"的限制，多个企业可以使用一家托管机构（经营场所）提供的地址作为住所登记，使用托管机构的地址就能开办公司。这项改革打破了开办企业必须先找住所的创业瓶颈，有助于中小微初创企业的成功孵化，让创业者实现就近办公、家门口创业。托管机构可为进驻的市场主体提供批量集中注册登记、代收法律文书、代寄代收快递等服务，有条件的还可以提供代理记账报税、代理企业年报等相关服务，共同享受税务、金融等部门的惠企政策，实现低成本合法纳税，免费获取法律援助和咨询服务，帮助创业者有效规避风险，在创业之路上少走弯路，减小创业压力。更重要的是，"集群注册"为科技人员、大学生、草根创业者搭建创业的平台，创业者不仅能够享受托管机构的服务，同时还能在这里相互交流，彼此成为客户，碰撞出更多智慧的火花，带来创意的发展。推动创新生态出现类似萤火虫群落的"同步闪光"，驱动创新生态"涌现效应"。

4. 培育企业家精神

创新是企业家精神的灵魂，是推动民族进步和国家发展的动力。企业家要敢于自我创新、自我突破，在危中寻机、转危为机，在困境中实现凤凰涅槃、浴火重生。为加强对年轻一代民营企业家的教育培养，进一步弘扬新时代企业家精神，启东市首创"5 名领军、30 名骨干、100 名创星"新生代民营企业家培养计划。自 2017 年 11 月起利用 3~5 年时间，建立一支政治上有方向、责任上有担当、经营上有本事、文化上有内涵的年轻一代企业家队伍。"531"培养工程主要包括实施四大工程，一是平台建设工程，借力青年企业家商会平台，扩大青商会覆盖面；二是教育培训工程，建立新生代企业家培养对象人才库，建立新生代企业家培养导师制；三是引导扶持工程，组织开展新生代企业家建功行动，加大创业创新扶持服务力度；四是政治关爱工程，加大年轻一代非公有制经济代表人士政治安排、荣誉安排力度，积极搭建年轻一代非公有制经济代表人士有序政治参与平台和畅通参与途径。随着"531"培养工程的推进，其成效初显。在 2020 年 8 月召开的南通市民营经济人士理想信念教育实践推进会上，"531"培养工程受到表彰。在参与调研的青年企业家中，对启东市年轻一代企业家精神培育工作的评价，满意率达95.12%，"531"培养工程得到民营经济人士的肯定和认同。2020年1月20日的《中华工商时报》对启东的"531"培育模式进行了专题报道，在全国进行推介，社会反响良好。

5. 加强创新创业教育

创新创业教育是在符合社会和经济协调发展的基础上应运而生的一种新的教育理念，也是当前高等院校应用型人才培养的目标要求。创新创业教育模式不是创新教育与创业教育模式的简单叠加，培养大学生的创新精神、创业意识和创造能力是高校创新创业人才培养模式的内涵。在创新创业教育中更多的是培养学生的综合能力，让更多的学生具有创新创业精神。

南通大学启东校区构建创业教育课程体系，开展实践活动，对大学生开展创业教育，培养学生创业能力。学校定期邀请业内知名专家学者对学生进行理想教育，帮其树立正确的三观，培养创新创业志向，调动学习热情和主动性；组织学生走进创业园，不仅促进了同学之间的沟通与交流，提高了学生的社会交往能力，还可以通过与创业成功人士交流心得体会，在学生心中埋下创新创业的种子。大力开展人文教育和创新教育，开展"通识教育大讲堂""名师面对面"等活动，邀请中科院薛永祺院士等名师走进启东校区，帮助学生进一步拓展知识结构、开阔眼界，提升低年级学生的创新意识。组织学生走进高新技术产业开发区博士园创业区，与知名企业高管、海归人员、科研人员面对面，学习企业注册、产品注册申报、企业管理运营等知识。目的在于提高学生的创新思维、创新意识，并在这类活动中锻炼提高自己的实践动手能力、组织管理能力、活动协调能力等，为毕业后创新创业奠定坚实的基础。鼓励学生为课堂管理、学校管理献计献策，并参与到创新实践中，培养学生创新能力。如启东校区"无手机课堂""3+2""五个一"的学生自我管理、自我规划模式，在南通大学学生管理史上都具有里程碑意义。这些活动的开展直接表明学生管理可以不禁锢于某一种或几种模式，完全可以在已有的基础上改进、创新且尽可能地先培养一部分学生干部的管理创新意识和创新能力，从而带动全体学生主动提出创新管理方法。全面推行"无手机课堂"，倡导"课堂——我不与手机对话"的品质学风活动，促进学生养成良好的学习习惯、提高学习效率，也是启东校区在学生自我管理方面的创举。"无手机课堂"活动已推广至杏林学院四校区，覆盖90%的班级和学生。在自我管理方面，创造性推出"3+2"活动，"3"即课堂上设置"座位表、考勤表、手机收纳包"，"2"即"保证不带餐点进教室、提前十分钟进教室"，开创了杏林学生自我管理、自我约束的先河。

（二）加速平台载体建设

1. 加快创新平台建设

创新平台是由地方政府、企事业单位、高校及各类合作经济组织共同组建，以推进科技成果转化、技术转移、科技合作、科技培训和人才培养为主要目的，是推进科技创新、促进经济发展的重要抓手。近年来，启东市积极推进创新平台建设，加强科技创新。

一是高水平建设高校合作平台。积极构建市、区镇、企业三级创新平台体系，重点支持与启东市"两主两新两优"产业结合度高、运营机制灵活、支撑带动作用强的新型研发机构建设。充分放大北大生科华东产业研究院、上海张江协同创新研究院启东分院等现有载体创新引领和创新创造作用，加速创新要素集聚，提供更多科技供给。推动与启东产业契合度高的高校技术转移中心建设，化解企业技术、工艺、产品创新难题。

二是高质量打造公共服务平台。围绕智能制造产业，在电动工具、海工船舶、集成电路等特色领域先行先试，依托园区和重点镇，采用区镇建设、市级支持的模式，建设检验检测和技术开发等公益性服务平台，解决企业共性技术研究开发利用的难题，为企业研发创新提供便利。引导重点龙头企业依托技术优势，建立大型科学仪器设施专业性服务平台，为行业内企业提供专业服务。通过政府补贴等方式，鼓励中小企业购买公共服务，降低企业研发投入成本，为企业注入创新活力。

三是高规格升级创新孵化平台。瞄准启东市产业发展布局，通过龙头企业、中小微企业、科研院所、高校、创客等多方协同，打造专业化众创空间和孵化器，促进人才、技术、资本等各类创新要素高效配置、有效集成。推动现有众创空间、孵化器调整功能定位，完善绩效评价机制，不断提高孵化效益和能力。围绕新兴产业加快建设一批产学研协同创新基地，培育形成产业特色鲜明、规模集聚显著、创新能力突出、创新服务链完善的产学研合作创新密集区。

随着创新平台建设工作全面推进，平台创建成果显著。累计建成省新型研发机构2家、省重点实验室1家、省级公共服务业平台1家、省级企业工程技术研究中心39家、省研究生工作站41家、南通市企业工程技术研究中心189家、南通市院士工作站1家、南通市研发型企业2家、省级以上科技孵化器6家、南通市众创空间2家。生物医药产业产学研协同创新基地成为启东首家获批的省级产学研产业协同创新基地。

2. 打造科技交流平台

科技人才节连续举办10多年，已成为启东集中展示开放成果、促进对外交流的重要平台，为启东经济社会高质量发展注入强劲动力。随着以"聚智聚资聚人才　创新创业创未来"为主题的2020中国·启东科技人才节暨国际经贸洽谈会开幕，来自国内外一流高校、科研院所的专家教授，"两院院士""长江学者"等顶尖人才，国内世界500强、跨国公司、行业龙头企业以及国内知名中介机构代表齐聚启东，同商共话创新创业。会上签约产学研项目3个、人才项目3个、产业项目11个，总投资193亿元，包括高温气冷堆和快中子堆用核阀关键技术研发及产业化项目、锐见生物科技公司（启东）新药研发中心项目、广钢气体空分项目、鲲宝智能物流仓储项目等。

（三）强化企业主体地位

1. 培育科创型企业

企业作为创新活动的主体，承担着开发、转化、应用和推广的职能。启东不断明确和强化企业在产学研深度融合中的主体地位，大力培育高新技术企业和创新型中小企业。以知识产权创造为核心，推动创新资源、创新人才、创新政策、创新服务向企业集聚。支持规模以上企业建设研发机构，实现大中型企业研发机构全覆盖，进一步提高企业研发机构的运行质量和水平。开展龙头企业创新转型试点，培育壮大创新型企业集群。出台多项科技政策，包括科创项目招引第一引荐者奖励实施方法、"三十强科创企业"评选和"争先进位"竞赛活动等，鼓励推动社会各界积极参与科技招商工作，全力激发企业创新积极性。建立"科技型中小微企业—培育入库企业—高新技术企业"的梯队培育机制，全面挖掘优质企业资源，培育发展一批前景好、成长性强的优质中小微企业。建立市高新技术企业培育库，对照高新技术企业认定标准，分初创期、成长期、成熟期三种类型，筛选企业进入高新技术企业培育库。全力培育高新技术企业后备力量，形成"发现一批、服务一批、申报一批、认定一批"的梯队培育体系，为壮大高企集群提供持续储备。

2022 年，启东继续以政策激励为引领，提高奖补标准和扩大覆盖面，全面鼓励企业加大研发投入、核心技术攻关和科技成果转化，营造科技创新氛围。及时拨付科技奖励资金 1957 万元，惠及企业 118 家。截至 2022 年 6 月底，启东市招引科创项目 40 个，新入库科创培育项目 25 个，科技型中小企业入库公示 392 家，高企预申报 198 家，预申报净增数列南通第一。2 家企业入选南通市研发型企业认定名单，入选数量列南通各县（市、区）第一。

2. 鼓励企业加大创新投入力度

出台《高新技术企业五年倍增计划实施方法》。在落实企业研发经费加计扣除政策的基础上，对研发费用投入增长较快的企业进行奖励以鼓励企业加强研发投入，优化投入结构，健全以企业为主体、政府引导、金融支撑的产业创新投入体系。突出科技型企业的主体地位。在全市重点科技型企业中开展"三十强科创企业"评选和争先进位竞赛活动，在挑选活动对象和考核时将"企业研发经费投入"设为评选、考核标准。对研发投入强度较高、研发费用呈一定程度增长的科技型企业发放奖励。制定和实施相关的扶持政策，鼓励大型企业加强研发投入，探索企业研发支撑的财政创新。

3. 提升科技型企业服务质量

为进一步完善科技型企业长效服务机制，提升科技型企业服务质量，助推企业科技创新，启东市科技局成立走访挂钩工作小组，以千人千企挂钩帮服企业、50强科创企业、高新技术企业、科技型中小企业等459家企业作为重点服务对象。每组每周开展不少于1次、每次不少于3家企业的挂钩服务活动。加大对重点政策的宣传解读，加强科技项目凝练、创新创业平台建设、科技人才引进等业务工作辅导。截至2022年6月底，已走访企业近50家，开展农业新品种、新技术、新装备、新模式培训6次，组织申报南通市级及以上农业和社会发展科技项目34项。

2022年初，启东市下发"智改数转"三年行动计划，明确主要目标、重点任务以及保障措施，落实各项惠企政策。用"真金白银"支持企业开展智能化技改、企业上云以及"两化融合"等工作，引导企业加大"智改数转"投入，激发企业开展"智改数转"原生动力，保障年度任务目标顺利实现。同时组织召开了"智改数转"专题培训会议，面向市相关职能部门、区镇及启东市拟参加诊断服务的200余家企业，邀请专家进行专题授课，加快新技术应用，实现"换道超车"。2022年，对照高新技术企业评审标准，市科技局建立科室初审—专家预审机制，按照"一企一单"原则，梳理详细问题清单，制定"一企一策"整改措施，进行针对性指导和跟踪服务。截至2022年6月19日，启东市已完成高新企业预审材料75家。

（四）促进校企高质量合作

1. 创新合作机制

（1）开启"百企联百校高质量合作"工程项目，形成"企业出题、高校解题、政府助题、市场阅题"的合作机制。其一是发挥企业出题者作用，把产学研合作的基点放在企业技术创新的需求上，推动企业技术需求与高校院所科技成果的精准匹配与对接。其二是发挥高校、科研院所的技术优势，解决企业生产过程中遇到的技术瓶颈，强化关键技术攻关，促进项目合作与成果落地。其三是强化政府在产学研合作中的政策激励、活动组织等方面职能，发挥财政资金引导作用，营造有利于产学研合作和科技成果转移转化的良好环境。其四是通过产学研合作，提高企业的技术创新能力，为产业发展提供新工艺、新技术和新产品，加速实现自主创新成果产业化。

（2）开启"后订单培养"合作模式。在企业订单激增、外招技工困难的情况下，企业可向学校提出需求，在短期内培养出一批可以上岗的员工。根据企业需求，学校选定相关专业学生，并邀请企业领导来校向学生介绍岗位、薪酬、发展前景，让学生自主选择是否转到短期订单培养班。班级打破、课程打破、形式打破，这种"后订单培养"模式适合短线的项目，一个学期效果最好。经过一个学期强化、打破原有的机制，有效提升学生的技能，同时企业也能承担这种短期强化培训的成本，见效快，企业派出的技师也能在不耽误生产的情况下指导学生实训，成功实现"双赢"。

（3）推进现代学徒制。2016年，江苏省启东中等专业学校与江苏省林洋能源股份有限公司签订正式合作协议，共同开展南通市第一批现代学徒制培养项目。该项目以启东中等专业学校的电子技术应用专业为试验专业，设置试验学生20人，双向导师11人。校企双方签订多年合作合同，围绕建立培育机制、开发优势课源、构建人才培养制度、整合实训资源、建立导师网络快速高效地开展试点工作，已取得初步成效，初步达到了"校—企"深度融合，"校—企"一体化运作，"校—企"相互反馈、共同进步、互利共赢的良好局面。在正式开始试点工作之前，有组织有目的地组织学生参观目标企业，使学生充分了解所学专业的工作方向特色。同时，在参观中也可让企业导师加入其中，让学生与导师双向选择，激发学生的选择与学习热情，学生与导师"配对"成功后可让导师各自带领学生进行实际操作演练，进一步让学生将课本知识转化为实际生产能力。学生与企业导师建立初步情感，通过实践，最终让学生充分了解企业，充分认可导师，迈出"校—企"融合关键一步。

专栏1 现代学徒制：促进校企合作的真正纽带

现代学徒制是教育部2014年提出的一项深化产教融合、完善育人机制、创新校企合作的育才模式，通过校企合作，由高校教师与企业师傅联合培养现代职业技能人才。现代学徒制与校企合作的订单班不同，前者更注重职业技能的文化传承。现代学徒制利于学校、行业、企业协同育人，学校从社会经济发展、产业需要出发，实施专业与产业发展相适应、课程内容与职业标准相一致、生产流程与育人过程相匹配的现代学徒制。现代学徒制利于学校与行业、企业对接，利于职业教育与终身教育融合。现代学徒制文化建设是基于学校、行业、企业等多个主体协同育人的事实，从制度、体制、机制等宏观层面，营造现代学徒制育人氛围，凸显协同育人内涵建设。高职院校根据办学方向，与行业、企业及产业对接开设技能型专业，积极推动专业产业化；实现专业教学与产业化运营相互侧重、相互鼓励、相互支持及互相促进，提升现代学徒制一体化人才培养水平。

启东中等专业学校与林洋能源股份有限公司共同提出了"33324"现代学徒制人才培养模式。实行"三段育人过程"：第一年，学生以学校基础课程为主，以课堂上所学专业知识基本了解专业领域内容，并通过学校实训场地加深基础知识掌握程度。第二年，学生以学徒生进入企业以轮换岗位模式参与实习，即在固定时间分别在企业导师的带领下完成3~5个岗位内容，并在实习期间充分总结岗位重点内容，结合所学专业知识对专业有更进一步认识。第三年，学生以正式实习人员进入实习状态，企业与学校根据学生轮岗表现与专业特长制定安排特定岗位。让学生经历"学生—学徒—准员工—员工"的四重身份互换，实行学历对接职业资格证书的"二元对接评价模式"，推动学生快速适应所在岗位，高效入职。

2. 创新发展职业教育

有效促进产业链、教育链的有机衔接，全面提升人才培养质量，有效服务地方经济的可持续发展和区域产业转型升级，不断提升职业教育服务产业高质量发展能力。近几年，启东市积极探索基于产教融合的职业教育"三教"改革新路。

一是拓宽师资培养路径，优化双师教师队伍配置。通过创立技能大师工作室、推行现代学徒制双导师制等方式，将行业中工作经验丰富、业务能力高强的领军性人才引入学校或担任兼职教师。切实推行专业教师企业实践机制，建立起一支由校、行、企组成，专兼结合，兼具科学人文素质、专业理论素质、专业技能素质、教师道德素质以及良好身心素质的复合型教职团队。提供多种成长路径，建立专任专业教职团队成长规划和系列保障、监测、考核等机制，督促指导教师践行"三年成长规划"。搭建多种平台，开展多样培训，加强教师专业成长指导团队、名师工作室、学科中心组、教学名师等的辐射示范作用。选拔一批基础好、能力强、有发展前途的中青年教师进行重点培养、重点扶持，形成老中青教师"结对子、传帮带"机制，全面提升教师业务能力。

二是依托职业标准引领，构建基于职业能力的课程体系。成立以行业企业专家和职业教育专家为主体的专业建设指导委员会，由专业负责人、骨干教师和行业专家组成专业建设工作团队，开展企业调研，分析职业岗位需求，明确其基本的素质要求和具体的技能需求，把握行业发展趋势，制定具有本地区产业特色的专业教学标准与课程标准。将行业标准、职业资格要求有机融入课程体系中。深化专业内涵建设、塑造专业特色。系统研究典型工作任务，建设以专业核心技能进行单元划分的项目课程，突出核心职业技能的设计与培养。将岗位群所需要的知识、能力和素质要求转化为课程的知识、能力和素质目标。教学内容既符合人才培养需求，又确保实用性与先进性，满足产业、行业、社会不断发展的需求。

三是扎根课堂教学改革，持续优化课堂教学生态。以省教学成果奖为引领，致力于由知识导向向行动导向转变的教学改革，积极实施"做学合一，养成精匠"育人模式。践行"身心融合，情能统一"教学理念，推行"做学合一、相机引导"的体验式教学。树立"以学定教、教学相长"的评价观，充分利用现代信息技术丰富并创新教学形式，合理高效利用实训设施设备。强化实践性、职业性、人文性，注重学生职业精神、职业能力培养。帮助学生体验工作过程、内化知识技能、实现意义建构和情感生成。实现知、情、意、行的有效统一，成为技艺精湛、追求卓越、善于创新、甘于奉献的现代工匠。

3. 加快拔尖创新人才培养

拔尖创新人才培养是建设人力资源强国和创新型国家的时代要求。作为首批江苏省普通高中创新人才培养试点学校，江苏省启东中学充分发挥学校作为"江苏省普通高中创新人才培养试点学校""江苏省普通高中理科课程基地""江苏省科学教育特色学校"等优势，将拔尖创新人才培养与课程基地建设和科学教育等特色工作相结合，努力打造"以创设新型学习环境为特征，以改进课程内容实施方式为重点，以增强实践认知和学习能力为主线，以提高综合素质为目标，促进学生在自主、合作、探究中提高学习效能，发掘潜能特长的综合性教学平台"。通过不断探索，学校逐渐形成了符合自身实际的拔尖创新人才培养机制。分别组建了"创新人才实验班"和"科技创新先锋队"，有针对性地开展学科拓展和科技创新活动。学校通过学科拓展将各类教育资源统一整合开发，为学有余力的优秀学生进一步深入开展学科专业学习和科技创新实践、发展学科特长、涵育科学素养、提升创新精神和实践能力提供服务。近年来，学校在国际中学生学科奥赛中获得14金2银的佳绩，培养了杰出青年科学家陈宇翱等一批具有学科专业特长的拔尖学生；在国际和全国发明展览会、"明天小小科学家评选"、全国中小学电脑制作活动创客大赛、全国和省市青少年科技创新大赛等活动中获奖130余项。学校也因此获得"全国科技创新特色校""江苏省十佳科技创新学校"等荣誉称号，在推动拔尖创新人才的发现与培养方面取得了阶段性成效。

三　强化政策供给，在创新生态上出力

（一）加大资金支持力度

资金对创新的重要性毋庸置疑。作为创新驱动的"催化剂"，资金是创新发展中最活跃、最积极的要素之一。创新是一种高风险、高回报和高信息不对称的活动，离不开大量资金的"兜底"。为优化创新生态，启东持续加大资金助推科技创新支持力度。

1. 加大企业资金扶持力度

积极落实高新技术企业所得税减免、企业研发费用加计扣除等税收优惠政策，确保高新技术企业按照税法规定条件及时享受优惠。优化办税流程、精简办税资料、提高办税效率，发挥线上业务办理、线上业务咨询、邮寄办税等非接触办理渠道优势，确保纳税人方便、快捷、全面享受各项税收优惠。启东税务局还组建了政策宣讲团队，前往高新技术企业调研生产经营情况，宣传减税降费政策，全力支持高新技术企业发展。江苏康耐特光学有限公司是一家从事眼镜生产、研发的高新技术企业，其深耕核心技术，不断加大研发投入力度。2020年企业享受高新技术企业所得税优惠213.7万元，为企业加快自主创新创造了良好的条件。

鼓励合作银行、融资担保等金融机构为科技创新型企业、高成长性科技企业、科创板上市培育企业提供信贷支持。近年来，启东以"政府引导、银企互动、合作共赢"为导向，引导金融机构加大对实体经济的支持，增加有效信贷投放，促进经济金融有效互动。2022年6月2日，由启东生命健康科技园管理委员会、江苏启东农村商业银行股份有限公司联合主办的"政银企"合作签约仪式在生命健康科技园报告厅举行。签约仪式上，科技园管委会与启东农商行签订战略合作协议，启东农商银行与科技园内2家企业代表签约。按照授信方案，启东农商银行将为园区内28家企业总计授信10亿元额度，拓宽企业融资渠道，解决融资难题。

增设"科创贷"。针对轻资产、无抵押、无担保的科创型企业融资需求，增设"科创贷"金融产品，加大信用贷款力度，完善银行支撑、担保支持、财政扶持的科技金融联动机制。"科创贷"运作遵循"政府引导、支持创新、风险共担"的使用原则，由市财政、合作银行共担"科创贷"贷款损失风险。原则上市财政、合作银行各承担50%的风险。同时，设立科技创新型企业贷款风险补偿专项资金，专项用于合作银行发放"科创贷"

贷款产生损失的风险补偿。风险补偿资金由市财政预算安排，通过资金池形式设立，首期规模 2000 万元，根据贷款规模逐年增加到 2 亿元。"科创贷"资金也受到合作银行的监管，监督是否用于借款企业发展高新技术产业和战略性新兴产业、促进重大科技成果转化和产业化、支持企业做大做强的合法经营活动上，不得用于股权、期货、房地产等投资，或国家有关法律、法规和规章禁止的其他用途。

2. 加大人才创业投资支持力度

筑牢人才工作思想高地，为全市人才工作提供强有力的金融支撑。一是积极引导社会资本投资。鼓励和吸引专业管理团队、机构来启东设立私募股权投资基金，对投向启东种子期、初创期科技人才企业的天使（创业）投资基金，经审核，市政府投资基金可按一定比例进行出资，最高不超过基金总规模的 80%。鼓励引进市外股权投资、风险投资等金融机构投资市"东疆英才计划"及以上人才计划资助企业。对备案投资机构投资启东人才企业的天使（创业）投资项目，入库之日起 5 年内，因被投资企业清算、股权公开挂牌交易、股权转让等实现投资股权完全退出发生投资损失的，按照首轮投资的实际损失给予 30% 的补偿，每个投资项目风险补偿金额不超过 300 万元。对帮助初创型人才企业成功在境内外证券交易所上市挂牌的，在上市时存续且最先投资的基金管理机构，每帮助 1 家人才企业上市给予基金管理机构 50 万元奖励。

二是构建服务企业多元体系。举办"'启'动金融引擎　助力人才'企'飞"人才企业专场金融服务对接会，引导金融资源向人才企业倾斜，为 3 家人才企业授信 850 万元，放款 700 万元。组织召开人才企业华滋能源专场金融服务对接会，银行、融资担保、保理等 22 家金融机构参会，为人才企业和金融机构提供面对面的交流对接平台，实施精准化、差异化的金融服务。邀请科创投、深创投等 8 家股权投资机构，深入文鳐海洋、拓信达、和和新材料等 3 家人才企业开展直接融资对接。

三是提供资本市场政策扶持。鼓励和引导启东人才企业借力资本市场做大做强，强化企业管理，发挥品牌效应。2021 年全年共计为 3 家人才企业兑现上市阶段性奖励、上市期间财政扶持及再融资财政奖励 493.70 万元。

四是推动东疆合伙人平台建设。引入上海中汇金玖投资等 5 家股投创投机构加入平台，持续加大股投创投机构对本地人才科技企业的股权融资服务力度。2021 年全年共有 2 家人才企业获得股投创投机构投资 2.26 亿元。

五是激发金融产品创新活力。引导金融机构充分发挥自身优势，开发适合人才企业的金融产品，积极对接人才创新创业的金融需求。中国银行、江苏银行、南京银行等多家金融机构创新推出"中银人才贷""人才之星""鑫人才"等人才金融产品，2021 年全年为启东 6 家人才企业实现放款 2100 万元。

3. 金融机构创新信贷政策

一是加强专业队伍建设。启东农商行设立专注于为科技企业提供金融服务的科技支行，并配备专营科技金融团队 10 人，包括资深支行行长 1 名、专业客户经理 3 名。

二是专属产品创新。针对首次在启东农商行申请贷款的科技企业，以"抵押+信用"的方式配套"首贷户"支持专案，最低利率执行 4.05%，最高授信额度 1000 万元。针对无抵质押担保的科技企业，重点推广"小微贷"，以纯信用的方式支持全市科技企业发展，利率执行 4.7%，最高贷款额度 1000 万元。

三是创新出台"科技人才贷"，为国内外院士、国家特聘专家、省"双创计划"人才及省科技企业家等省级人才、市"东疆英才计划"资助对象，提供最高 1000 万元的资金支持，利率执行 4.35%。

四是实施专项金融政策。为科技企业建立差别化的授信审批程序，开辟绿色通道，提高审批效率。通过整合信贷资料、减少纸质材料、合并用信材料、优化受托支付流程等 20 多项举措，整体信贷审批用时比其他贷款缩短 30%。探索开展知识产权、专利权质押融资业务，积极运用互联网技术等提升质押业务办理效率，不断拓宽抵质押担保范围，提高科技企业获贷度。

（二）加强科技人才引进

人才是创新的根基，是推动经济社会发展的重要前提和保障，人才在创新活动中发挥着关键作用。习近平总书记强调："科学技术是人类的伟大创造性活动。一切科技创新活动都是人做出来的。我国要建设世界科技强国，关键是要建设一支规模宏大、结构合理、素质优良的创新人才队伍，激发各类人才创新活力和潜力。"① 人才资源不仅是创新实施的主体，而且对其他创新要素具有一定的制约，其他要素必须通过人才这一要素才能发挥作用。人才资源既是创新活动的"发动机"，又是创新活动的"驱动器"，为创新活动提供源源不断的动力。没有高素质的人才队伍做后盾，创新就是无源之水、无本之木。世界各国取得的巨大科技成就，无一不是人才驱动的结果。近年来，启东持续释放政策红利，着力打好人才工程"组合拳"，人才引育实现量质齐升。2021 年共吸引 320 余名高层次人才来启创新创业，新增高校毕业生 5028 人，较 2020 年分别增长 16%、18%，市域人才综合竞争力得到进一步提升。

1. 人才认定不唯学历唯能力

首次设立启东市高层次人才分类目录，将人才分为 I 到 A 共 9 个层次。创新以人才薪酬、创新价值等作为衡量要素，构建更为合理的人才评价体系，对于企业给予人才年度性工作收入 200 万元、150 万元、100 万元以上的，分别按国家级领军人才、江苏省"双创计划"等省级人才及南通市"江海英才"等市级人才标准，在项目资助、金融赋能、企业主体作用激励等方面精准供给配套政策。对于分类标准中难以界定的"偏才""专才"和属于"相当于上述层次"的人才认定工作，由市人才办牵头组织召开联席会议，必要时组织专家评审，明确认定意见。

2. 重点人才重点加码支持

坚持打鼓打到重心处，工作抓到要害上。启东重点突出对产业领军人才、青年科技人才、卓越工匠人才以及海外回流人才的专项支持。对引进的 A 类顶尖人才（团队），最高给予 1 亿元的项目资助，企业引进高层次创新

---

① 资料来源：习近平在全国科技创新大会、两院院士大会、中国科协第九次全国代表大会上的讲话。

人才（团队），最高可获 300 万元项目扶持；设立本土人才计划青年专项，对于 35 岁及以下的优秀青年人才，给予更大力度政策倾斜。以更大力度引育技能人才，对新获得中华技能大奖、全国技术能手、江苏大工匠等荣誉的，给予最高 20 万元一次性奖励；对于海外回流人才，"一事一议""一人一策"，以最大力度配置政策、项目、资金资源，充分释放引才诚意。

3. 技能人才升级"引育留"

近年来，启东持续释放政策红利，出台技能人才"引、育、留"组合拳，赋能企业高质量发展。2022 年，启东市人社局印发《关于进一步加大技能人才引进培育激励的实施细则》，进一步夯实高质量发展所需产业工人队伍根基，对现有技能人才引育政策进行全方位"升级加码"，为经济高质量发展提供技能人才支撑。在企业技能人才引进方面，对于引进的高技能人才，最高给予 7.2 万元/年安居补贴，在启购房自住的最高给予 60 万元购房补贴。同时对引才企业最高按 30 万元/人标准给予引才补助。职业院校（技工院校）为启东企业输送技能人才，最高按 2000 元/人标准给予院校奖励。在技能人才培养方面，技能人才个人出资参加职业技能培训并取得紧缺型工种技能等级证书的，最高给予 1.5 万元培训补助。企业组织职工开展技能培训，根据技能等级证书最高按 5000 元/人标准给予企业培训补贴，同时给予职工最高 3000 元的技能等级认定补贴。对获评专业技术职务任职资格的技能人才，最高可给予 1.5 万元的一次性职称补贴。在强化技能人才成长方面，对获得"中华技能大奖""全国技术能手""江苏大工匠"等称号的技能人才，最高可给予 20 万元的一次性技能补助。获得江苏省企业首席技师、南通市企业首席技师的企业参保职工，分别按 1.8 万元/年、1.2 万元/年的标准，给予不超过 3 年的技能津贴。取得紧缺型工种特级技师、高级技师、技师技能等级证书的企业参保职工，分别按 1.2 万元/年、6000 元/年、3600 元/年的标准，给予不超过 3 年的技能津贴。在技能人才培养平台建设方面，对新评定的国家、江苏省、南通市和启东市级技能大师工作室，分别给予 40 万元、20 万元、10 万元、5 万元的一次性建设发展资金支持，其中40% 直接补贴给技能大师工作室领办人。对于新入选省级、国家级公共实训基地的，按上级拨付资金1:1给予一次性奖励；对入选南通市级实训基地的，给予20万元一次性奖励。

4. 人才服务多维聚焦有温度

聚焦以人才顺心工作、安心发展、舒心生活为目标，在多个维度提供"给力"支持。以金融支持赋能企业成长，对高层次人才创办的高科技企业，由产业引导基金给予最高2000万元的股权投资及最高350万元的金融服务风险补偿。以安居保障纾解人才所需，对经认定的各类人才，给予每人1.8万元（I类）、36万元（A类）的安居补贴和最高300万元购房补贴，人才购房享受8~9.5折优惠，公积金贷款最高额度执行160万元/人，35周岁及以下青年人才购房补贴标准上浮10%~20%。以养老服务彰显政策温度，对G类及以上人才与其配偶的父母在启入住养老机构，给予最高2000元/月父母养老补贴。

5. 外籍人才加快审批有速度

2022年启东市科技局以"营商环境提升年"为契机，加快构建"如鱼得水、如鸟归林"的创新生态。在服务理念、服务方式、服务成效上寻求突破。探索实施"线上审批、联办专窗、诚信管理、协同互认"等一系列制度，做到省内互认常态化、市内互认规范化、部门互认便利化，不断提升外国专家在启工作的获得感和满意度。通过组建微信工作群，实时解读"网上不见面审批"与"一窗式办理"等便利化措施，并加快审批速度。对在国内高校取得学士（含）以上学位的优秀外籍毕业生，在校期间无不良行为记录、从事工作岗位与所学专业对口的，7个工作日即可完成外国人工作许可证审批。启东市公安局出入境管理大队在材料齐全的情况下，15分钟即可办理好工作类居留许可证件。截至2022年7月底，启东已有持证外籍人才98名。

（三）加强科技成果转化

科技成果转化是落实"科学技术是第一生产力"的关键环节。近年来，启东多措并举，大力推进科技成果转化，优化创新生态。

1. 支持人才科技成果转化

对人才及其企业获得国内发明专利授权的给予8000元/件奖励，对发明专利授权后年费予以补助，对通过PCT及其他途径在境外获得授权的发明专利，给予最高5万元资助。对牵头制（修）定并完成国际标准、国家标准、行业标准、省级地方标准和省级以上团体标准的，给予最高100万元奖励，对参与标准制（修）定的，给予最高20万元奖励。对人才通过技术创新和成果转化形成的新产品新服务，只要符合市场准入和行业交易规则，可采用多种方式推广应用，对新被认定为国家、省级重大装备（首台套）的分别奖励50万元、20万元。对人才企业获得高新技术企业认定的，给予最高45万元奖励。

2. 鼓励企事业单位科技成果转化

鼓励企事业单位攻关突破核心技术、推动重大科技成果转化应用或承接高端服务外包业务。对高端人才领衔的创新团队获得国家专项资金项目单项300万元以上或省主管部门100万元以上的财政无偿资助项目支持的，给予用人单位所获支持实际到账额30%的奖励，最高不超过500万元。企业引进创新人才从启东申报入选国家"两院"院士、国家重大人才工程、长江学者、杰出青年以及相当层次人才计划的，给予用人单位最高100万元奖励。对引进外国专家获批国家、省级引智项目支持的，给予用人单位1：1资金支持。对人才（团队）申报国家、省级人才计划未入选的，给予申报单位最高15万元补助。

3. 加大产业技术攻关政策扶持力度

引导鼓励启东企业加强产业核心技术、前沿先导技术、产业化应用关键技术的研究，攻克制约启东产业创新发展的"卡脖子"技术难题，加快提升企业核心竞争力和启东主导产业发展水平。为启东有更多的产业技术被纳入省级及以上重点研发计划和省重大科技成果转化专项，培育储备更多的项目源。启东加大产业技术攻关政策扶持力度，出台《启东市"东疆科技计划"产业技术攻关实施办法（试行）》，聚焦临港产业、特色产业、战略性新兴产业等领域，为在关键零部件、材料、工艺等方面开展攻关并在项目攻关成功后能率先在本企业推广应用，显著提升企业核心竞争力，且产生明显的社会经济效益的高新技术企业提供经费支持。同时要求项目完成后，形成发明专利授权等高质量知识产权，技术水平达国内领先，且须完成小试、样品、样机等。

四　人才新政，在人才引进上用力

人才是发展的"第一资源"，更是助力县域经济转型、产业升级、社会进步的硬核力量。近年来，启东坚持党管人才原则，将人才资源作为创新驱动发展的关键要素，紧紧围绕"五个城市"建设，紧扣产业需求，聚力打造"近悦远来"的人才福地，让人才创新源泉充分涌流、高质量发展活力竞相迸发。

（一）完善人才发展生态

1. 多措并举，提升政策惠才能级

充分发挥长三角一体化发展等战略机遇及政策利好的叠加效应，系统优化人才政策，涵盖引进培养、项目资助、服务保障等人才发展全过程，打破"唯学历、唯帽子、唯职称"用人倾向。结合人才薪酬、对企业贡献度等指标，建立9个层次人才分类目录，优化人才认定机制，确保政策红利惠及各类专家人才。延伸政策扶持链条，针对高端人才创业，在最高1亿元资金扶持基础上，再根据项目发展周期给予最高300万元二次资助和税费减免等支持，成功引进多个国际新药研发创业团队来启东创立创新中心。

2. 筑巢引凤，搭建人才招引体系

一是建立人才编制"周转池"。按照"严控总量、盘活存量"的原则，统筹部分存量事业编制资源，通过设立市委高端人才服务站，具化人才"周转池"，将符合条件的优秀青年人才全部纳入财政全额拨款事业编制的"周转池"定向培养和跟踪管理。

二是提升人才引进"便捷度"。设立人事考试中心，除承担上级统一部

署的公开招考任务外，中心根据各部门对不同专业人才的需求，多频次多形式开展专项招聘考试活动，保证人才引进不断档。

三是增强人才入启"吸引力"。出台《启东市优秀青年人才管理办法》等一系列人才集聚措施，将人才分为产业急需、社会贡献较大等9个类别，分类享受项目资助、技能提升奖补、购房补贴等优惠政策，用政策温度吸纳人才。

3. 开拓创新，完善人才管理机制

一是"事业编制"留住贤才。每年拿出一定数量的事业用编计划，专项用于人才"周转池"。优秀青年人才试用期考核合格后，根据单位需求和个人意愿，及时将编制和人事关系转入用人单位，解决青年人才"编无定所"的后顾之忧。

二是"备案管理"广纳人才。创新医疗集团编制备案制管理制度，简化招聘程序。医院可以根据需要直签各类高层次人才。同时，不拘泥于事业人员待遇规定，对于不同层次的人才，实行年薪、约定工资等多种待遇保障形式，人才引进更加灵活。

三是"定向培养"对口育才。一方面实行优质师范生培养计划，报考南京师范大学等10所重点师范院校师范类初高中学科的启东籍学生，与教育体育局签订培养协议，每月享受生活补助，毕业后经考核合格直接分配至城区学校。另一方面开展定向委托培养，每年根据乡村学校教职工编制、岗位空缺情况确定乡村教师定向培养数量；与南通高等卫生技术专科学校合作，定向培养面向乡村医疗卫生机构的储备村医人才。

4. 统筹联动，保障人才编制使用

一是超前谋划。紧扣全市中心工作和各项事业发展需要，在摸清待落实高层次人才数量和教育卫生科技等各类人才需求的基础上，结合各机关事业单位空编和将退休人员情况，制定年度人才编制使用计划。

二是严于管理。在人员招录中，加强对招聘岗位专业的审核，对符合全市产业发展方向、紧缺急需的专业人才，加大保障力度，对人员饱和的专业人才减少编制使用。同时重视人才梯度建设，实现事业接续发展。

三是强化问效。对使用人才较多的单位开展专题调研，了解在人才服务、编制保障、人员流动等方面的情况，掌握人才管理中存在的问题。进一步完善体制机制，通过高水平引才聚智推动启东经济社会高质量发展。

（二）扩大人才发展空间

1. 做大产业集聚平台

雄厚的产业基础是人才依附的根本。在加快改造传统产业的同时，启东大力发展装备制造、电子信息等主导产业，积极培育新材料、新医药等新兴产业，实现产业聚人才、人才兴产业的良性循环。围绕产业链高端化、智能化发展目标，出台海工装备、生物医药、电子信息及半导体等领域人才企业专项扶持政策，围绕"产业图谱"精心编制"人才图谱"。针对重点项目，集成人才、科创、金融等各领域政策，"一企一策"定制个性化引育方案。推动政策合力最大化，着力构建人才、项目、技术、资本"四位一体"产才融合"生态圈"。不断完善"招商引资+招才引智"一体化模式。以启东生命健康科技城、启东经济开发区、吕四港经济开发区、高新技术产业开发区等为龙头，不断加快各类特色产业园区建设，积极创建青年和人才友好型园区，为人才释放才能与智慧提供了广阔天地。2022年上半年，全市新签约产业项目共计73个，其中战略性新兴产业项目35个，涉及高端装备制造、生命健康、新材料和新能源、智能制造等多个领域。

2. 做优资源整合平台

建立"定位清晰、对接精准"的聚才平台，与清华力合、中城集团深度合作，打造电子信息、医疗器械等产业领域高端孵化运营平台，以专业化、精准化的资源供给能力构筑聚才引力。精准布局驻外"觅才点"，集中在创新资源汇聚城市设立引才直通站、校园人才站。精心举办"启创杯"创业大赛，采用城市赛结合总决赛的"X+1"办赛模式，推进引才"触角"遍及重点城市。大力实施"凤还巢"行动，做亮"东疆学子家乡行"等主题活动，有针对性地与高校院所合作洽谈，畅通便捷高效的人才资智回乡"快车道"。

以全面对接上海为契机，着力加强与上海大院大所、高等院校以及人才市场、人才中介、风投机构的联系对接，合作成立了上海张江高校协同创新（启东）研究院，与上海寰球人才交流中心等知名人才中介机构签订全面合作协议，推动人才、项目和资本的深度融合。聚焦"跑好对接浦东第一棒"的定位，全力实施"对接上海招才引智'333'工程"，不断提档升级人才政策。依托启东经济开发区北大生科华东产业研究院、高新区博士创业园等创新载体，推动上海科技成果到启东转化，构建"研发在上海，转化在启东"的合作体系。项目实施以来，先后有上海理工大学刘箐教授、同济大学刘忠方教授等顶尖人才团队来启交流；促成 41 个上海高层次创新创业人才项目在启落户，其中 9 名人才入选 2020 年启东市"东疆英才计划"。依托沪启技术转移机构等载体，先后实施沪启产学研合作项目 38 个，为科技创新提供了有力支撑。2022 年 7 月 1 日，往返沪启两地的人才定制 1 号线正式开通运行。其定制班车对市级及以上人才计划培养工程以及企业引进的具有本科学历或工程师、技师及以上的人才实行票价全免。在前期调研的基础上，选定了浦东和五角场地区作为定制班车目的地，每天往返各 2 个班次。沪启人才通勤班车 1 号线与沪上地铁线无缝对接，为人才从启到沪提供了交通便利。

3. 架好"兴才"梯子

近年来，启东高校开展"万名学生进千企""企业高校行"等活动。与上海第二工业大学、南通大学、上海电子信息职业技术学院 3 所高校签订合作共建协议，推动产教融合。积极支持企业申报国家级、省级人才项目，新增国家级高层次人才企业 2 家、省级人才资助奖补企业 10 家。高效培训实用性人才 4000 余名，引育高技能人才 1700 余名，共有 225 人获评高级职称。

4. 搭好创新创业平台

启东深入推进"苏青合伙人"创新创业计划，大力推进"全域创新·青年建功"行动。搭建导师辅导、投融资对接、项目孵化、展示交流等支持青年创新创业的服务平台，组织动员全市广大青年走在大众创业、万众创新前列。团结引领广大青年建功"十四五"、奋进新征程，以实际行动迎接党的二十大胜利召开，实现"以赛聚才、以赛兴业、以赛促用"。2022年8月10日，2022年"创青春"启东市青年创新创业大赛暨"让全国看见你"青年创新创业项目路演顺利举行。本次活动以"青春喜迎二十大 创新创业赢未来"为主题，围绕科技创新、乡村振兴、数字经济、社会企业等4个专项领域，采取线上线下相结合的方式举办，为多个项目提供交流平台，并有12个项目获奖。

5. 开展特级技师评审

特级技师评聘试点工作是畅通技能人才职业发展通道、完善职业技能等级制度的一项创新举措，进一步拓宽技术技能人才的职业发展空间，有利于引导更多的劳动者走技能就业、技能成才之路。特级技师是人社部在高技能人才中新设置的高级技术职务（岗位），是对具有高级技师职业资格（职业技能等级）并在高级技能岗位工作满5年或具有与参评职业（工种）相应的正高级职称且仍从事本专业领域工作的技术技能人才，是企业自主运用业绩评审、技术攻关、口头答辩、企业内表彰等方式择优选拔出来的"塔尖式"高技能人才。2022年2月，江苏省人社部门公布了20家首批特级技师评聘试点企业，启东中远海运海洋工程有限公司成功入选。在南通市人社部门的指导下，通过业绩评审、个人陈述答辩、专家评审打分等环节，试点企业在生产科研一线从事技术技能工作的高技能人才脱颖而出，后期经江苏省人社厅确认后，将成为全省首批特级技师。

（三）健全人才保障机制

1. 人才安居保障机制

近年来，启东系统实施"启乐居"人才安居工程，逐步构建起以配租公共租赁住房为主，配售优惠人才房、发放人才补贴为辅，"补租购"三位一体的安居保障体系。

一是多层次优化人才补贴。升级出台《关于进一步提升人才发展竞争力的意见》，对企业引进的大专至博士各学历层次人才及高级工、技师等专业技术人才，分别给予 2000~20000 元一次性安家补贴、每月 500~4000 元租房补贴或 1 万~40 万元一次性购房补贴；对来启创新创业的高层次人才，给予最高每月 1 万元租房补贴和 300 万元购房补贴。人才在本市新购房，根据人才层次分别给予 300~1200 元/m² 补贴。

二是多层次保障人才租房。开展"全市人才公寓建设管理五年行动"计划，出台《启东市人才公寓管理暂行办法》，构建由"市级高端人才公寓+区镇青年公寓+企业职工公寓"三级梯度分明的人才公寓供应体系。定期对全市人才租房需求进行排摸调查，高标准建设 612 套配套齐全的市级高端人才公寓，人才可拎包免费入住。在就业创业人才聚集区域通过新建、改建、收购社会存量住房，调剂已有公共租赁住房等方式多渠道筹集各类房源 15293 套，分层分类就近解决人才租住需求。

三是多形式助力人才购房。在编制年度政策性住房建设和供应计划时，确定一定比例的公共租赁住房和共有产权住房面向人才专项优惠供应，并将其纳入全市政策性住房建设筹集计划管理。出台《启东市销售型人才公寓实施方案》，与市区新建商品房楼盘合作，人才买房享受 8~9.5 折优惠。与各银行合作加大人才购房商业贷款投放力度，首付款比例最低执行 20%，商业贷款利率下限执行 LPR 减 20 个基点。取得高级职称或硕士研究生及以上的，公积金贷款最高额度调整至 80 万元/人，高层次创新创业人才执行 160 万元/人。

四是多维度提升城市宜居度。安居才能乐业，高品质的人居环境是吸引人才安心工作、潜心创业的重要砝码。建设富有区域竞争力的人才发展环境，启东除了抓好产业基础等"硬环境"，也十分重视抓好人居环境等"软环境"的建设。其一是注重完善城市配套。加大城市基础设施投入、改造、完善力度，不断优化城市空间布局。针对高层次人才文化生活需求，在剧场、艺术馆、运动场等公共文体设施的建设上下更大气力，发掘和引进更多的现代文化资源，营造良好的城市文化氛围，拓展人才社交生活空间。其二是注重强化生活保障。从人才普遍关注的子女教育、医疗保健等需求入手，进一步畅通入学、就医渠道，加快推进高水平学校和医院建设，切实提升城市综合保障能力。近年来，启东在定点医院专门开通了人才就医"绿色通道"，与上海知名医院合作为符合条件的人才提供预约诊疗服务。明确引进人才子女学前及义务教育阶段就学由教育部门在市域范围统筹安排。这些都得到了在启东工作人才的广泛肯定。其三是注重营造宜居环境。按照"生态优先、绿色发展"的理念，扎实推进大气、水、土壤等污染防治行动，不断美化城市景观，持续打造天蓝水清景美的生态环境，让生态环境优势转化成为吸引人才、留住人才的发展优势。

2. 人才培养保障机制

一是明确人才选拔标准。选拔时坚持以能力与业绩为导向，应用基础研究与技术创新并重，区域、行业、产业、学科均衡发展，统分结合等原则。

二是选拔方法合理。成立市第二期"312 计划"专家评审委员会，负责对培养对象人选进行技术评审。在技术评审的基础上，市人才办组织科技、人社等部门进行综合评审。评定培养对象报市人才工作领导小组审定。此外，培养对象的选拔工作分两次集中进行。人选一般由个人申报、单位推荐，所在单位推荐时需对申报对象的政治素质、道德品质、学术水平、科研能力和工作业绩等做出评价，提出推荐意见。

三是多措并举，加大培养力度。加大资金投入，主要用于发放培养对象津贴，资助重点科研项目（课题）、参加高层次学术交流活动和出版学术专著以及进修深造、疗养体检等。定期举办培训班、研讨班，选送培养对象到高等院校、科研院所、重点实验室、工程技术中心等学习或工作，提高其学术技术水平。每年组织一次科研项目评审工作，经过评定择优给予项目资助。建立领导干部联系高层次人才制度，及时了解和帮助解决培养对象在科技创新、学术研究及其他生产生活中遇到的困难。积极组织培养对象围绕全市经济社会发展大局开展决策咨询、重大项目攻关和面向基层群众的技术服务、知识培训等，在服务发展中提升本领。加大宣传奖励力度，宣传培养工作做得较好的部门和单位，宣传培养对象的先进事迹和取得的重大成果。

3. 人才管理保障机制

一是实施分层分类管理。启东市"312 计划"培养对象的管理工作由市人才办牵头，第一层次由市人才办负责培养和管理；第二层次由市科技局负责培养和管理；第三层次由市人社局负责培养和管理。培养对象所在单位负责培养对象的日常管理，配合做好选拔、培育、考核等工作。

二是实行目标绩效考核。培养对象要制定工作目标和年度工作计划，与所在单位签订双向目标责任书，每年要以书面形式向所在单位和培养工作主管部门报告目标责任完成情况。市人才办在培养期中和期末对培养对象进行两次综合考核，期中考核优秀的（按10%左右的比例），从次年起，按标准额的150%兑现津贴补助；考核合格的，从次年起仍按标准额兑现津贴补助；考核不合格的，暂停发放当年津贴补助，待申请再次考核并通过后再发放津贴补助，考核仍不合格的，取消培养资格，不再发放津贴补助。期末考核结果将作为下一批次推荐培养对象和申报国家、省级专家的重要依据。

三是建立信息联系制度。市人才办建立高层次人才管理数据库，分层管理、跟踪服务。根据培养对象的变动情况，及时修改有关信息。通过统一管理、分层负责、及时更新，实现人才信息资源的统筹管理和高效服务。

四是建立动态退出机制。对触犯刑律，构成犯罪；弄虚作假、剽窃他人成果，以不正当手段骗取荣誉，以及其他严重违反学术道德和职业操守行为；未经组织同意，出国逾期不归或擅自脱离原单位；因个人责任给国家造成重大损失的培养对象，由所在单位提出意见，经市主管部门审查同意，报市人才办批准，取消其培养资格。培养对象不再从事专业技术工作的，或工作调动的，所在单位应及时向主管部门报告，并报市人才办备案，不再将其列为培养对象。

4. 人才服务保障机制

优化要素供给，落实服务保障。建立"一卡通"制度，发放"英才""菁才""人才"等版本的"东疆英才卡"，持卡人可享受囊括子女就学、医疗保健、文化旅游等10余项优质服务。深化"引领式"联系服务。推荐先进模范人才担任党代表、人大代表、政协委员，2021年共推荐27人次优秀人才担任市级"两代表一委员"，发挥人才建言献策作用。建立市镇两级领导干部直接联系服务人才制度，周联系、月座谈、季走访，面对面解决人才创业生活方面的难题。2022 年上半年，市镇两级 60 余名领导干部联系服务人才 280 余次，帮助协调解决子女入学、配偶安置等各类需求，真正将服务体现到"关键小事"上、落实到"急难愁盼"处。定制启东往返上海张江、五角场等地的"人才班车"专线，供符合条件的人才免费乘坐，实现朝去夕归，化解沪启人才通勤难题，班车开通以来，免费乘车人已达 800 余名。定期组织开展"青春有约·遇见幸福"人才联谊活动，加强青年人才的深度交流，组织部门当"红娘"，全力做到以情留才。

分报告四

多点开花，走好区域合作之路

党的十八大以来，区域协调发展呈现良好态势，京津冀、粤港澳大湾区、长三角等地区引领作用不断凸显。启东位于长江入海口北侧，长江、东海、黄海在此交汇，地理位置优越、资源禀赋丰厚，随着长三角一体化战略的深入实施，启东市靠江靠海靠上海的区位优势更加凸显。

近年来，启东主动对接长三角，在基础设施、产业创新、资源要素、生态环境、公共服务等各个方面加强交流合作，高新区更是提出"深耕大上海，聚焦苏锡常，抢抓长三角"战略部署。

在对接上海方面，提出《启东深入对接浦东三年行动计划（2020—2022 年）》。构建产业互补的大分工格局。深入实施产业平台对接"三建立三深化"工程，支持高新区加快建设以"一核、三园、二中心"为主体框架对接浦东产业集聚洼地，打造"两主两新两优"产业体系，全力跑好对接浦东"第一棒"。构建要素互融的大配置格局。大力引进科技、人才、信息等优质资源，深入推进"东疆英才计划"、青年企业家培养"启航"计划、人才培养"312 计划"，打造国内一流的营商环境。构建互联互通的大交通格局。推进公路、铁路、港口、航空等市域内外全方位对接，尽快接入上海轨道交通"一张网"。构建共享互惠的大服务格局，大力引进优质教育资源、医疗机构、高端文化设施等。

在对接苏南方面，启东市出台《关于进一步加强上海和苏南地区招商工作实施意见》，调整招商队伍，配优配强苏南招商力量。与苏州签署《关于加强苏通跨江融合发展的战略合作协议》，加强苏启两地产业跨江融合对接。与无锡滨湖签订了《关于加强锡通跨江融合发展的战略合作协议》和《文化旅游全面合作战略框架协议》，加强无启两地文化旅游合作。与常州、南京等地开展商会合作，强化高校沟通交流。

在对接浙皖方面，启东加强与浙江省的科技合作及与安徽省的资源要素对接。与宁波材料所进行技术对接，举行启东（杭州）产业发展合作恳谈会，与武义县联合主办第三届中国广州五金交易会，与绩溪县开展教育合作交流活动、与林洋集团开展能源对接，与合肥加强人才交流等。

一　立足长三角，融入长江经济带

2018 年 11 月 5 日，习近平总书记在首届中国国际进口博览会上宣布，支持长江三角洲区域一体化发展并上升为国家战略。推动长三角一体化发展，提升长三角地区创新能力和竞争能力，提高经济集聚度、区域连接性和政策协同效率，对引领全国高质量发展、建设现代化经济体系意义重大。

启东市结合实际，紧扣"一体化"和"高质量"两个关键，按照江苏省委"六个一体化"和南通建设沪苏跨江融合发展试验区的部署要求，秉持"接轨大上海、聚焦长江口、融入长三角、放眼全世界"的理念，全力打造长三角一体化发展"金北翼"、长江口生态"绿走廊"、跨江融合发展"新蓝海"，不断开创启东建设新局面。

（一）发展规划互动互适

1. 编制城市总体规划

启东深化在长三角城市群中的战略定位研究，按照现代化中等城市标准，完成新版国土空间总体规划，打造与上海"全球科创中心"相呼应的品质之城。对接南通，建设沪苏跨江融合发展试验区，完成启东生命健康科技城规划编制，规划布局研创绿谷、绿色智园、蝶湖康城、医美小镇四大功能片区。加强与上海浦东合作，建成浦东高端制造产业园、张江生物医药科创园，完成吕四港产业协同发展区、长江口生态旅游度假区规划编制。优化蝶湖周边城市设计，形成高端产业、商务办公、金融科技等集聚功能，全面提升城市服务能级。

2. 编制交通体系规划

对接现代化机场群、港口群"两群"和高铁网、公路网、航道网"三网"建设，启东以世界眼光、一流标准对吕四港规划进行深化提升，加快构建安全便捷、畅通高效、绿色智能的综合交通运输体系。加快推进城际轨道交通规划编制，深入对接上海城市交通专项规划，深化启东与崇明地铁接驳体系研究。编制城市快速交通规划，构建全市域"一刻钟通勤圈"和连接周边城市"一小时交通圈"。

3. 编制产业发展规划

发挥启东紧邻上海的优势，抓住浦东新区大力发展高端制造业的契机，推动产业协同发展。围绕浦东产业链布局上下游配套产业，实现链条化。实施"产业强链"计划，打造"两主两新两优"产业体系。2020 年"两主两新两优"产业应税销售突破 800 亿元；2022 年力争突破 1000 亿元。制定实施《现代服务业远期规划（2020—2035 年）》，加快发展物流、金融等现代服务业，大力发展数字经济、平台经济等新业态。制定全域旅游发展规划，以创建国家级旅游度假区、国家全域旅游示范区为引领，打造长三角休闲旅游重要首选地。制定启东农业产业发展规划，培育新型农业经营主体，壮大休闲农业、"互联网+"现代农业等新业态，将启东打造成长三角农产品流通中心和上海优质农产品重要供应基地。

（二）基础设施互联共建

1. 强化"陆上"接轨

着力打造"轨道上的启东"，加快推进北沿江高铁建设工作，推动启东境内设站方案获得批复，力争 2022 年全线一次性开工。全面对接南通空铁枢纽建设，加快启东至南通新机场快速通道规划建设。开工建设洋吕铁路，推动宁启铁路开通北京方向车次。加快推进 G40 高速港沿出口接线衔接，贯通 G40 高速启隆通道。开展中央大道、沿江公路等干线公路快速化方案设计，加快城市快速交通规划成果转化。扎实推进市内路网体系建设，推动"快速成环、干路成格、支路成网"，构建内通外联、快速便捷的路网格局。

2. 强化"海上"接轨

按照一年建设、两年开港、三年成规模的总体要求，加快通州湾长江集装箱运输新出海口吕四港起步港区建设，加快构建"铁路连港区、内河到码头、港口通大洋"的集疏运体系。推进港口发展一体化，"一盘棋"谋划港口投资、开发、运营。与上港集团、临港集团等港航企业开展"江海河"转运等全方位合作，开辟港口国际国内航线，推动集装箱国际班列发展。推进内支线建设，利用寰宇物流开放码头、集装箱运输业务，支持中远物流建设内支线运输体系。打通启东港区、通海港区、外高桥港区、洋山港区航线运输。推进海峡两岸（吕四）渔业合作试验区创建工作。推进西气东输工程建设，加快崇启能源互联互通，打造长三角地区重要能源中转基地。

3. 强化"云上"接轨

强化信息基础设施对接，对接数字长三角、南通华东地区重要信息港建设，加快布局以 5G 为引领的新一代信息基础设施网络。推进与上海等地信息基础设施建设的规划衔接、标准统一、技术协同。积极参与长三角一体化大数据中心、工业互联网平台集群联动建设。推进骨干网、城域网、接入网等升级改造，加快下一代互联网（IPv6）、云计算等部署建设，打造长三角区域一流"信息高速公路"。实施"政企云"工程，探索建设沪启大数据共享中心，加快信息化与工业化融合，推动 5G 技术在工业互联网、VR、车联网等领域的广泛应用。

（三）产业创新互融共进

1. 做强园区主平台

以省级开发区为主体，推行"一区多园"管理体制。启东经济开发区聚焦重大项目招引、龙头企业培育、产业体系优化、配套功能完善等重点工作，全力创建国家级经济技术开发区。吕四港产业协同发展区以港口开发建设为龙头，主攻基础设施和重大产业项目建设，做好腹地产业规划研究，加快培育发展现代物流、新材料、新能源、粮油食品、高端制造、海洋文化旅游等产业，全力打造引领沿海崛起的增长极。长江口生态旅游度假区加强生态旅游资源的保护和开发，持续完善旅游观光、休闲度假、体育运动、文化体验等功能，全力创建国家级旅游度假区。

2. 做强创新主引擎

加强与上海全球科创中心和苏南国家自主创新示范区等合作互动，招引国内外大企业大集团区域总部、研发中心以及高校院所、研发机构，打造上海科创中心先进技术转化的最佳承载区。加快推进北大生科华东产业研究院、上海张江高校协同创新启东研究院和张江尚华启东生物制药科创中心等平台建设，推动"基础研究—应用研究—产业转化"三位一体协同创新，打造其成为长三角"科创圈"的重要环节。实施创新型企业培育计划，加快引入风投、创投基金，引导和扶持创新型中小企业落户并快速成长。加快融入上海国际金融中心建设步伐。

3. 做强项目主支撑

加大产业链招商力度，加强对上海、苏南、浙江等重点招商地区的产业研究，紧盯世界 500 强、国内 100 强、大型央企和知名民企，列出符合启东产业发展方向的重点企业名单和项目库清单，绘制产业招商地图，加快引进一批造链、强链、补链、延链的优质项目。以链条化招引、拼服务等"三化三拼"理念主攻大项目、优质项目，确保每年引进 10 亿元以上产业项目不少于 30 个。推进重特大项目落地落实，完善项目推进机制，加快药明康德、华峰功能新材料、海上风电、恒大童世界等项目建设。

（四）资源要素互通共用

1. 推动政策标准互通

深化以"不见面审批"为重点的"放管服"改革。持续推进"1120"

改革、"证照分离"改革，不断优化审批流程，压缩审批时限，提高审批效率，推进政务服务标准化建设。全力打造启东效率、启东服务、启东信用、启东标准"四大品牌"。充分利用长三角政务服务"一网通办"试点，建立浦东与启东"一地认证、全网通办"，"收受分离、异地可办"的跨区域政务服务机制。制定实施启东市优化营商环境行动方案，全面对标国际市场规则体系，营造规则统一、标准互认、要素自由流动的市场环境。

2. 推动要素资源互通

积极与长三角地区高校、科研院所开展产学研对接。大力推行研发、孵化、前窗在上海，生产、转化、后台在启东的"科技飞地"模式。加快"创业苗圃—孵化器—加速器"科创链建设，鼓励发展"研究院+"模式。运用"总部+分部+多点"组织模式联合攻关，推动科技成果在启转化。加强与长三角区域省级以上双创示范基地的合作交流，探索"人才+项目+资本"创新创业扶持模式。广泛采用刚性和柔性相结合的引才方式，积极推进青年和人才友好型城市建设。共建共享安全高速泛在的信息网络，积极争取5G商用试点和规模化布局。

3. 推动平台载体互通

启动吕四港区保税物流平台建设规划研究，探索建立上海自贸区启东分园。加强与长江经济带沿线地区合作，推动一类口岸提档升级，共建长三角重要口岸贸易城市。承接进博会溢出效应，配套建立具有国际影响力的专业化、特色化进口商品展示平台，联动举办高水平会展活动，坚持办好中国·启东天汾科技五金交易会。积极策应中国花博会，打造江海交汇的"梦花园"。

（五）生态环境互保共治

1. 加强长江口生态战略协同区互保共治

全面落实《东平—海永—启隆跨行政区域城镇圈协同规划》，推进启隆保护与建设。强化生态底线管控，建立复合型生态廊道，强化启东长江口（北支）湿地省级自然保护区保护，主动融入崇明世界级生态岛建设。将启隆镇作为生态保护引领区进行整体保护，加快建立与崇明世界级生态岛规划一体、环保共治、生态协同的共建机制。高标准规划建设滨江森林公园、崇启大桥北侧两岸生态绿带，全力打造 G40 健康生态走廊，建设长江口生态"绿走廊"。实施沿海岸线生态修复，推动生态"留白"。

2. 加强长三角区域生态环境联防联控

加强重点区域环境监测，实现重点区域监测信息共享。开展大气、水污染联防联控，建立跨界跨区域污染转移联合处置、突发环境事件信息通报和联动应急机制，推进环评会商、预报预警、联合执法。强化环境突发事件应急管理和重大活动协同保障。同步推进化工产业安全环保整治提升与结构调整，加快构建绿色生态安全的现代化工产业体系，合力建设长江区域安全绿色生态屏障。

（六）公共服务互惠共享

1. 实现区域资源合作

开展异地就医、门急诊医疗费用直接结算试点工作，加快接入全国跨省异地就医直接结算平台。探索实施企业职工养老保险省级统筹，推行网络认证模式，探索运用"人脸识别"技术，提升认证效率。推动启东市二级以上医院与上海优质医疗卫生资源实现深度融合发展，大力引进医学高端人才，增强自我造血功能，全面提升启东市医疗技术水平和服务质量。参与长三角诚信体系建设，探索建立区域性信用体系建设合作机制和信用信息共享模式，实现守信联合激励、失信联合惩戒。

2. 实现跨市域共享

鼓励支持各类学校与长三角优质教育资源开展校际结对、交流合作，探索多元化合作办学模式和运作方式，争取国内外知名高校来启设立分校。建立上海—启东名医工作站、专科联盟，开通与上海著名医院合作的"绿色通道"，实现双向转诊、转检、会诊、联网挂号等远程医疗服务。加强毗邻区域文化交流，推进区域间图书馆、博物馆、文化馆等资源共建共享。加快推进与上海、浙江等地旅游业的融合发展，力争成为畅游长三角"一卡通"城市。创成全国文明城市，共建长三角文明城市群。

3. 实现跨区域共治

健全完善跨区域一体化社会治安防控体系，实现"雪亮"工程无缝衔接。构建与崇明等地跨区域平安创建体系，推动风险隐患联防联控。完善社会治安数据共享机制，在矛盾化解、信访维稳、打击犯罪、知识产权保护等领域一体化合作，提高联手预防犯罪、联合应急处突能力。做好重大活动区域安保工作，共建平安省际边界，合力筑造"环沪护城河"。

二　深耕大上海，对接浦东"第一棒"

启东肩负南通赋予的"对接浦东第一棒"职责使命，加强与上海全方位、多层次、宽领域的合作交流，推进与上海在产业、城市、交通、生态等领域协同发展。

启东把上海标准、上海步伐和上海优势作为引领发展的标杆，紧跟上海步伐谋划发展布局。2011年确立"融入上海、包容四海、领跑沿海"的发展战略；2012年提出打造"全面融入上海的新天地"的新定位；2013年提出"139"工程，在园区开发、港口发展、人才、科技、职业教育、旅游、农产品供销、物流、服务外包九大领域开展与上海的全面合作；2015年提出"2468"目标，即全市20%的工业产品配套上海，40%的农产品供应上海，60%的游客来自上海，80%的投资源自上海；2017年把全面接轨上海作为推进"两聚一高"新实践、建设"强富美高"新启东的工作导向；2018年提出积极策应上海建设"五个中心"、打响"四大品牌"，加快建设上海"北大门""门柱子"；2019年1月，明确把全面融入长三角作为高质量发展的核心战略，主动对接服务上海，以更宽眼界、更高定位、更实举措坚定不移为高质量发展蓄养强大势能；2020年启东放大区位优势，深化全方位对接，稳步推进深入，践行《启东深入对接浦东三年行动计划（2020—2022年）》。

近年来，启东全面对接上海的各项工作都取得了显著成果。通过加强自身建设，不断提高服务能力和水平，在先进制造业、现代服务业、优质农业、生态环境等方面与上海开展全面对接。

（一）加强政务服务机制对接

启东主动提供优质高效的政务服务，着力消除阻碍区域发展壁垒，创造一流对接环境，接轨上海工作在南通排名第一。启东政府强化自身能力，提高对接服务上海的工作能力和水平；启东不断优化营商环境，推进政务服务一体化，简化企业办事流程，助力企业更好对接上海。全力打造启东效率、启东服务、启东信用、启东标准"四大品牌"。

1. 合作交流，优化政务服务

（1）建章立制，明确工作职责。2015 年，启东建立"对接上海攻坚战"联席会议制度，成立对接服务上海工作协调委员会，下设基础设施、科技创新等 6 个对接小组。各区镇、机关、部门、企业和社会组织均与上海对口单位缔结合作交流机制。制定对接上海工作方案，明确科技人才、生态环境、社会事业发展等七大类 38 项重点工作。

（2）责任到人，确保落实到位。启东出台领导挂钩联系重大项目、重点企业制度，落实重大项目联席会议定期汇报通报制度。出台产业项目考核办法，出台接轨服务上海综合考评办法，将接轨服务上海工作纳入考核，形成上下一条心、全市一盘棋的格局。

（3）加强监管提升质量效益。对重大项目全面实施会审遴选制度，将符合产业导向、接受上海功能辐射和产业融合发展、高端制造实体经济、落户"一城三区"四大类项目作为优选项目集中会审，确保项目质量高、绩效高、能耗少。

（4）勇于创新开辟合作新路。2008 年，启东市政府与上海外高桥集团共同开发建设外高桥集团（启东）产业园，成功打造了全省第一个跨行政区域经济合作的样本，先后合作共建江海澜湾旅游度假区等多个园区。

（5）强化与上海战略协作。深入研究上海"十四五"规划对启东的影响，细化《启东接轨上海总策划研究》。通过建立上海专家智库、重要人士联络网和微信公众号，设立研究基地、开展课题合作和宣传推广等途径，强化与上海互动交流。

（6）加强与上海交流互动。建立健全双方定期交流互动机制。加强与上海市政府有关部门、重要平台、重要人士、重大企业（项目）合作对接，与上海相关区和部门建立良好的合作关系，开展全方位对接。建立完善互派干部挂职锻炼机制，搭建交流沟通平台，组织选派干部到上海挂职锻炼、进修培训，提高各级干部对接服务上海的工作能力和水平。

2. 一网通办，提升营商环境

启东进一步优化营商环境，以企业思维做企业服务，将"用户思维、客户观念"与业务工作结合起来。针对企业投资落户前、建设过程、生产运营等不同阶段，提前开展产业化研究，形成服务流程和"政策菜单"，为企业提供及时精准超前的"一站式"服务。行政审批制度"1120"改革向纵深推进（即"开办企业1个工作日内完成、不动产登记1个工作日内完成、工业建设项目施工许可20个工作日内完成"），省内首创限额以下项目电子化交易平台；建成并启用全省首家"24小时"智慧服务大厅；在南通地区率先建立三级政务服务代办体系，不见面事项占比达99.6%；联合开通长三角"一网通办"崇启专窗，实现异地认证、跨省通办；创设沪启政务服务虚拟窗口；建立驻沪招商局、联络办、校友会、商会"四合一"联动机制等。

（1）"一网通办"崇启专窗。崇明区积极与启东市协同联动，线上建立系统对接、信息互联、数据共享、服务集成的服务模式。充分运用互联网、人脸识别等新技术，线下两地分别开设了长三角一体化崇启专窗，实现政务信息交互沟通，方便两地群众就近办事。2019年10月29日，长三角"一网通办"崇启专窗正式开通，标志着崇明、启东两地的企业及个人30项政务服务均可实现在"崇启专窗"办理。崇启专窗目前开通30项服务事项，内容主要涉及企业登记和工业产品生产许可证两大领域（见表1）。通过"一网通办"，可以轻松实现内资有限公司设立、个人独资企业经营范围变更、工业产品生产许可证发放等政务服务事项线上线下两地通办，便于崇明及启东两地企业和个人异地办事。做到让数据多跑路，群众少跑腿，切实提升企业和群众的满意度与获得感。

表1 "一网通办"崇启专窗30项服务事项清单

事项	实施主体	
	崇明区	启东市
内资有限公司设立	市场监管局	行政审批局
内资有限公司经营范围变更	市场监管局	行政审批局
内资有限公司经营期限变更	市场监管局	行政审批局
内资有限公司住所变更	市场监管局	行政审批局
内资有限公司法定代表人变更	市场监管局	行政审批局
内资有限公司股东变更	市场监管局	行政审批局
内资有限公司注销	市场监管局	行政审批局
内资有限公司清算组备案	市场监管局	行政审批局
内资有限公司章程备案	市场监管局	行政审批局
内资有限公司董事备案	市场监管局	行政审批局
内资有限公司监事备案	市场监管局	行政审批局
内资有限公司分公司设立	市场监管局	行政审批局
内资有限公司分公司负责人变更	市场监管局	行政审批局
内资有限公司分公司经营范围变更	市场监管局	行政审批局
内资有限公司分公司营业场所变更	市场监管局	行政审批局
内资有限公司分公司注销	市场监管局	行政审批局
个人独资企业设立	市场监管局	行政审批局
个人独资企业经营范围变更	市场监管局	行政审批局
个人独资企业投资人变更	市场监管局	行政审批局
个人独资企业住所变更	市场监管局	行政审批局
个人独资企业注销	市场监管局	行政审批局
个人独资企业分支机构设立	市场监管局	行政审批局
个人独资企业分支机构经营场所变更	市场监管局	行政审批局
个人独资企业分支机构负责人变更	市场监管局	行政审批局
个人独资企业分支机构注销	市场监管局	行政审批局
外商投资公司设立	市场监管局	市场监管局
外商投资公司章程备案	市场监管局	市场监管局
外商投资公司注销	市场监管局	市场监管局
工业产品生产许可证发证	市场监管局	行政审批局
工业产品生产许可证注销	市场监管局	行政审批局

（2）沪启政务服务虚拟窗口。沪启政务服务虚拟窗口是启东对接上海联络办联合市行政审批局推出的创新举措。联络办把启东与上海两地的人才、资金、项目等要素紧密联系起来，由松散型的"联络"向紧密型的"联结"转变。2020 年 6 月 20 日对外开放，主要服务对象为在沪企业家、启东籍在沪及上海籍在启的各类人才，提供涉及民生、企业、项目、涉税、代办等 5 类服务内容 16 个虚拟窗口 143 个事项，实现了时空压缩、虚实结合、协同共享的沪启两地政务信息的互联互通。2 个月的时间，加入虚拟窗口工作群的在沪企业家、启东籍在沪及上海籍在启各类人才已达 120 余人。联络办一方面联络上海的各类部门，做到在上海重点部门设置点、热点行业连成线、焦点区域形成面；另一方面与启东中学上海校友会（筹）、上海启东商会、人才办科技镇长团、驻沪部队以及相关部门联合，围绕各自职能拓展合作空间，激发"滚雪球"效应。2020 年 7 月 22 日，上海市虹口区退役军人事务局和启东市退役军人事务局合作"红旗计划"，重点强化在党建引领、拥军优属、就业创业、招商引资等方面合作共建。

（3）"四合一"联动机制。启东对接上海浦东活动周，实行驻沪招商局、联络办、校友会、商会"四合一"联动机制，围绕浦东高端制造产业安排系列专题活动、开展精准招商。主动承接上海溢出效应，2020 年共开展各类招商活动近 40 场，2020 年举办启东（上海浦东）产业发展合作恳谈会，全市各区镇招商人员充分展示自身优势，深挖拓展资源渠道，提高外出招商频率，吸引越来越多的上海企业从浦东转移到启东。已经落户启东高新区的英内物联网科技启东有限公司就来自浦东，是一家为客户提供 RFID 数据采集方案和配套硬件产品的专业供应商。目前，英内物联启东智慧工厂已经投产，并在启东高新区实现了从标签天线传统制造到现代化智能制造企业的跨越和转变。

3. 资源共享，信息互联

随着"启东蝶湖商务中心项目工程总承包及商业运营（EPCO）"项目的中标结果公示信息在南通市公共资源交易网上发布，启东在长三角评标专家资源共享上又结出硕果。

启东市公共资源交易中心充分运用长三角区域一体化成果，依托江苏省公共资源交易电子服务平台，建立评标专家抽取管理流程，为避免"评委变常委"，摒弃"人情分""照顾分"，提高评标质量和公信力，推行评标专家电脑随机抽取、语音自动通知，确保评标专家抽取工作规范统一、名单保密。项目在启东市公共资源交易中心开、评标，招标人通过江苏省公共资源交易电子服务平台随机抽取了5名评标专家。

为推进公共资源交易一体化发展，构建一体化的公共资源交易平台，市公共资源交易中心在规定的抽取路径中，实现了远程异地评标调度、跨区域信息发布、统一市场主体库、专家资源共享、信用信息共享，并做到了以下几点。

一是共享范围覆盖全区域。市公共资源交易中心根据公共资源交易活动需要，在当地公共资源交易服务平台远程抽取使用长三角评标评审专家资源。

二是组织工作扎实有力。积极参与远程抽取评标评审专家工作落实和技术指导会议，明确评标评审专家资源共享要求、抽取使用路径和安全保障责任。

三是共享渠道畅通。市公共资源交易中心与南通市公共资源交易中心做了充分的沟通准备，采取了周密的技术对接措施。

四是保障措施跟进到位。对长三角评标评审专家响应参加地方评标评审活动做出规范，多渠道、多形式传达落实到评标评审专家。同时，跟踪跟进评标评审专家长三角共享情况，发现问题，及时解决。

市行政审批局主动融入长三角一体化大发展，为实现项目跨区域交易、信息互联共享做出应有贡献，为国家发展大局提供优质服务。

（二）推动先进制造业协同发展

启东抓住浦东新区大力发展高端制造业的契机，推动产业协同发展，围绕浦东产业链布局上下游配套产业实现链条化，打造上海创新创业资源外溢的最佳承载区。深入实施产业平台对接"三建立三深化"工程，在进一步深化上海外高桥集团（启东）产业园、浦东祝桥产业园、绿地复旦生命健康产业园三个产业平台建设的同时，建立启东配套浦东产业园、东江生物医药产业园、半导体装备和材料产业园等对接浦东三大新平台。支持高新技术产业开发区加快建设以"一核、三园、二中心"为主体框架的对接浦东产业集聚洼地，打造浦东"中国芯""创新药""蓝天梦""未来车""数据港""智能造"六大硬核产业首选配套基地。加快实施"产业强链"计划，打造"两主两新两优"产业体系，全力跑好对接浦东"第一棒"，为南通决战"过万亿"做出启东贡献。

1. 三大平台承接浦东溢出产业

为进一步深化沪启两地产业合作互融共进、资源要素互通共用，落实南通市委赋予启东跑好"对接浦东第一棒"的使命，启东设立启东配套浦东产业园、东江生物医药产业园、半导体装备和材料启东产业园三大对接浦东新平台，实施高标准规划建设，研究制定专项产业政策，提升对接服务水平，打造互联、互通、互补的产业链协作发展共同体。

（1）启东配套浦东产业园。启东高新区配套浦东产业园承载浦东外溢产业。园区总规划面积10000亩，启动区1000亩，重点发展物流装备、低碳装备、专用装备和电子信息装备，目标建成浦东高端装备产业首选配套基地。为支持加快建设启东配套浦东产业园，市政府成立由分管领导任组长，市发展改革委、大项目办、财政局、自规局、税务局、行政审批局、住建局、统计局、地方金融监管局、人社局、人才办、人民银行启东市支行、高新区负责人为成员的领导小组，负责协调推进产业园平台建设的重大问题。①加大项目开竣工奖励：经南通考核认定，对总投资10亿元及以上的新落户协同产业平台项目可参考土地摘牌价格，由高新区给予50%的奖励，奖励开工、竣工投产、转化达产三个节点，按照20%、30%和50%的比例进行兑现。②加大设备投资支持力度：对新落户协同产业平台企业设备投入体量大且符合启东市优先发展的"两主两新两优"产业体系或优质外资项目给予一定的设备补助。③加大企业贡献奖励：对新落户协同产业平台的总投资5亿元及以上企业，经认定后，自企业新供地项目投产后开出第一张增值税发票之月起，由高新区参照企业所得税和增值税对地方经济实际贡献，给予一定比例的奖励。④鼓励企业引进高端人才：对新落户协同产业平台重点企业全职引进年薪 30 万元及以上的高级经营管理人才，由市财政对人才给予奖励。对柔性引进的浦东等地沪上高层次人才，用人单位实际支付人才年度报酬不少于 10 万元的，经认定由市财政给予交通补贴。⑤优化项目建设服务效率：深入实施行政审批制度"1120"改革，对落户协同产业平台的所有项目，由高新区逐一组建专业服务团队，实行"一对一""保姆式"服务，实施全程代办帮办，确保新签约项目在投资方配合下 4 个月内取得施工许可证，并开工建设。⑥加大企业信贷贴息力度：对新落户协同产业平台企业，经认定，在项目竣工投产前获得的银行新增贷款，按融资获批时一年期 LPR 利率的 50%，由高新区给予贴息支持。⑦支持企业规模化发展：对新落户协同产业平台项目竣工投产后的前 5 个完整会计年度内，年度应税销售首次达到 5000 万元、1 亿元、5 亿元、10 亿元、20 亿元、50 亿元、100 亿元的规模企业，由高新区分档累计给予一次性奖励，用于激励企业核心团队。⑧推动落户企业加速成长：为鼓励已落户协同产业平台的企业进一步提升产业规模，获月度入规企业认定的，由市财政给予企业 5 万元一次性奖励，年度入规企业认定的由市财政奖励 2 万元。⑨加大技改投入支持力度：对协同产业平台企业通过技改投资转型提升的，参照市级工业经济政策实施扶持。⑩鼓励企业持续深耕发展：对新落户协同产业平台企业，达到转化达产标准后，企业年度税收增幅超过 15% 的，经认定后，其超出部分形成的地方经济贡献，由高新区全额奖励给企业，鼓励企业持续平稳增长。⑪加大企业上市挂牌培育力度：支持落户协同产业平台企业充分利用境内外多层次资本市场上市挂牌融资。⑫加大企业物流补贴支持力度：对新落户协同产业平台的企业，在投产并入规后，由高新区参照企业所得税对地方经济实际贡献总额的 10%，给予物流补贴。⑬实施预算内财力补助：对新落户协同产业平台企业，企业产生的地方经济贡献由市财政全额返还给高新区，用于扶持企业发展。对不占资源的企业，市财政将地方留存部分全额返还高新区，用于奖励企业。⑭土地出让收益结算：对协同产业平台所出让的工业用地出让金，除交省部分外，全额返还高新区，用于扶持企业发展和基础设施配套投入。

（2）东江生物医药产业园。东江生物医药产业园承接上海张江医药产业外溢。总规划面积3.7平方公里，分研发、产业、配套三大功能区，重点发展医药研发外包、数字诊疗设备、药物制剂等产业。产业基地招商的主攻方向是依托启东市区位优势引进上海市生物医药产业的创新能力。截至2021年末，园区已注册生物医药类企业31家，其中规模以上企业6家，新引入企业13家。生命健康科技园，绿地生命健康产业园目前一期、二期初步开园运营，三期已完成产业主体工程量的80%。

（3）半导体装备及材料产业园。为承接上海产业溢出，启东经济开发区规划建设半导体装备及材料产业园。半导体装备及材料产业园规划建设5250亩，重点发展半导体装备产业和半导体材料产业。启东市政府出台了半导体装备及材料产业政策共17条，设立启东市半导体产业投资基金10亿元，主要用于半导体装备及材料产业重大投资项目引进，并在税收、研发投入、设备投入等方面加大扶持力度。围绕集成电路关键材料制造、设备的研发和国产化，聚焦在集成电路产业特殊工艺制造、精密设备加工、特殊材料生产及相关产业的技术提升和增值服务，在较短时间内打造和落户一批企业，形成启东产业集群。目前，启东半导体产业优势全面显现，集聚了捷捷微电子、启微半导体、乾朔电子、至纯科技等一批行业"尖子生"。接下来，启东经济开发区将聚焦浦东集成电路产业，强化半导体装备和材料启东产业园与上海浦东对接发展。

2."一核、三园、二中心"

启东高新区构建以"一核、三园、二中心"为主体框架的产业集聚洼地。

"一核"即重点打造启东配套浦东产业园。配套互补、关联发展是加快建设启东配套浦东产业园的发展方向。园区加强与上海智能制造、汽车零部件、生物医药研发等行业的对接，实现产业的特色化、高端化、集聚化发展。2022年启东配套浦东产业园引进1亿元及以上工业项目5个。

"三园"即外高桥集团（启东）产业园、浦东祝桥启东产业园和上海自贸区启东生物科技创新协作园。外高桥集团（启东）产业园由上海外高桥保税区联合发展有限公司与启东滨海工业园开发有限公司共同开发建设。作为上海外高桥集团第一次走出上海、跨行政区域经济合作的样本，外高桥集团（启东）产业园成为上海外高桥保税区在启东的一块"飞地"。自 2008 年 9 月开工建设以来，外高桥集团（启东）产业园道路、桥梁、电信、供电配套设施、绿化等基础设施方面的投入累计约 3 亿元，目前上海外高桥集团（启东）产业园已形成了以外向型生产加工业为主，物流、贸易产业为辅，生产、办公、生活设施完备的综合性大型产业园。2022 年上半年产业园引进亿元以上企业 1 家。

2015 年 11 月，沪启另一合作园区"浦东祝桥启东产业园"揭牌。为推进上海浦东祝桥航空产业发展及航空新城建设，沪苏两地合作共建"浦东祝桥启东产业园"，总体规划，分期实施，占地面积 1 平方公里。主要引进无污染、低能耗、高科技、高产出的装备制造、精密机械、船配汽配、电子电器等项目。这是在上海土地减量化政策之下的首个上海先进制造业转移集聚地，形成了研发、销售在上海，生产、加工在启东的模式。2022 年上半年浦东祝桥启东产业园新增 3 家规模企业，新增 1 家销售超过 1 亿元企业。

而上海自贸区启东生物科技创新协作园是外高桥集团（启东）产业园的一个"园中园"。产业园以高端机械、电子产业为目标定位，重点引进世界 500 强企业及国内知名大企业，采取"统一规划、成片开发、分期建设"的模式实现做大做强。2017 年该园聚焦生物医药产业，招引生物医药及相关领域创新创业企业入驻上海自贸区启东生物科技创新协作园。园区将进一步拓展提升"三园"内涵、层次与能级，持续深化与上海的交流合作，加大加快承接产业资源梯度转移的步伐。

"二中心"即积极推进高端铸造中心、金属表面处理中心建设。高端制造业基地的建设，离不开先进的铸造工艺和金属表面处理工艺，"二中心"是企业功能配套的重要内容。园区规划建设占地 300 亩的高端铸造中心和占地 200 亩的金属表面处理中心。"二中心"按照工艺流程建设标准厂房，招引拥有高端技术、先进工艺的铸造企业、表面处理企业租赁使用，为高端制造企业提供外协配套服务。

3. "两主两新两优"产业体系

启东抓住浦东新区大力发展高端制造业的契机，推动产业协同发展，围绕浦东产业链布局上下游配套产业实现链条化。实施"产业强链"计划，打造"两主两新两优"产业体系。全力发展生命健康科技、海工及重装备两大主导产业，大力发展新材料、新能源两大新兴产业，不断壮大电子信息及半导体装备、精密机械两大优势产业。集聚了中远海运、招商局集团、华峰超纤、广汇能源、韩华新能源、拜耳医药、药明康德、尚华医药等一大批行业领军企业。据统计，2020 年全年"两主两新两优"产业应税销售突破 800 亿元，为启东市工业经济发展提供了强大支撑，2022 年预计突破 1000 亿元。

4. 全面推进重大项目建设

一切围绕项目转，一切围绕项目干。启东高新区强化项目建设，坚持把项目和企业分解到组、责任到人，发挥工作例会的协调推进作用，挂图作战，加快项目建设进度。聚焦"中国芯"，加大设计、制造、装备等产业链关键环节核心技术的配套力度。聚焦"数据港"，加快数字经济发展，拓展更多应用场景，努力培育一批生产性服务业，包括研发设计、检验检测、供应链管理、新兴金融、电子商务等。聚焦"蓝天梦"，优化产业链布局，配套浦东标杆企业，推动航空制造外围服务协同发展。聚焦"创新药"，加快上海自贸区启东生物科技创新协作园建设，促进生物医药创新成果就地转化。聚焦"未来车"，集聚优质汽车零部件企业，深化产业链研究，加强园区内部企业上下游配套。聚焦"智能造"，加快发展高端制造业，大力发展工业机械人、AI 物流智能装备、海工装备等产业。

2018 年启东引进上海亿元以上先进制造业项目 30 个，与上海高校签订产学研合作项目 24 个。2020 年 8 月 21 日，启东举行国际经贸洽谈会，会上签约投资额达 460 亿元，涉及项目 22 个。签约项目投资体量大、科技含量高。其中 2 个百亿级项目，分别是中信高端装备制造及赛车运动基地项目和长甲高端会展中心项目；涉及领域包括生命健康、生物医药、智能制造、电子信息、海工装备、新材料等产业领域。2022 年启东市 13 个新开工制造业项目被列入省、市级重大项目库，其中来自上海项目 5 个。昭晟高精度锂电生箔一体机项目正在桩基施工。启宝低温绝热液化天然气罐体项目土建已竣工，部分设备已采购。磊菱半导体设备项目，目前正在主体工程建设，局部已建至三层，部分设备已采购完成。华劲半导体引线框架项目总平面规划设计已审批，施工图已完成审图，施工队伍已确定，开始办理施工许可证。道格特探针卡项目，目前正在办理土地证，施工图已审批，施工队伍正在招投标。

除了区位优势、营商环境、人文相通和完备的产业链，项目集聚、产业集群雏形也已初现。启东对接浦东特色产业园的支持政策，如催化剂般加速了上海企业来启的进程。

5. 深化科技创新人才对接

启东积极对接上海全球科创中心，充分利用上海高校和科研院所科研和人才优势，促进沪启各类科技创新资源的开放共享。加大沪上高校院所选聘科技镇长团力度，拓展与沪上高校院所沟通交流平台。

（1）举办"启创杯"创业大赛。人才被称为当今城市发展的新"地标"。启东市招引人才政策不断升级加码，形成了汇聚高端人才的强大向心力。启东深入推进"东疆英才计划"，实施青年企业家培养"启航"计划，持续推进人才培养"312 计划"。2022 年启东市举办第七届"启创杯"创业大赛，选定上海作为分赛举办地，重点围绕生命健康科技、海工及重装备、新材料、新能源、电子信息及半导体装备、精密机械等重点产业领域，吸引一批海内外高层次人才来启创新创业。

加快北京大学生命科学华东产业研究院、上海张江高校协同创新启东研究院等创新平台建设。引导企业建设"顶尖人才"工作站，为企业对接国内外院士、国家重大人才工程入选者等"顶尖人才"降低成本，为高层次人才提供广阔的实践平台，推动其科研成果与产业发展紧密对接和落地转化。高水准建强创业孵化平台，以各级各类园区为依托，加大创业孵化载体建设力度，不断完善载体孵化功能。2022 年上半年启东市科技局、区镇共开展各类产学研对接活动 4 次，共实施产学研合作项目 133 个，其中对接上海产学研合作项目 34 个，上海地区技术转移机构达 9 家。

（2）成立科技镇长团。科技镇长团旨在推动基层人才科技工作创新，在苏州率先试点，花开全省，影响全国。其于 2017 年 5 月正式被列为国务院《关于县域创新驱动发展的若干意见》的八项重点任务之一，为国家部署推进县域创新发展、构建产学研创新体系提供了经验。启东积极发挥科技镇长团"桥梁纽带"作用，遴选了来自包括复旦大学、上海交通大学、同济大学等 11 名沪上知名高校专家教授来启挂职科技镇长团成员，新增引进上海高层次创新创业人才 15 人。启东将继续深入实施沪启人才合作工程，加快建设上海创新创业资源外溢的最佳承载区。启东不断优化人才政策措施，放大"人才新政 4.0 版"引才集聚效应，统筹开展沪上人才政策"月月有·家家到"及"三进三促"系列宣传推介活动，开展"一对一、点对点"政策推介活动，引进沪上高层次创新创业人才（团队）。

（三）促进现代服务业融合发展

完成现代物流规划编制，出台《关于促进全市服务业高质量发展的若干政策意见》，持续组织开展服务业十强企业评选和争先进位活动，进一步提升现代服务业发展水平。积极承接上海现代服务业溢出效应，在总部经济、现代金融、楼宇经济、文化创意、服务外包、健康养生等产业领域寻找契合点，引进服务业亿元以上项目 10 个。制定实施《现代服务业远期规划（2020—2035 年）》，加快发展物流、金融等现代服务业，大力发展数字经济、平台经济等新业态。制定全域旅游发展规划，创成圆陀角国家级旅游度假区，打造长三角休闲旅游重要首选地。

1. 推进金融服务合作

启东加强与上海金融业全面合作，加快融入上海国际金融中心建设。

（1）积极与上海各类金融市场要素供给者对接，深化与上交所、上海金融中心等对接合作，大力发展金融后台服务和金融服务外包，支持股投、创投等机构来启设立分支机构或提供服务，有效拓展企业融资渠道，为企业提供有力金融支持。

（2）发挥"金北翼"基金杠杆效应，撬动更多社会资本投向成长型科技企业，构建全生命周期创业投资基金体系。2021年，启东邀请上海金浦、光大控股等机构来启共同商讨基金合作事宜。邀请上海券商团队走访启东市重点后备企业，助推企业积极对接资本市场。

（3）创新搭建"东疆合伙人"平台。启东"东疆合伙人"平台即通过本市上市公司、新三板挂牌公司和各类股投创投企业与启东中小民营企业之间建立起交流、分享、合作的"合伙人"平台。汇聚和发挥全市资本力量，让上市公司、挂牌公司、股投创投公司与创业创新企业实现优势互补、抱团发展。对尚在发展初期的民营企业，股权投资机构和创业投资机构的引入，拓宽了企业股权融资渠道，为企业创新创业发展提供充分的资金保障。

（4）立足"吕四港打造成为通州湾新出海口金融服务先行区"要求，加强对吕四港企业的定向政策辅导。

（5）为来自上海的产业项目经营主体提供银企对接渠道，鼓励驻启银行机构加大信贷投放力度。引导启东市摩多利、国莱特等企业对接上海投资机构，帮助企业直接融资，降低资金成本。

（6）推动重点企业开展外汇管理便利化试点。以华峰超纤、广汇能源、东成电动工具等重点涉外企业为主体，审慎开展资本项目外汇收入支付便利化和货物贸易便利化试点。

2. 促进医疗卫生合作

开展医疗科研项目合作。一方面，推动在启开设医学分级诊疗示范基地、诊治分中心、专科联盟等，如挂牌成立胸外科、肝胆外科、骨科、心内科等15个上海名医专家驻启工作室，做强复旦大学附属儿科医院启东分院，推进中医院与上海中医药大学紧密合作。另一方面，定期邀请高端医学中心知名专家来启坐诊会诊，选派业务骨干进修培训，大力引进医学高端人才，增强自我造血功能，全面提升启东市医疗技术水平和服务质量。

（1）复旦大学附属儿科医院启东分院。2020年10月18日，复旦大学附属儿科医院启东分院揭牌，上海优质的医疗资源持续向启东覆盖和服务。复旦大学附属儿科医院启东分院、启东市妇幼保健院，成为复旦儿科"一体两翼多中心"发展蓝图中的重要组成部分，是南通市首家、江苏省内目前单体规模最大的县级妇幼保健院，占地面积 150 亩，建筑面积 9.5 万平方米，总投资 10 亿元。借助总院国家儿童医学中心的技术优势和辐射影响力，启东分院开设消化、呼吸、内分泌、新生儿科、NICU、PICU 等儿科亚专科，逐步建设儿外科，积极建设新生儿危急重症救治中心、新生儿疾病筛查管理中心、0~3 岁儿童早期发展省级示范基地。复旦儿科将发挥丰富的分院管理经验，以品牌、技术、管理"三个平移"的方式，实现医疗质量安全管理、医疗服务模式、信息系统共享、学科发展规划"四个统一"，将启东分院和总院进行同质化管理和发展，建设成为"苏中领先、省内一流、全国知名的妇幼医疗健康服务示范基地"。复旦大学附属儿科医院启东分院和启东市妇幼保健院隆重揭牌，标志着上海优质妇幼医疗资源正式在启东"安家"，实现了广大市民在家门口即可享受高端优质医疗服务的梦想。

（2）绿地·启东生命科学港路演会。近两年来，新冠肺炎疫情给资本市场带来了新的考验，医疗健康成为当下市场最直接的需求，也逆势上扬成为社会最为关注的赛道。2021 年 4 月 23 日，绿地·启东生命科学港携手创合汇创业服务中心（上海）聚焦新科技时代医疗健康领域，共同举办了绿地·启东生命科学港路演会——医疗健康科技专场，旨在挖掘医药健康领域优质成果，帮助相关科研成果快速转化落地，助力生物医药行业的快速发展。启东生命健康科技园是启东生命健康产业的重要承接平台，聚焦高端医药、生命数字、健康服务三大产业生态圈，正在推进创新资源集聚、产业生态培育与平台载体构建，打造集研发创新产业孵化、智能生产等功能于一体的综合型园区，为启东生命健康产业创新发展提供强大原动力。

"请进来，走出去"方式，不仅方便了启东市群众高质量就医，也提高了启东市医院临床医师的诊治水平。启东市制定印发了《启东市名医工作室建设方案》，截至 2022 年上半年已建成北上广医疗团队 1 家、长三角名医工作室 18 家。上海名医专家驻启工作室已建立 19 个、上海专家来启坐诊会诊 473 人次，上海专家教学查房 41 次。启东市医护人员去上海各大医院进修培训学习 6 人次。

3. 深化教育领域合作

引进沪上知名高校在启东共建合作平台和实训基地，打通人才培养通道，实现两地教育资源、科技人员全面融合。

（1）华东师范大学附属启东国际学校。2020 年 4 月 20 日，启东市政府在上海举办 2020 启东（上海浦东）产业发展合作恳谈会。恳谈会上，德汇集团、华东师范大学与启东市政府就三方合作创办华东师范大学附属启东国际学校正式签约。三方以全面实施长三角一体化发展战略为契机，引入华师大教育品牌和优质资源，推进启东基础教育与上海教育融合、与国际教育接轨，打造具有创新示范意义的国际化未来教育试点学校，助推沪通一体化产业发展和人才培养与引进。

华东师范大学是国家重点综合性研究型大学，依托其先进的教育理念、完备的学校管理体系和丰富的国际合作资源，先后创办的华东师范大学第二附属中学、华东师范大学附属双语学校等多所附属学校，均成为沪上名校、业界标杆。华师大附属启东国际学校是华师大品牌首次进入南通，对助推长三角教育一体化、提升启东及至南通的基础教育水平、做大做亮启东教育新名片具有重要意义。

德汇集团创立于 1985 年，35 年专注产业生态运营，深厚积累，近年来积极融入长三角一体化发展国家战略，在上海及周边地区布局开发教育文旅新城项目。发挥其在基础教育领域中的引领和辐射作用，助力提升启东基础教育信息化、国际化水平，为启东基础教育事业添砖加瓦。

启东市委、市政府全力支持华师大启东国际学校的建设和发展，将其申报为省级重点项目，全方位加强政策扶持。为协调推进学校建设，专门成立了由启东市政府、华师大教育集团、德汇集团共同组成的领导小组，建立联席会议机制，协调推进工作落实。

华师大附属启东国际学校规划总面积 698 亩，其中教学用地 218 亩，与教学研相配套的科创公园 90 亩、体育公园 120 亩、艺术公园 90 亩，与学校环境配套的中心湖及水上运动基地 180 亩，总投资 12 亿元。学校为十五年一贯制，分设学前部、小学部、初中部和高中部。实行小班化教学，每班规模不超过 24 人，办学总规模 2500 人左右。幼儿园、小学、初中实行课程双轨制，满足家长多样化选择。学校配套的研学基地，同时为启东、南通市所有公民办学校，长三角地区国际化学校，华师大全国附属姐妹学校提供营地及研学服务。

学校将秉持华师大"科创教育、体育教育、信息化、国际化"和"以德育人"的办学理念，引入各类国际先进教育资源，与学习和传承中国传统文化相结合，以学院制、班级制、个人导师制相结合的德育管理方式，将英式学院制管理与华师大"德智体美劳、五育并举"德育管理体系相结合，充分利用滨海独特资源，投资 8 亿元建设青少年现代体育研学基地。致力建成基础教育国际化发展的"典范学校"、长三角中小学科技创新课程基地、中国青少年现代健康体育教育示范基地，南通（启东）教育对接上海教育、长三角区域教育一体化的"试点学校"。

（2）上海电子信息职业技术学院战略合作。2022 年初，上海电子信息职业技术学院领导及上海市相关行业负责同志对启东市两所中职学校进行实地考察调研，开展深层次交流。《启东市人民政府上海电子信息职业技术学院战略合作框架协议》已通过市长办公会议讨论，择机赴上海签约。5 月中旬，上海融合教育专家以线上方式对启东市部分教师开展教育活动。4~6月，市教育体育局联合上海电子信息职业技术学院邀请上海教育科学研究院资深教育专家，通过视频方式对启东市两所中专学校教师组织线上培训。6 月底，还将联合举办线上融合教育教师培训活动。

（3）建立沪启两地学校交流合作机制。启东强化新时期教师队伍建设，开展沪启校际结对和交流合作。遴选学校骨干教师到对接学校进行深度学习，邀请上海教育界专家"传经送宝"，携手同行促发展。当前，启东与上海市浦东新区、静安区、松江区等教育部门建立常态化教育交流机制，组织基础教育各学段学校与上海对应学校开展校际结对。建立名师名校长挂职学习的常态培训机制，拓宽启东校长、教师的教育思路。

4. 深化文旅产业融合

启东明确自身在上海城市群中的功能定位，发挥临沪靠海的优势，借力发展旅游业。持续深化两地走亲互访交流，推动江海文化与海派文化深度对接融合。

（1）组织文艺互访交流。挖掘江海特色文化的深厚底蕴，持续开展沪启民间交流和人文交流，举办沪崇启群众文化节目展演周、启东特色文化展示周等系列活动。组织沪启文艺互访交流采风，开展戏曲曲艺交流、夏季群文交流展演、非遗交流研讨等活动。组织启东版画、沙地文化、吕四渔歌、评弹等特色文化艺术赴上海展览和表演。开展启东旅游资源宣传推介交流活动，邀请上海地区行业协会、组团旅行社、媒体等对启东旅游进行整体推广，提升启东旅游品牌影响。组织开展"文化大串门"等交流活动，持续深化与崇明文化走亲活动，举办"崇启海"摄影联展，邀请上海艺术家来启开展文化艺术讲座和文化交流活动。推动中篇评弹《追梦女孩》、非遗项目洋轩说书《蓝印花布》等沪启文化合作项目，提升启东文化的整体品质。邀请上海专家参加《追梦女孩》剧本研讨会，对《蓝印花布》进行谱曲、编排并做好进沪交流演出准备，激励文艺精品创作，扩大启东文化影响力。

（2）合力打造旅游品牌。启东依托丰富的江海资源，加快打造三水汇景区、龙湾水镇、垦牧故里、协兴港文旅等重点项目，形成"串点成线、连线成片、产品丰富"的全域旅游新形态。作为启东的明星旅游项目，恒大海上威尼斯位于崇明岛的北岸，与上海隔江相望，定义为超大型综合旅游度假居住区。该项目以水为特色打造东方威尼斯，意在成为连接上海继外滩、迪士尼乐园外，占地面积最大、景观资源最丰富的第三大景点。

5. 打造高效便捷通道

启东地处江海交汇点，距浦东直线距离仅 50 多公里，经启东并设站的北沿江高铁建造完成后，即可跨入上海 20 分钟都市圈。

北沿江铁路从上海经崇明岛过启东至南通，启东主动对接上海 S7 沪崇高速建设，做好北沿江高铁开工工作，推进沪启省际城市公交建设。S11 通沪高速是江苏省境内的一条高速公路，起点为启东，迄点为崇明，启东加快 S11 通沪高速前期审批工作，S11 线往北延伸并接入吕四环抱式西港池的高速公路规划研究方案已编制完成，待北沿江高铁初步设计获批后即开展列入省高速公路网规划申请上报,尽快将启东接入上海轨道交通网。

启东推进与上海通勤化、公交化体系建设。优化沪启"人才专线",通过公交接驳、单独开通等方式,使沪启"人才专线"覆盖至启东市更多人才集聚度高的区镇。优化沪启"健康专线",为启东市民往返上海医院提供更多便利,满足市民安全、快捷、舒适的出行需求。提升长距离出行便捷性,开通吕四至浦东机场专线。

强化信息基础设施对接,对接数字长三角、南通华东地区重要信息港建设,加快布局以5G为引领的新一代信息基础设施网络。推进与上海等地信息基础设施建设的规划衔接、标准统一、技术协同。实施"政企云"工程,探索建设沪启大数据共享中心,加快信息化与工业化融合,推动5G技术在工业互联网、VR、车联网等领域的广泛应用。

(四)推进优质农业深度对接

启东建立多元化农副产品对接上海市场产销体系,全力打造上海绿色农副产品首选保供基地。

1. 打造对沪农产品供应基地

崇启大桥开通以后,启东被纳入上海一小时经济圈,启东农业融入上海。启东任何一地的鲜活农产品,在半天内即可从基地采摘进入上海市场,端上市民餐桌。近几年来,启东初步形成以蔬菜、瓜果、家禽、水产等为主的鲜活农产品生产基地和配送中心。以"四青作物"、特种水产、特种家禽、小辣椒、香酥芋等为主的特色农产品加工体系趋于完善,一批以设施农业为标志的现代农业示范园区正在崛起。

2022年,江苏省农业农村厅公布了第二批省级现代农业产业示范园名单,启东现代农业产业示范园上榜。启东现代农业产业示范园入驻企业50家,项目占地5.4万亩,涉及南阳海复,核心区域1.2万亩。园区致力于设施农业项目招引与建设,坚持一二三产融合发展,涵盖了生产、加工、销售、流通等各环节,以设施蔬菜和四青作物为主导产业,成功建成绿皮蚕豆豌豆、青皮长茄等一批国家地理标志农产品品牌。近年来,启东现代农业示范园区建设规模水平不断提升，吸引了包括中国供销启东农产品国际物流港、上海市孙桥农业产业园启东分园、启东市嘉禾力农业、南通京海申水产等一批实力强、技术新、潜力大的农业企业在此落户。

2. 建设现代农业产业特色品牌

启东市供销总社牵头负责对接上海重点活动。2021年11月，在上海浦东举办中国·启东（上海）"吕四海鲜"推介会。以图像、文字等形式向上海客商推介"吕四海鲜"，并与上海餐饮协会合作，以"吕四海鲜"食材为原料，制作精美菜肴评比及品鉴，全力提升"吕四海鲜"在上海的知名度。

启东建立启隆现代农业产业园，策应上海打造世界级生态岛崇明的战略部署，积极实现与上海的无缝对接。围绕"乐活启隆""生态启隆""颐养启隆"三大主题，把启隆镇打造成为省级休闲农业特色小镇和生态休闲旅游度假区。园区部署的嘉仕有机现代农业园总投资超1亿元，规划总用地3000亩。嘉仕有机与中国农业大学合作，设立了专门的实验中心，致力于蔬菜作物的分类、常用蔬菜品种的调查，以及蔬菜种子处理、播种、育苗、嫁接、定植、病虫害防治等。

3. 成立农副产品电商交易中心

2021年以来，市供销合作总社牵头启东新城农业发展有限公司，推进启东农副产品电商交易中心项目建设。运用电商服务平台完成在线下单、接单配送等产品经销流程，通过社区团购网络和智能保鲜云柜、生鲜配送点、农改超等配套工程建设，逐步实现产地追溯、质量控制、产销对接等综合服务功能，提升了农产品输沪效率。

在智慧农业大数据中心，点开物联网监控平台，全市多个农场基地一目了然，已完成视频对接的农场，更是可以直接观看到田间地头农作物生长情况。该平台对产品全程溯源，用户可实时查看基地环境、作物种植全程、产品检测报告等，获取农产品全生命周期数据，保障产品的安全可靠。

订单式农业离不开电商交易平台的建设。通过手机点开"优菜鲜配"App或者微信平台，一大波商品一目了然。电子商城中，覆盖了从新鲜蔬菜、蛋类、海鲜水产到速冻食品、休闲食品等15个大类，每天产品多达数百个品种。广大上海市民可以通过平台，选择自己所需产品，经过专门冷链配送送货到终端。

配送是电商交易中心的核心。新城农业应用农贸市场进行升级改造，建设农产品物流配送中心。完善物流和信息服务功能，做到农产品生产流通与流通消费的机制相吻合，与连锁化经营为主导的零售业供应链相匹配，发挥其"中间连接、两头延伸，产销对接、贯穿全链"的作用。通过配送中心验收、分拣设定产品标准，分流至各社区智能云柜和直营店，形成从启东田间到上海市民餐桌的一站式服务。

智能云柜的投入使用解决了配送"最后一公里"。为满足客户网络订单的需求，新城农业投入资金购置了智能云柜，推进直营店建设，在社区、机关安装智能云柜。客户一旦发出订单，根据客户的时间需求，在规定时间内配送至智能云柜。客户根据订单号随时取走自己所订的货物。

4. 疫情期间加大对上海农产品直供

2022年上海发生疫情，启东市供销合作总社积极作为、主动担当，及时与上海市浦东新区供销合作总社对接。第一时间组织货源，每天源源不断地从30多个农业基地运往上海，为保障上海市民"菜篮子"贡献力量。

组建工作专班。市供销总社党组为实现蔬菜保供，专门成立工作专班，每日在中国供销（启东）农产品批发市场、新城农业发展有限公司驻点办公，现场与上海实时对接联系、协调组织货源、监督防疫工作，落实专人负责做好援助蔬菜的统计登记。

加强货源安全监管。借助"供销村村通"平台，组织全市种植大户提供各类优质蔬菜，依托新城农业发展有限公司，选择6种精品蔬菜（含2种绿叶蔬菜），由市场监管部门进行检测，保障"舌尖"上的安全。发动志愿者参与按份打包，对质量和数量进行严格把关。

开通抵沪绿色通道。为切实畅通支援上海的农产品物资运输渠道，在启东南高速口开辟绿色通道，为农产品保供车辆颁发"启东生活物资保障通行证"，提升援沪车辆运输通行效率。

压实防疫监管责任。严格运输车辆防疫要求，加强农产品车辆闭环运输指导和监督。运输车驾驶员中途无特殊情况不得离开驾驶室，返回启东后，统一停至政府指定停车场，进行严格消杀，实行闭环管理，确保运输安全。

据统计，2022 年 1~5 月，启东市对上海苏南销售农副产品总量达 10.2 亿元。上海静态管理后，4 月 6 日至 6 月 2 日启东市共输往上海蔬菜 4557 吨、水产 384.5 吨、肉类 2 吨、禽蛋 1 吨。

启东农业融入、接轨上海给两地带来共赢局面，启东在依托服务上海中实现农业转型升级，加快发展；上海在接受启东服务中增强农产品供给保障能力，拓宽市民旅游休闲的空间。

（五）强化生态环境联防联治

1. 崇启共建"联防联治区"

启东积极策应崇明世界级生态岛建设，加强区域联防联治，高水平打造 G40 健康生态走廊。加快在生态领域建立沪启对接机制，强化两地环境管理措施协调与统一，实施大气污染联防联控。建立沪启跨区域污染转移联合处置、环境质量监测信息共享机制、突发环境事件信息通报和联动应急机制。崇明和启东两地环保局已在 2018 年签订合作协议，双方共建"联防联治区"，打破行政区域界限，加强两地环境保护交流合作。

水域、大气、土壤等自然资源天然具有"区域协同"的特点，需要跨行政区域联防联控。崇明区和启东市隔江相望，崇明区东平镇和启东市启隆镇接壤，两地在保护生态环境方面有着共同任务。此前崇明和启东两地环保局已签协议，双方决定建立环境"联防联治区"。根据协议，该区域范围为崇启大桥以东的长江两侧大堤南北纵深 1 公里（含江面）、东平镇与启隆镇边界垂直距离各 500 米。行政区域交界处的环保监管和执法工作素来较难，容易产生矛盾和纠纷，崇启两地"联防联治"，有利于环保工作的推进。

崇明和启东两地环保局已在 2018 年签订合作协议，共同把环境安全隐患排查、环境敏感问题和区域污染纠纷的预防落到日常工作中。两地成立环境保护联动工作领导小组以及联合执法分队，定期协商通报区域中的环保问题，定期对"联防联治区"开展联合执法，对违规违法的水产养殖等项目进行依法处理。发生边界环境纠纷和突发环境污染事件时，双方负责做好本辖区内的调查和应急处置工作，发现跨界环境违法行为按属地管理原则处理，另一方给予全力支持配合。双方建立联防联治区环境风险源数据库，定期排查区域环境风险。两地环保局预测或检测发现跨界水环境质量、空气环境质量异常时，及时向相关方发出预警通报，两地环保执法人员跨行政区域执法机制也在探索推进中。

根据"共抓大保护、不搞大开发"的要求，近年来崇明、启东两地在绿色发展方面均有显著成效。目前崇明世界级生态岛建设稳步推进，根据上海市政府批复的《上海市崇明区总体规划暨土地利用总体规划（2017—2035年）》，设立全市最高的绿色发展门槛，严格把控入区产业，分区制定产业负面清单。启东也制定了《启东市生态红线区域保护规划》，划定生态红线区域为4类、8个保护区，总面积349平方公里，不断优化产业布局、改善环境质量，切实做好长江口（北支）湿地省级自然保护区的保护与管理。

完善崇启两地环境保护合作基本框架，充分发挥崇明区、启东市环境保护联动工作领导小组作用。未来崇明、启东两地将协同推进环境资源共享。

2. 崇苏通生态环境系统毗邻党建联盟

南通市生态环境局、上海市崇明区生态环境局、苏州市生态环境局共同开展毗邻党建联盟结对共建，2022年4月联合印发《崇苏通生态环境系统毗邻党建联盟实施方案》，为三地生态环境保护高质量发展明方向、抓重点、理思路。为落实方案启东市生态环境局已拟订了2022年工作计划。

此次党建联盟，共组建大气环境保护、水环境保护、自然生态保护、监测监控保障、区域执法联动、党建联盟保障6个党建联盟小组，在生态文明建设、生态环境治理、执法监管、重特大突发环境事件防范应对等方面开展广泛深入合作，交流分享三方在党员教育管理、党组织标准化规范化建设、廉政风险防控等方面的新鲜经验和特色做法。

（1）大气环境保护组。围绕系统性、区域性、跨界性突出生态环境问题，聚焦影响长三角区域大气环境质量的主要污染物，推动区域大气污染的联防联治。坚持区域一体化总量控制，全面探索区域联动、分工协作、信息共享、协同推进、合作共赢的区域总量协同控制新途径。

（2）水环境保护组。重点围绕《长江保护修复攻坚战行动计划》，贯彻落实上海市委、江苏省委决策部署，共同推进水环境、水生态、水资源协同治理，加强工业污染防治，保障饮用水水质安全。沟通交流入河排污口排查、监测、溯源及整治的做法和经验，建立联盟定期"互访互学"制度，联手打造入河排污口规范治理长三角标杆。

（3）自然生态保护组。践行新发展理念，坚持优空间、护资源、促集约的工作主线，加强生物多样性保护，加强生态保护红线和生态空间管控区监督。推动构建生产空间集约高效、生活空间宜居适度、生态空间山清水秀的空间格局。统筹推进各类自然资源保护、修复和科学合理开发，合力服务保障长三角生态文明建设。

（4）监测监控保障组。聚焦"减污降碳"总要求，坚持"实现大监测、确保真准全、支撑大保护"的总体思路，三方探索建立生态环境标准统一、环境监测统一、环境监管执法统一的"三统一"制度，以及环境监测监控信息共享互补机制、预警预报联动机制。

（5）区域执法联动组。探索建立异地交叉执法、联合执法工作机制，建立毗邻地区生态环境应急执法机制。三方加强执法人员交流培训，建立以非现场监管为核心的新型执法监管模式，推动实现执法信息互通、结果互认。

（6）党建联盟保障组。以业务工作的紧密性和关联性为导向，在三方机关处室、直属单位各级党组织中开展结对共建。共建单位定期组织业务交流研讨，建立生态文明建设的长效机制。加强发展成效宣传报道，开展机关文化建设的参观互学，积极推进不同类型的人才培训，不断提升党建联盟实效。

2022年6月6日，南通市召开首次联盟共建研讨会，以共同关注的"臭氧污染防治"为主题，共商区域夏季臭氧污染应对措施。会议特邀生态环境部环境规划院大气环境规划研究所副所长宁淼、上海市环境科学研究院大气环境研究所工程师王倩、南京大学教授江飞3位专家报告臭氧污染防治最新成果，着重对区域臭氧污染特征、臭氧生成机理、长三角臭氧联防联治重要性等方面进行深入解读。随后，三地生态环境局就各自在大气污染防治中取得经验、存在不足、应对举措等进行了研讨。"崇苏通"三地共同面临严峻的大气环境污染形势，此次毗邻党建联盟研讨会为大家提供了一场战略性、理论性、指导性兼备的学术盛宴，恰逢其时，为区域臭氧污染防治开拓了思路、指明了方向。

三　聚焦苏锡常，畅通苏南强合作

启东秉持"全方位融入苏南、全方位对接上海、全方位推进高质量发展"的理念，打造沪苏通一体化融合发展窗口城市。启东开展跨江融合，进一步推进与苏南在产业、城市、交通、生态等领域的协同发展。

启东市出台《关于进一步加强上海和苏南地区招商工作实施意见》，调整招商队伍，配优配强苏南招商力量，全市组建12支苏南招商队伍，占全市招商队伍的34%。突出"做大临港产业、做强特色产业、做优战略性新兴产业"的工作思路，主动承接上海、苏南高端制造业项目转移。通过"现场介绍+视频连线"方式，精准对接上海苏南优质客商资源，确保疫情期间招商引资"不断链"，服务企业"不掉线"。

2022年，启东市13个新开工制造业项目被列入省、市级重大项目库，其中来自上海、苏南项目5个。这里重点介绍启东与苏州、无锡、常州、南京的合作情况。

（一）聚焦苏州产业合作

伴随国家政策的不断叠加及交通不断升级，启东的区位、产业、平台、生态优势愈加凸显，也必将成为承接苏州各类优质资源的生态洼地、集聚地和创业福地。启东与苏州在产业上的合作交流进一步加强。

1. 签订吴江区战略合作协议

2020 年 4 月，南通市党政代表团赴苏州学习考察，两地签署了《关于加强苏通跨江融合发展的战略合作协议》，南通市委明确启东市对接吴江区。2020 年 5 月 8 日，启东市委书记、市长率市党政代表团赴苏州吴江区考察，学习吴江在产业发展、科技创新、城市建设、社会治理、生态文明建设等方面的好思路好做法。在两地工作交流会上，双方签署了《启东市人民政府吴江区人民政府战略合作协议》，进一步深化两地对接合作，共同推动两地协同发展。

吴江是此次苏南学习考察之行的首站，主要是落实江苏省、南通市跨江融合要求，充分学习借鉴吴江先进的发展经验，对标找差、比学赶超，推动启东经济社会高质量发展。

启东出江入海，是江苏的"东大门"，吴江是江苏的"南大门"，两地都处于长三角一体化的最前沿。启东与吴江协同推动产业体系构建，加强基于产业链的深度合作，推动形成双向互动、优势互补的产业发展共同体。推动科技创新协同发力，开放共享创新平台，促进创新资源要素自由流动、高效配置，加强创新链深度融合，探索长三角跨区域协同创新发展新路径。推动生态环境协同治理，全面深化区域生态环境保护协作，构建生态环境保护共同体。推动全域旅游协同提升，加大全域旅游合作开发力度，共同拓展旅游市场，培育文旅产业的新增长点。

2. 开展产业发展合作恳谈

2022 年 6 月在苏商会秘书处的协同下，举办启东（苏州）产业发展合作恳谈会，旨在搭建更广阔的交流与合作平台，加强苏通两地产业跨江融合对接。启东地理区位靠近上海、苏州，发展理念与上海、苏州相近，具备一定经济基础、产业基础和发展空间。启东积极学习汲取苏州接轨上海的宝贵经验，不断加快基础设施建设，进一步完善服务理念、优化惠企政策，打造一流营商环境，为迎接更多企业家来启投资兴业做好充足准备。对于企业来说，落户选址至关重要，而为企业创造健康稳定的发展环境则是政府的职责所在。启东全市上下牢固树立"尊重投资者的投资"服务理念，倍加珍惜投资者投资启东的信任与重视，设身处地为企业发展做好服务，从企业角度解决难题，为企业提供全生命周期的优质服务。政府充分发挥好以上率下、示范带动作用，建强为企服务队伍，提升为企服务能力，全力打造一流营商环境，让企业办事更省心、发展更安心。

（二）聚焦无锡文旅合作

1. 加强与无锡滨湖文旅合作

2020年5月启东与无锡滨湖签订了《加强跨江融合发展的战略合作协议》和《文化旅游全面合作战略框架协议》，推动两地在产业、科技、园区、文旅等方面广泛开展合作。

滨湖区是无锡重要的新兴产业集聚地和创新策源地。清华大学无锡应用技术研究院在孵高科技企业达70余家；卓胜微电子、沐创等企业拥有关键核心技术，在全球竞争中占据一席之地；贝斯特精机自主设计研发智能制造系统集成产品，合作伙伴遍布全球；药明生物为药明康德集团旗下的生物制药全球研发总部及生产中心，是全球少数几个通过FDA、GMP认证的企业。无锡滨湖区亦是知名旅游胜地，景点众多，位于无锡太湖国家旅游度假区的拈花湾禅意小镇，自然风光秀丽。

启东与无锡滨湖深入合作交流，进一步拓展合作领域，推进跨江融合，实现互利共赢。加快产业发展互动共进。双方共同建立重点产业合作联盟，加快产业链跨区域布局，强化产业协同创新，探索跨区域发展利益分享机制，共同打造长三角有影响力的现代产业集群。加快科创资源互惠共享。共同推动创新平台开放共享，促进创新资源要素自由流动、高效配置。加强创新链深度融合，联合开展产业论坛、人才培训、产学研合作等活动，营造良好的创新创业生态，探索长三角跨区域协作创新发展新路径。加快园区平台互通共进。加强各板块之间的精准对接，在招商引资、产业集聚、园区管理等方面建立合作机制，打造锡通园区跨江融合样板。加快文化旅游互联共兴。拓宽"大旅游"合作思路，创新营销模式，加大旅游文创产品合作开发力度，不断培育文旅产业新增长点。2020年10月，启东举办旅游推介会，为无锡市民和游客带来一场江海旅游产品的文旅视听盛宴，做大做强"到启东迎日出、品海鲜、深呼吸"城市品牌。

2. 深度参与苏中苏北旅游专题推介会

启东拥有特色旅游资源，近年来不断挖掘、整合、开发江海旅游资源，重点打造圆陀角旅游度假区、吕四渔港海洋风情区、启隆生态度假岛等旅游集聚区。启东深度参与江苏省旅游局主办的"水韵江苏"苏中苏北旅游专题推介会，通过短视频、发放宣传资料等方式，向无锡市民宣传推广了蓝印花布、沈轶公故居、抗大九分校、圆陀角风景区等人文景点，彰显启东旅游"江风海韵·休闲启东"的特色。

（三）聚焦常州院校合作

为加强常启院校的交流合作与沟通、促进中高职人才培养衔接项目的实施、激发"3+3"联办班学生继续深造的热情和动力，2017 年 10 月南通职业大学电子学院、常州机电职业学院电气工程学院来到启东中专，就两校合作的中高职"3+3"分段培养项目——电子专业、供用电专业的深度推进进行了研讨。两校统筹合作专业中高职教学体系，衔接理论知识课程和技能训练课程，对学业水平测试、学生转段测试、文化课统考等情况进行了深度研讨，为两校实现资源共享、加强校校沟通、促进深度合作奠定了基础。

（四）聚焦南京产学合作

1. 成立南京市启东商会

改革开放以来，一批又一批启东优秀儿女在南京艰苦创业、努力奋斗，投身金陵建设，为推进两地经济、社会各方面的合作交流做出了重要贡献。成立南京市启东商会，为在宁的启商搭建了一个团结奋进、沟通互助、共谋发展的平台。

2022 年 6 月，南京市启东商会成立。商会将团结带领在宁启商，不断拓展服务领域、丰富服务内容、创新服务手段，努力建设成为在宁启商交流合作的载体、创新创业的舞台，在启东南京之间架起经贸合作的"桥梁"，成为对外展示启东形象的窗口。

商会现有注册会员 150 余家，会员范围涵盖南京各个地区，涉及制造、运输、餐饮、教育、电子、环保、化工、建筑、医药等多个行业。商会的成立，是多年来无数启东籍在宁经商人士的夙愿，结束了启东人在南京单打独斗的创业历史，共同构筑了一个互通有无、信息共享、互帮互助、合作共赢的发展平台。把商会打造成在宁启东籍商业人士的家，宣告了一个团结互助、联合作战时代的到来。南京市启东商会将坚定地秉持"以服务立会"，"以品牌强会"，坚持把"为会员服务，为政府服务，为社会服务"作为根本任务，把企业的愿望作为第一信号，把企业的满意度作为第一追求，把企业的健康发展作为第一目标，想企业所想、解企业所急、帮企业所困。按照"加强协作、促进发展、做强做大、服务桑梓"的要求，在办实事中树形象、在服务中求发展，以优质的服务赢取广大会员的信赖。在南京、启东两地政府的领导下，在全体会员企业的大力支持下，南京市启东商会必将在推动南京和启东两地经济发展中发挥积极的作用。

2. 南京工业大学赴启座谈

为加速高校毕业生人才集聚、搭建新时期高校毕业生就业工作绿色通道，2022 年 7 月，启东市人社局特别邀请南京工业大学来启东深入重点企业座谈交流。一行人首先来到国家级高新技术企业江苏神通阀门股份有限公司，通过面对面交流，校企共同讨论并展望了未来神通进校园和学生来启实践等各项工作计划。南京工业大学的老师们来到江苏南通二建集团商学院，参加校企座谈交流会。现场邀请南通二建、启安建设、启东建筑集团、永疆环保、江苏指南、神通阀门、凯雷达、先豪精密、锦桥轴承共 9 家重点企业参会。南通二建集团带领参观了商学院内部环境，作为集团人才的专项培养基地，体现了南通二建对人才培育的重视和用心。市人社局从启东的区位优势、产业优势、政策优势等方面向南京工业大学介绍了启东的发展现状，并且提出了加深校企合作的希望与规划。南京工业大学向各企业介绍了学校的基本情况，高度肯定了启东的各项人才政策，赞同南京工业大学专业上与启东地方产业的契合度，表达了扎实推进校企合作实现双赢的希冀。本次

"访企拓岗促就业"座谈交流会的成功举办，让南京工业大学更加深切、实际地了解了启东市的各项优势以及对人才发展工作的重视，进一步加强了启东市企业与高校的密切联系，为日后的高校毕业生人才集聚启东夯实了基础。

四　联结苏浙皖，深化合作促发展

（一）联结浙江，深化科技合作

1. 启东与宁波技术对接

2017 年 5 月，启东市科技局携启东市企业一行走访宁波材料所，与材料所相关领域专家进行技术对接。对接会上，相关负责人简述了宁波材料所的建所理念与 10 年来的发展历程，强调材料所致力科技创新，引领产业发展，把科技转化为生产力是建所定位；加强所企交流，解决企业难题，满足企业需求是重要使命。启东来访企业前期都已与对应专家进行了电话沟通，来访企业包括江苏先施药业有限公司、上海振华重工启东海洋工程股份有限公司、江苏瑞斯达安全防护用品有限公司、江苏昂彼特堡散热器有限公司等 8 家启东市重点企业。本次来访带着急切需求、明确目标、清晰目的。会上高分子材料事业部、表面材料事业部、磁性材料事业部、稀土实验室和先进制造所相关专家与企业进行了深入交流。面对面交流，有利于提升企业自主科技创新能力、提高企业市场竞争力。对接会的召开拉开了启东市与宁波材料所深入合作的序幕。

2. 启东与杭州产业对接

作为长三角北翼门户城市的启东与长三角南翼中心城市的杭州同属沿海开放城市，资源条件互补、产业基础关联。近年来，两地互访交流日益增多，情感联络不断加深，合作日趋活跃。2019 年 10 月，启东市举行启东（杭州）产业发展合作恳谈会。市商务局相关负责人在会上作了启东投资环境推介，浙江省江苏商会、浙江省住房和城乡建设厅相关代表也作了交流发言。启东高新区赴杭州高校开展创新创业推介活动，宣讲园区人才引进激励政策，推进科研创新体系建设，完善创新企业培育机制，实施科技企业"小升高"培育计划，增强对高层次人才的吸引力。2020 年 12 月，为进一步加强启杭两地科技对接、宣传启东科技人才新政和启东良好的发展前景，启东在浙江省杭州市召开科技人才恳谈会，加强两地科技对接。

3. 启东与武义企业抱团

浙江武义和江苏启东，同属长三角经济带，同为中国国内电动工具行业的佼佼者，各有各的优势产品和龙头企业。双方在市场资源、产品采购、配件供给等多个方面的合作空间广阔，特别是在电动工具资源商上互补性强。武义县近年来大力发展智能制造、高端装备等产业，成功创建了中国电动工具制造业基地、首个出口食品接触产品质量安全示范区等 7 个"国字号"基地，产品覆盖全球 180 多个国家（地区）；启东则是全球知名的"中国电动工具产业基地"，被誉为"中国电动工具第一城"，在国内外同行业领域颇有影响力。

2019 年由中国电器工业协会电动工具分会"牵线搭桥"，浙江武义与江苏启东就共同打造"长三角一体化合作的交易会"达成合作意向，并在 4 月成功联合主办了 2019 年（春季）第三届中国·广州五金交易会。春季展会展品涉及电动工具、汽摩配及休闲车、装备制造、建材等，共接待专业采购商约 3000 人，客流量近万人次，签订总意向成交额达 4770 万美元。为巩固上一届交易会成果、扩大集聚效益、增进外贸往来，更好地为广大电动工具中小企业服务、推动中国电动工具走出去，启东、武义再次共同策划和主办了第四届交易会。通过联合办展，双方从"单打独斗"升级为"抱团取暖"合作，开启了"跨省抱团协作"的共享发展模式。武义和启东"强强联合"，丰富了展位上电动工具等产品的种类，弥补了双方采购资源上的缺位，合作双赢。武义与启东打破行政区划对经济的束缚，"抱团"发展，共乘广交会的"四月春风"和"十月快车"，有了良好的开端，"合力拓市"取得了初步成效，为五金企业同时参与内销与外贸市场开辟了新通道，也为企业抱团开拓国际市场搭建了平台。

（二）联结安徽，深化资源合作

1. 启东与绩溪教育对接

（1）与绩溪加强教育资源优势互补。为推进长三角一体化发展，实现教育资源优势互补，2020 年 12 月 11 日启东市教育体育局和安徽绩溪县教育体育局教育交流合作协议在启东签订。根据协议，未来几年两地教育合作交流活动将从三个方面重点开展。一是师资队伍交流。启东不定期选派部分优秀教师到绩溪上示范课、作专题讲座或者同课异构进行教学研讨。绩溪每年选派部分校长、教研员、教师开展不少于两周时间的浸入式挂职学习，采取听课观摩、集体备课、参与学校管理等方式，全面了解启东教育常态，学习先进的办学理念，不断提高区域教育理论水平和教学管理实践能力。二是校际结对交流。启东与绩溪协商确定部分中小学校、幼儿园结对学校进行"一对一"合作交流，在学校管理改革、课堂教学、文化建设等方面全方位协作，共同探索独特的团队育人模式。校际坚持平等、自愿、自主、灵活的原则，建立交流合作机制，共同商定实施方案，进行有效的教育交流合作。三是教育资源共享。创办"启绩教育论坛"，通过举办主题式报告、名校长教育论坛、名教师学术交流、学生活动展示等，深入推动双方共享优质教育教学资源。以名师工作室等为载体培养优秀教师，通过互联网等现代化信息化手段，开发区域课程，创新高效的课堂范式，加强学科间的拓展和融合，构建全学科育人模式。

2019 年 2 月以来，绩溪县教育代表团已先后到启东市汇龙中学、折桂中学、百杏中学等校参观交流、挂职学习。启东、绩溪两地签订教育交流合作协议进一步确立了两地教育协作的新篇章，为推动长三角一体化发展注入了"教育动能"。

（2）与安徽理工大学加强产学合作。2016 年 11 月 9~10 日，安徽理工大学应邀参加 2016 中国·启东科技节暨国际经贸洽谈会。安徽理工大学在能源、机械工程、电气与信息工程、材料科学与工程、化学工程等学科具有很强的专业优势，与启东定位的发展方向具有很强的契合度，能为启东提供更多的优质人才，促进学校与地方的共同发展。洽谈会以"聚智聚资聚人才，创新创业创未来"为主题，旨在进一步汇聚科技人才，吸纳产业资本，引进高新技术，着力营造"大众创业、万众创新"的蓬勃氛围，为海内外投资者打造最优越的投资环境和最广阔的发展空间。在科技节签约仪式上，学校化工学院与南通东泰新能源设备有限公司现场签订了研究生实践基地合作协议，在南通东泰新能源设备有限公司，双方就产学研合作及共建研究生实践基地等事宜进行了交流和探讨。在南通大学调研期间，双方还就科研管理制度改革、大学科技园建设、产学研合作等方面进行了交流。

2. 启东林洋能源对接

2022年5月，安徽省能源局发布《安徽省能源局关于印发安徽省电力源网荷储一体化和多能互补试点项目清单的通知》，启东市林洋能源股份有限公司投资的"蚌埠市五河县风光储一体化试点项目"（以下简称"五河项目"）被纳入多能互补"一体化"试点项目。

林洋能源与安徽省五河县人民政府签订投资合作协议，通过"风光储+"模式与地方特色相结合的方式，在五河县投资建设风光储一体化项目，总投资108亿元。项目规划风电光伏发电装机容量200万千瓦，配套储能54万千瓦/108万千瓦时，2022～2024年计划风电光伏发电装机容量120万千瓦，配套储能32.4万千瓦/64.8万千瓦时。该项目是林洋能源第一个超GW的单体项目，首次用50万线路工程来并网，也是第一个大型投资的风光储一体化项目。本次"五河项目"被纳入安徽"一体化"试点项目，体现了公司在"新能源+储能"领域的综合实力，是两地合作共赢的又一体现。

3. 启东合肥要素对接

（1）与合肥加强人才要素对接。2021年7月15日，由市委市政府主办、启东高新区承办的2021·中国启东—合肥创新创业环境推介会在合肥市皇冠假日酒店隆重举行。中国科学技术大学、中国科学技术研究院、安徽大学、合肥工业大学等20余所高校、科研院所的40余位专家教授参加了推介会。推介会上，市人才办相关负责人作启东创新创业环境推介，启东高新区与安徽省机器人学会签订了高技术服务平台合作共建协议。

（2）与合肥加强公共资源要素对接。2021 年 11 月 16 日，启东市公共资源交易中心与安徽省合肥市长丰县公共资源交易中心成功完成岗集镇牛寨现代农业示范园二期建设工程的跨省远程异地评标工作。这是市公共资源交易中心成为长三角区域公共资源交易一体化高质量发展合作联盟单位以来首度与"盟友"合作，也是拓展区域"朋友圈"的一次有益探索。此次跨省异地评标，借助"易采虹"多因子评标互助终端、远程视频音频交流系统、屏幕共享等互联信息技术手段，双方共享交易系统、评标专家和场地资源，评标专家实时在线沟通、同步打分，实现异地"面对面"交流，顺利完成项目评审。评标过程全程网上留痕、公开透明，可查询、可追溯，保证数据可视化、证照电子化、过程无纸化、监管立体化。启东市公共资源交易中心以远程异地评标常态化为着力点，全面推进"1248"工程，促进公共资源交易高质量发展，已为省内外 53 个地区 297 个项目提供 499 人次评委资源。下阶段，市公共资源交易中心将持续深化远程异地评标，通过开展更多的跨区域公共资源交易合作，形成跨省跨区域远程异地评标合作常态机制，让远程异地评标覆盖领域和地域更广，助力长三角区域互联互通和一体化高质量发展。

分报告五

宜居宜业，走好绿色发展之路

在党的十八大和十九大上，党中央和习近平总书记就生态文明建设提出了一系列新思想、新论断、新举措，深刻阐述了生态文明建设的重大意义、指导思想、方针原则和目标任务，形成了以"绿水青山就是金山银山"为核心理念的科学完整的生态文明理论框架，为我国走向社会主义生态文明新时代提供了科学指南，为建设美丽中国、实现"两个一百年"奋斗目标和中华民族伟大复兴中国梦提供了根本遵循。

江苏省历来高度重视保护环境、建设生态，较早认识到了生态文明建设的重要性，开始"生态觉醒"，走上了"生态自觉"的道路。特别是党的十八大以来，江苏省以习近平总书记生态文明建设思想为引领，全面贯彻落实习近平生态文明思想，统筹推进"五位一体"总体布局，立足新发展阶段、贯彻新发展理念、构建新发展格局，以持续改善生态环境质量为核心，以碳达峰、碳中和为引领，以减污降碳协同治理为抓手，以源头治理为根本策略，统筹推进"提气降碳强生态，增水固土防风险"，促进经济社会发展全面绿色转型。

近年来，启东市委、市政府围绕建设"江风海韵北上海，生态文明新启东"的目标，立足实际、放大优势、创新举措、打造特色，把生态文明建设全面融入江海大开发、产业大调整、城乡大建设、环境大整治、文明大传播、社会大发展中，走出了一条濒江临海城市在保护中发展、在发展中保护、以环境保护力促发展转型的绿色发展之路。

一 聚焦"缤纷百里"，保护江海资源

启东是我国著名的"海洋经济之乡"，濒江临海。江海资源是启东市的生命线。近年来，启东市致力于严格控制海上污染，保护江海资源，系统推进生态岸线修复，打造最美江海岸线，促进生产、生活、生态有机融合。

（一）全面改善海洋环境质量

1. 严格控制污染物排海总量

近年来，启东市高度重视海域污染总量处理工作，建立健全重点海域污染物排海总量控制制度，重点加大对农业面源、直排海企业、生活源的治理力度，构建"流域—河口（海湾）—近岸海域"系统保护的治理格局。针对工业产生的废水污染，启东不断加强工业废水的收集、处理工作，加强直排海企业污水排放监管，研究制定直排海企业管理办法，禁止一切排污单位向海域直接排放未经处理或处理后不达标的废水。排查直排海企业污水排放，形成直排企业名录库。启东坚持严格执行《江苏省排放水污染物许可证管理办法》，对工业企业排放的主要污染物的浓度、排放总量、排放去向等进行规范化管理，从源头上规范工业企业的排污行为。全面采用新办法、新格式，对不符合国家和省产业政策、行业发展规划要求，以及存在环保问题的企业，一律不予发放许可证。暂停向列入区外化工电镀企业整治和印染企业专项治理名单的企业发放排污许可证。

2. 严格控制海上污染源

"十三五"期间，启东不断加大沿海化工企业的整治力度，从源头减少污染，逐步实现海洋经济与海洋资源环境的协调发展。严格控制入海总量，科学配置海洋资源，促进沿海产业合理布局。开展港口船舶污染综合治理，持续推进港口码头已配备的船舶水污染物接收设施提质增效并提升运营管理水平。督促港口和船舶严格执行《船舶水污染物排放控制标准》（GB3552—2018）的规定，重点关注船舶生活垃圾、生活污水、含油污水、洗舱水、压载水等水污染物的收集处置，落实船舶水污染物接收、转运和处置的多部门联合监管机制。禁止船舶在港期间向水体倾倒垃圾、排放生活污水和含油污水。针对渔船渔港环境进行综合整治，不断完善渔港污染物收集、转运设施，提升渔港污染物收集、储存、处理能力。探索建立渔船污染物产生、储运及接收全链条监管制度，加强废旧渔网渔具、养殖网箱回收研究。同时严格海水养殖项目环评准入机制，依法依规做好海水养殖新改扩建项目环评审批和相关规划的环评审查，推动海水养殖环保设施建设与清洁生产。严格执行江苏省《池塘养殖尾水排放标准》（DB32/4043—2021）中有关海水水域养殖尾水排放限值的规定，规范海水养殖尾水排放和生态环境监管，建立健全海水养殖尾水监测体系，禁止在禁养区开展海水养殖活动，加强养殖区和限制养殖区的污染防控。

3. 综合整治入江入海河流排污口

入江入海排污口是陆源污染物排江排海的最后一道"闸口"，实施排污口综合整治是推进源头治理、系统治理、综合治理、改善提升水质的关键。近年来，启东纵深推进入江入海排污口专项整治，关闭违法排污口。不断加强入海通道的生态化建设，在主要入海河口种植海底及潮间带植物，利用入海河口湿地的净化功能，吸收降解污染物，逐步恢复和重构海岸带生态系统。实施通吕运河等主要入海河流水环境综合整治，加强入海河口断面水质监测。2020年以来，围绕海岸线和长江岸线，启东切实推进入海排污口整治工作，督促属地企业开展雨污分流、清污分流工作。对废水排放量大的企业，实施"一企一管"、在线监控。对辖区内污水管网全面开展检验检测、查漏补缺；对各污水提升泵站的设施设备开展巡检，登记运行维护情况，发现问题及时解决。不断改善环境质量，全力打造"尽显大江风光、独具海上风情"的魅力生活空间。

专栏4 排口上"户口""查、测、溯、治"提水质

按照"查、测、溯、治"原则，启东倒排工期，推动排口整治稳步深入。配合生态环境部进行无人机和人力走访摸排监测和溯源工作。启东整理归纳出了255个长江入河排污口，最终确定226个纳入整治范围。划分为规范类排口、整治类排口和取缔类排口三大类。按照立行立改和长效监管相结合的原则，启东市立下2021年底前完成50%排污口整治任务和2022年10月前全面完成整治工作的"军令状"，第一批排口标识牌的安装完成。

排口整治需施行"一口一策"。排口涉及工业企业、农业农村、污水处理、河港码头等不同方面，启东市按照排放状态、特点及规律等特性，分别细化整治方向和目标，为精准整治提供了靶向支撑。在安装的第一批排口标识牌前，可以清晰地看到排口的名字、编码、所在位置、责任主体和监督电话等信息。市民如果发现排口水质有异常，一个电话就能完成"群众共治"。

排口管控需要与时俱进的长效治理。每个长江入河排污口的标识牌上都附有唯一的二维码。轻轻一扫二维码，该排污口的详细情况立马跃入眼前，这些排口的类型、排放标准、所在经纬度等"背后"的信息均一目了然。这样既方便了执法管理，又促进了社会监督的有效性，实现了政府监管和社会监督的有机结合，为行之有效的长效管理提供了保障。

长江素有"黄金水道"之美誉，长江大保护是污染防治攻坚的重要组成部分，给长江入河排污口上"户口"是启东水资源保护的第一步，紧跟的是逐步健全、权责清晰、整治到位、管理规范的长江入河排污口监管体系，是正在加速形成的合力监管、群众共治的水生态环境保护大格局，是"人、水、自然"的和谐共荣。

（二）合理利用海洋资源

1. 完善海洋资源循环高效利用制度

海洋循环经济，其实质是一种资源节约型、环境友好型经济发展模式，

把发展经济看作是一个社会—经济—自然复合生态系统的进化过程。近年来，启东不断健全海洋资源循环高效利用的协调、监督和管理机制，持续推进海岸带管理、海洋功能区划制订、海洋生态环境保护、海岛开发与保护、陆源污染防治、溢油防治、入海污染物排放等海洋管理有关体制机制的建设与制度创新，完善海洋生态文明建设的机制安排。

2. 实施海洋渔业资源捕捞总量控制

海洋捕捞业一直是启东市渔业的主要部分。作为出江入海的重要门户之一，启东辖内管理渔船 730 余艘、船员 8000 余人、水产企业近百家，其核心产区吕四渔场是全国四大渔场之一。为保障渔业产业持续健康发展，根据海域、沿海渔区资源禀赋、生态特征与历史捕捞量，启东确定渔区或鱼类品种的可捕捞量，严厉禁止破坏性捕捞方式，合理有序开展捕捞作业。不断加快海洋捕捞转型升级，实施生态捕捞策略，推行高精捕捞技术，增强远洋捕捞能力。通过成立渔业行业党委，将分散的渔民、渔船、水产企业、渔业养殖户、渔业专业合作社等各方力量凝聚起来，引领渔业行业从过去的单家独户经营变为资源融合共享，有效提升渔业经济的集约化、产业化程度。探索实施更加严格的禁渔制度，在国家级水产种质资源保护区内实施全面禁捕，严格执行禁渔期、禁渔区制度以及渔具渔法规定，严厉打击三无渔船和各种非法捕捞。

3. 大力发展沿海水产养殖业

规范海水养殖，清理整治非法和不符合分区管控要求的海水养殖区域。加大生态健康养殖技术和模式的推广力度，创建水产健康养殖示范场。调整养殖品种结构，优化养殖模式。以名特优水产新品种引进、筛选和种苗人工繁育为发展方向，重点建设一批种苗繁育基地、工厂化养殖基地，打造启东水产种苗优势品牌，提高市场核心竞争力。积极开拓外向型渔业，扶持发展休闲观光渔业，不断扩大休闲渔业在现代渔业中的份额。

专栏 5　稳产保供促发展，水产养殖增产量

近年来，随着《中华人民共和国海洋环境保护法》和长江大保护战略

的深入实施，启东立足自身特色水产养殖产业，引进优质项目，加快推进渔业高质量发展，为实现水产品稳产保供做出启东贡献。

一是海水养殖产业蓬勃发展。以东海镇、近海镇为核心，注重政策扶持，坚持科技创新、技术创新，不断解放思想、谋划总体布局、优化招商条件和投资环境，大力发展海水养殖产业。2020年海水养殖面积达到18121公顷，海水养殖产量达到119514吨。2021年，以世纪和风生态园等为代表的重大项目落户启东，助推渔业发展。世纪和风生态园项目位于东海镇黄海滩涂87号地块，总投资3000多万元。利用海水"工厂化+小棚"的养殖模式，投入钢架薄膜、温控等设施设备，新建养殖面积450亩，主要养殖三疣梭子蟹、脊尾白虾等海产品，实现一年多品种养殖、多茬生产、多次销售的养殖目标。项目投产后，预计实现总产量500吨，预计年销售额在700万元以上。

二是淡水养殖产业前景向好。启东在大力发展海水养殖产业的同时，惠萍、寅阳等镇同步抓紧落实淡水养殖项目。2020年启东市域拥有淡水养殖面积4510公顷，养殖产量达34776吨。2021年引进宗恩水产养殖和立成水产养殖等多个项目，搭建钢架大棚、防逃设施，主要养殖鱼、虾等。截至2021年底已完成项目建设，预计年产量282.5吨、年销售额1240万元。这一批重大项目的落地，将进一步解决启东近海养殖空间受限以及海洋捕捞总量下降等现实困境，实现水产品稳产保供。加快推进水产养殖业绿色发展，既是落实新发展理念、保护水域生态环境、实施乡村振兴战略、建设美丽中国的重大措施，也是优化渔业产业布局、促进水产养殖业转型升级的必然选择。

三是配套服务保障日益完善。启东从渔民角度出发，从畅通销售渠道入手，立足一二三产业融合发展，不断加强水产品加工和交易市场建设，建立健全服务保障机制。2020年全市共有水产加工企业157家，交易市场10个，水产品加工量达12万吨。为提高渔业生产产值，启东鼓励发展渔业加工及流通产业。位于吕四港镇投资20亿元的国际水产品交易中心已签约。该项目主要建设内容为新建大型现代化冷链仓储及加工区、综合商务及电商区、水产品展示及交易区等完善的功能区，实现产供销一体化发展，持续保持启东渔业集中加工区优势。

（三）防范海洋生态环境风险

1. 开展生态环境风险排查评估

应对海洋环境突发事件、防范风险是启东海洋生态环境保护工作重要的组成部分。"十三五"期间，启东市针对水母旺发、赤潮（绿潮）高发、外来物种入侵等生态灾害问题和油气储运、危化品储运等突发事件开展海洋环境风险源排查，根据事故特点，建立分级管控机制，确保启东自然资源生态系统资源安全、环境安全和生态安全。开展海洋生态环境风险评估和区划工作。针对海洋生态灾害高发海域、重点海水浴场、滨海旅游区等区域制定海洋生态环境污染事故应急方案，防止突发事故发生。同时定期对潜在环境风险源和海洋生态敏感区域进行检查，针对隐患采取切实有效的整改措施，保护海洋环境和管控生态风险。

专栏6　"三大转变"织密江海风险防控网

江苏省启东市沿江沿海岸线全长168公里，涉及11个区镇。为切实服务保障长江经济带高质量发展，启东公安机关聚焦由一域管控向全域管控、由机械整合向智慧融合、由单独治理向联动共治转变，织密环环相扣的江海堤防风险防控网，全面推进全市江海堤防综合治理防控体系建设，护航碧水东流。

市公安机关积极打造海防堤防智慧治理"一张图"信息系统，主动对接自然资源、渔政、水务、商务局等部门，实时汇聚"技防、人防、物防"数据信息，开展数据分析，强化预测、预警、预防工作。系统平台已整合农业农村局、水务局、自然资源局及各类企业等部门单位的沿江沿海视频监控点位333个，基本实现沿江沿海视频监控全覆盖。

按照"应采尽采、全面覆盖"的原则和"完整、准确、鲜活"的要求，公安机关对船舶、人员、涉水单位等信息及时采集和更新，同时畅通渠道，汇聚交通运输、农业农村、水利等部门数据信息。针对沿江沿海区域多雾、夜间无光源的特点，通过智能化手段实现对异常目标、可疑对象、可疑行为的自动捕捉。市公安机关建立完善的信息系统，有效掌控水上治安基础要素、水域巡逻船艇情况和执勤执法力量，实现警情警力、作战指令、预案指挥的一屏展示、一键指令，推动水域综合执法从被动型向主动型转变。

水域公共安全管理需要多部门共同承担起治安管理和消防安全监管责任。对此，公安机关建立健全以信息联通、力量联合、执法联动、问题联处、区域联防、救援联手"六联"机制为主要内容的水域综合执法机制，做到守水有责、守水负责、守水尽责，努力打造长江"十年禁渔"示范区。2022年启东警方已开展联合治理15次，发现督促整改隐患10次，侦破非法捕捞类等涉渔案件3起，抓获犯罪嫌疑人9名。

2. 加强海洋污染监测预警能力

海洋生态预警监测是自然资源调查监测体系的重要组成部分，是自然资源管理的基础支撑和管理手段。"十三五"期间，启东贯彻党中央、国务院决策部署，系统科学地推进海洋生态保护工作，提升生态系统质量和稳定性，建立健全海洋生态预警监测体系。不断推进启东高新技术开发区等沿海工业园区预警监控系统建设，逐步形成典型特征污染物监测预警能力。构建码头船舶污染监视体系，针对5万吨级以上的油品码头和装卸散装液态化品码头设置溢油监视报警系统，重点加强对船舶溢油、危险化学品泄漏、重金属污染等重大海洋环境污染的动态监控。构建开阔水域船舶污染监视体系，在大型公务船日常巡航过程中实现溢油常规性监视。

3. 加强海洋污染事故应急处置能力

近年来，随着国家"海洋强国"战略的深入推进，启东市内港口货物吞吐量和进出港船舶艘次逐年攀升，海洋污染事故风险将趋于严峻。启东极度重视处置海洋污染事故的及时性。针对不断增大的海洋污染事故风险，启东以"大应急"管理机制和理念为指导，探索建立海洋污染事故风险防范和应急处置体系，加强部门间在海洋污染事故防范、监测、监视和应急处理等方面的合作。强化应急管理现代化建设，持续推进应急装备信息化。不断提升应急队伍实战能力,全面打造素质过硬的应急反应队伍。面对突发海洋污染事故,做到"快速反应、处置有效"。适时开展专项应急演练,保障队伍的应急能力。完善应急处置基础设施,以优化溢油应急能力空间布局为主,重点提升溢油事故应急处置能力,提高液体散装化学品应急能力,建成船舶污染应急设备库。

(四) 推进海岸线生态修复

1. 打造最美江海岸线

启东依托沿江资源优势,以建设"缤纷百里"最美江海岸线为主抓手,成立沿江沿海高质量发展指挥部,统筹规划沿江岸线资源,科学划分岸线保护区、保留区、控制利用区和开发利用区。以"重塑场地、营造滨江"为主题,搭建"一廊、三环、三片、六点"的沿江生态构架,致力打造令人向往的沿江沿海生态风光带、滨海风貌城镇带、高质量发展经济带。2021年启东市完成最美江海岸线设计、沿江沿海空间规划研究等初步方案,新建江海堤防44公里、新建示范段18公里、完善堤顶道路72公里。启东在南通市通达工程考核中列第一位,总投资、新建堤防数、新建示范段、达标率等4项主要指标均领先其他县市。

"十四五"期间,启东市进一步深入排查整治长江及堤防管理范围内的"三乱""两违"等问题。突出重点区域,强化长江干流及洲岛岸线规划管控。有序开发建设,保障自然岸线比例,优化已有岸线使用效率。系统推进江海澜湾旅游度假区沿江景观打造,一体化推进启隆生态保护修复,共建崇明世界级生态岛,高质量建设长江口绿色生态门户。

2. 推进"美丽海湾"建设

近年来,启东市大力推进陆、海、江、河系统治理,推动"湾(滩)长制"与"河长制"有效衔接、深度融合。加快形成"一滩一策"治理方案,并结合"美丽海湾"建设推进实施。因地制宜开展海岸线整治修复行动,重点恢复江海澜湾旅游度假区沿海大陆自然岸线,将江海湿地等重要生态节点区域调整为生态自然岸线。围绕海堤打造启东蒿枝港-圆陀角亲海风光带，将"启东南部资源恢复与亲海品质提升区"建成美丽海岸。不断加强海洋生态保护和修复，确保近岸海域水质不断提升。

专栏7 最美江海岸线成高质量发展带

启东滨江临海，拥有 178 公里的江海岸线。南通"缤纷百里"主要位于启东市域范围内，起讫点为圆陀角景区—吕四渔港，长约 108 公里。近年来，启东市将沿江沿海生态景观带建设纳入高质量发展考核，将打造最美江海岸线纳入"我为群众办实事"重点项目，并把生态景观带建设纳入南通市"重点工作督查系统"。截至 2022 年上半年，178 公里最美江海岸线设计已接近尾声，全线方案已经确定，"缤纷百里"沿海特色风貌设计已提交江苏省、南通市评审。

最美江海岸线成高质量发展带。启东着力打造沿海智造崛起产业带、沿江高端引领产业带、重点文旅产业板块群。以"2+2"码头开港为契机，启东市充分发挥"渔港+商港"优势，以"做大临港产业、做强特色产业、做优战略性新兴产业、发展生产性服务业"为产业发展定位，加快招引产业配套和关联带动效应强、集聚和引领能力强的优质项目，努力打造临港产业基地、长三角综合能源示范基地、国家级新材料产业基地。

发挥捷捷微电子、药明康德、林洋能源等企业"领头羊"作用。启东集聚一批契合度高、带动性强、优势明显的产业项目，重点培育发展生物医药、新能源、电子信息、海工及重装备等高端产业。打造研发创新、科技服务、医疗健康、绿色生产等功能组团。推进全市屋顶分布式光伏开发试点，着力建设长三角绿色综合能源基地、生命科技创新基地和健康产业集聚区，形成与上海产业链协同互补、联动发展的格局。2022 年面对新冠肺炎疫情影响，启东市主要产业依然保持良好增长势头。1~5 月，新能源及装备产业累计实现应税销售 93.9 亿元，同比增长 43.6%；电子信息及半导体产业、生命健康产业增幅分别达到了 22.1%、12.7%。

同时，启东着力打造重点文旅产业板块群。圆陀角旅游度假区 2021 年获评省美丽海湾，当前正积极招引文旅头部企业，打造独具江海风韵的旅游胜地。江海澜湾旅游度假区着力打造长三角高端商务、休闲、文旅等业态集聚的魅力"蓝湾"，形成与圆陀角业态互补、南北呼应、交相辉映的全域旅游重点板块。启隆镇围绕"策应崇明生态岛、环沪旅游新地标"，推进重点文旅项目建设，打造生态江心绿洲。

启东牢牢把握"共抓大保护、不搞大开发"的战略导向，以长江启东段岸线生态修复工程为抓手，大力推进江堤绿化建设，跑好长江大保护"最后一公里"。深入实施海岸线修复三年行动计划，大力推进海洋生态保护修复项目。获中央财政补助资金3亿元，预计2023年底全面完工。在全面恢复海岸线自然属性的同时，形成"水清滩净、鱼鸥翔集、人海和谐"的美丽海湾。

3. 强化海洋保护区保护与管理

按照习近平总书记"不搞大开发，共抓大保护"的要求，启东恢复生态岸线，建设生态隔离带，加强湿地资源保护，进一步加大为保护生态环境划定的保护区、保留区岸线保护力度，实施长江岸线开发总量控制，长江岸线开发利用率逐步下降至30%以下。重点在沿江、沿海区域生态脆弱、敏感的乡镇建设自然生态修复试验区，推进长江生态修复示范区建设。科学划定区域内河流、林木等生态脆弱区域。实施水系连通畅流、生态岸线恢复等自然生态修复措施，通过探索创新生态保护制度机制，提升生态产品供给水平和保障能力。严格落实审批标准，不符合沿江生态防护要求的项目一律不批。逐步转移沿江重污染企业、化工企业进区入园。规划启动长江及重点河流岸线生态改造工作，对岸线保护区内违法违规或不符合岸线保护区管理要求的已建项目进行清查和整改，对岸线控制利用区内违法违规建设项目进行清退。

专栏8　修复一湾碧海银滩，构筑蓝色生态屏障

启东是江苏典型的淤泥质岸线类型。通过开展海岸带生态保护修复，着力提高沿海自然岸线保有率、保护生态环境和抵御海洋风险的能力。启东长

江入海口国土空间生态修复项目为江苏省 2019 年度批复的 8 个长江沿线国土空间生态修复项目之一，主要内容包含岸堤修复和生态修复。岸堤修复计划按照百年一遇的防洪标准，对挡潮海堤加固改造。在海岸带局部区域海堤外侧开展岸坡生态化建设和滩涂湿地修复工作，并在修复区沿海岸线海堤建设生态廊道 200 亩，计划完成重点区域 9.67 千米的海岸线生态化整治修复。改善海岸带景观格局，提升海岸线生态空间格局和生态安全，综合治理长江入海口区域的国土空间生态系统。海堤保护修复包括加固海堤和海堤生态化，进一步完善沿海地区防潮减灾体系。盐沼湿地修复通过综合整治滩涂、湿地，达到海岸带的自然生态保护、景观效果提升和海岸带防灾减灾多重目标。

启东严格围填海管控，持续强化海洋生态红线管理。组织海洋灾害风险评估，实时发布海洋气象信息，不断完善海洋防灾减灾体系。实施自然岸线生态植被防护，种植红树林、柽柳、碱蓬等植被，构建沿海防护林带，全面增强防御台风、风暴潮等自然灾害水平。整治非法和不合理的入海排污口，使现有的入海排污口全部符合标准。开展浒苔绿潮防控工作，在全省范围内率先完成喷涂回收工作。经过近年来的不懈努力，启东受损海岸线生态得到修复，生态系统得到完善，生态功能得到提升，生物多样性增多，生态系统结构更加稳定。

守护这片海，便是守护启东的未来。海岸带生态修复工程轮廓清晰，优美的生态海岸线正不断延伸。启东的"耕海之道"正不断发酵、释放活力。

4. 加强生物多样性保护

生物多样性对人类社会的生存和发展非常重要，保护生物多样性，就是保护人类自己。近年来，启东市重点实施野生动植物资源保护工程，对启东长江口（北支）湿地丹顶鹤、白头鹤、中华鲟、白鲟等珍稀物种进行重点保护。全面加强保护管理体系、资源监测体系、科学研究体系建设，提高野生动植物保护的科技支撑能力，实现对重要野生动植物资源的动态监测。健全野生动物收容救护体系，提高野生动物收容救护水平。完善野生动物疫源疫病监测防控体系，进一步提高基层应对突发野生动物异常情况的能力和水平，提升野外监测能力。全面加强保护区建设管理，扎实推进自然保护区管护能力和标准化建设。全力维护和保持滨海湿地生态的自然演替系统，对重要生态系统和物种资源实施强制性保护，使珍稀濒危野生动植物及自然生态环境得到有效保护。

实施外来有害生物防治工程。在全市组织开展凤眼莲、空心莲子草、加拿大一枝黄花等重大外来入侵物种铲除活动，确保启东自然资源生态系统的资源安全、环境安全和生态安全。建立防御、早期监测及预警体系，建立快速反应与快速信息共享体系，对引入的外来物种进行严格的风险评估，防止外来物种入侵。落实动植物防疫工作，完善动植物隔离检疫设施。

二　"生态+"模式，引领传统产业转型升级

生态文明建设离不开生态、低能耗的低碳经济模式。从"生态佳"走向"生态+"，启东探索出了一条天人和谐、统筹兼顾、合力并举的生态文明建设新路径。良好的生态环境和丰富的生态产品成为人民美好生活的增长点、经济社会持续健康发展的支撑点。坚持把绿色发展、循环发展、低碳发展作为基本途径，大力推进生产方式绿色化，加快发展循环经济，调整优化产业结构，全面促进资源节约、循环、高效利用，大幅提高经济绿色化程度，有效降低经济发展的资源环境代价。积极推进农业生态化、服务业现代化和工业的优化升级，形成以科技含量高、经济效益好、资源消耗低、环境污染少、人力资源得到充分发挥为特征的生态经济体系。

（一）推进农业现代化发展

1. 积极发展特色农业

特色农产品具有地域天然属性，市场竞争力强，生产特色产品、发展特色产业能够弯道超车。随着收入的增长，消费者对于特色产品的需求也在增加。启东地处亚热带，温光水资源充足，适宜种植的品种多，特色产业也随

之形成。经过多年的发展，启东农业初步形成了以绿色蔬菜、现代渔业、优质粮油、特色产品为优势特色的产业体系，融合发展态势初步呈现。"十三五"时期，启东市以绿色、优质、特色为导向，调整产业结构，积极发展"四青作物"、"地产三宝"、洋扁豆以及山羊等特色农业产品，推进特色产业融合发展。同时大力推进农业机械化，树立"农民提供土地，服务组织全程经营，协商共享"的"全托管"服务理念，创建农机社会化服务组织，为农户提供全方位的生产性服务。农业经营主体围绕蔬菜、水产品、"四青作物"以及"地产三宝"等特色产业，利用互联网技术实现产销一体化。

专栏9 打造现代渔业精品园建设

一是建设万亩高科技养殖基地。强化资金投入、科技进步和监督管理，加快建设高科技养殖基地，进一步促进现代渔业园区提档升级。在启东现代渔业精品园的基础上，对原有池塘设备、电力、道路和养殖废水处理等设施进行升级改造，使园区内道路畅通、进排水设施完备、电力供应充足。物联网技术的广泛应用，使园区达到现代养殖先进水平，实现智能化水产养殖，推进水产养殖产业的标准化、集约化、规模化和健康化发展。

二是建设万亩南美白对虾基地。加快沿海万亩南美白对虾基地建设，提升基础设施建设水平，提升养殖技术含量，增强对苗种现状与培育的研究，更新换代养殖品种，推动基地成为集优质水产养殖、水产种苗繁育、水生动物疫病防范、科学研究和销售流通于一体的综合性产业基地。

2. 拓展农业多功能性

为顺应全面推进乡村振兴新要求、拓展农业多种功能、促进乡村产业高质量发展，启东市立足农业资源优势，围绕现代都市农业和外向型农业发展，进一步调优种植结构，不断拓展农业的观光旅游和文化传承等功能。鼓励发展观光农业、电商农业、智慧农业，提高土地附加值，推动休闲农业持续健康发展。2016年启东市获得"全国休闲农业与乡村旅游示范县"称号，"沙地文蛤饼""醉泥螺""油浸吕四带鱼""青皮茄子洋扁豆河虾汤"获得江苏省"百道乡土地标菜"称号，在南通十道地标菜中占有四席。吕四仙渔小镇成为江苏省第一批建设的 25 个特色小镇之一，吕四港镇赢得"全国最美渔村"称号，黄金海滩景区是全国休闲渔业示范基地，休闲渔业特色明显。"吕四鲳鱼"和"吕四小黄鱼"获批国家地理标志证明商标。各类农业经营主体正挖掘农业多功能性，积极推进休闲农业发展。

3. 提升农业科技创新

民为国基，谷为民命。习近平总书记在中央农村工作会议上指出，"要牢牢把住粮食安全主动权，粮食生产年年要抓紧""要坚持农业科技自立自强，加快推进农业关键核心技术攻关"。这一重要论述再次表明，发展现代农业必须走以科技为支撑的内涵式发展道路。启东市不断强化实用技术开发和集成配套，在生态环境建设、资源高效利用、标准化生产和农机装备研发等方面投入大量物力，支持发展种苗培育、食用菌、特色花木等新兴产业，加快农业高新技术发展和产业关键共性技术创新，发展高效农业。着力培育农村科技创新主体，加大对农业企业科技创新的扶持力度，鼓励建设南通市级以上农业科技型企业和科技型专业合作社等创新组织。支持农业龙头企业联合涉农高校、科研院所建设农业科技示范基地，探索农业产学研结合的新思路、新模式。强化农业创新载体建设，围绕技术研发、集成创新、示范应用，积极融入南通国家级现代农业示范区建设。加快以南阳镇为主体的现代农业示范园区建设，推动吕四港水产品集中加工区建设，推进按省级示范区标准建设农产品精深加工区、出口加工区。积极推进中国供销农批物流中心和中国吕四水产品国际交易中心建设，不断完善农产品市场流通体系。

4. 加强"三品一标"建设

加强品牌培育，将"三品一标"作为农业品牌建设的重中之重。引导农产品企业强化品牌意识，不断提升品牌内涵，积极推广农产品品牌。逐步构建以"三品一标"农产品为基础、企业品牌为主体、区域公用品牌为龙头的农产品品牌体系。培育一批知名、质优、影响力强的区域品牌、企业品牌、农产品品牌，通过建立差异化竞争机制，构建具有地方特色的、高质量的农业品牌体系。做好"三品一标"获证主体宣传培训和技术服务工作，督导获证产品正确、规范使用标识，不断提升其市场影响力和知名度。以农产品电子商务平台构建为抓手，积极推进优势、特色农产品和加工产品品牌建设，培育发展稻米、肉禽、果蔬等重点产品品牌。通过资源整合，做大做强一批农业生产企业，打响现有农产品品牌。构建"农产品区域公用品牌+企业品牌+产品品牌"的品牌矩阵，举办特色产品展览展示活动，增强农产品品牌的影响力和信誉力。

（二）推动工业结构绿色转型

启东坚持创新引领、市场导向、绿色路径，瞄准现代化、绿色化沿海中心城市定位，进一步加强与上海产业对接，大力实施产业创新"十大工程"。推进全产业链一体化发展，加快实现产业调旧立新、从弱转强、由低走高，形成现代化可持续的产业体系，推动工业结构向中高端攀升。

1. 改造提升传统优势工业

海洋工程及重装备产业肩负着启东市"向海经济"建设的先行责任和发展使命。近年来，启东市抓住国家《船舶工业加快结构调整促进转型升级方案（2013—2015年）》实施机遇，大力推进海洋工程装备产业转型发展。

大力支持中远海工、宏华海洋、振华重工等突破深海石油平台数字化模拟、浮运状态控制定位及配套吊机等关键技术，重点开发深海钻探储油平台、移动式离岸发电平台、深海鱼类养殖平台、大型海上风机一体化安装平台等海上平台。重点开发深水海洋工程装备钻井船、高附加值浮式生产储油卸油船、海洋工程拖船、深海潜器等海工特种船舶。支持京沪重工、太平洋海工等企业加大研发力度，突破船用汽化器生产、微系统集成制造与封装、双燃料动力系统、海底观测系统和网络等关键技术，开发船用起重机、大型低温储罐等配套设备。

针对电力及能源装备产业，启东以打造长三角重要的能源供应基地和省级特色光伏产业基地为目标，加速集聚新能源产业。鼓励企业开发研制智能电网用输变电及用户端设备，积极研发火电装备、大型高效特种变压器、全封闭组合开关、电站除灰（渣）及输煤系统等电力能源设备。重点支持大唐电厂加快发展超超临界火力发电系统，支持广汇能源 LNG 分销转运站项目建设成为长三角地区重要的能源供应基地。支持韩华新能源、林洋光伏等企业巩固光伏电池及组件产品制造能力，积极研究新一代光伏核心技术及产品，突破集中监控、微电网、光伏储能等光伏发电应用、并网技术。鼓励东泰新能源等企业突破低电压穿越、直驱风电机组等关键技术，研发新一代风电整机及碳纤维风机叶片、关键铸件、大型塔架、高性能复合材料等风电装备产品，加快发展海上风力发电等新型能源产业。鼓励相关企业积极开展污泥干化及焚烧、生物质燃烧应用等生物质发电和先进储能技术研究。支持神通阀门加快发展大型核电机组的配套设备，突破核电阀门研发技术，打造新一代核电设备相关配套产品。支持海四达电源等企业发展高功率动力型电池和高温、低温、标准能量型电池系列产品，开发新型电动汽车电池。鼓励相关企业以现有技术和产品为基础，发展合同能源管理、智能电力监控及能耗管理系统等服务，实现能源装备产业高端化发展。

　　针对精密机械及电子信息产业，启东市大力推进高新技术在电动工具、精密机械、电子信息等传统优势产业上的运用，提高传统产业装备水平、技术含量和产品附加值，促进产业转型升级，增强产业核心竞争力。支持东成、国强等电动工具企业发展锂电池、无刷电机、新能源电子、新材料等在电动工具生产制造中的应用，开发人性化环保型电动工具和机电一体化的智能工具。推进电动工具公共服务平台建设，探索电子商务、互联网营销等现代营销手段，建成具有全国影响力的电动工具研发中心、生产中心、营销中心。支持企业突破小型燃煤锅炉高效燃烧、蓄热式燃烧、工业锅炉节能等技术，研究环保自动化控制系统、环保热交换系统等高效节能技术，推动节能装备、环保机械向高端化、系列化、配套化方向发展。支持南方润滑液压、恒源液压等企业突破润滑设备、油泵阀门、智能数控等国内一流、世界先进水平的关键共性技术及部件，研究开发整体结构或复杂部件的成型和连接、精密/超精密加工与检测以及复合加工与检测等专用工艺装备，开发精密高速数控机床等通用设备、石油机械等专用设备及其配套设备等。支持林洋能源等企业重点发展包括智能开关（柜）、智能导线、智能电表等在内的智能电网输变电设备及柔性输变电设备。支持捷捷微电子、吉莱微电子、优思通讯等企业突破高性能、低成本、智能化传感器及芯片技术、集成电路设计制造与封装测试技术，研究攻关光电子材料、超低损耗光纤等关键技术，重点开发大面积宽带隙半导体材料与器件、集成光电子封装技术和设备。着力发展纳米管、纳米线等微纳电子封装用高分子材料。

2. 加强产业项目准入要求

"十三五"期间，启东不断健全产业准入体系，严格落实国家、省、市重点行业许可准入条件。探索建立从项目审批源头落实高耗能、高耗水、高排放及低效率项目监管，从产业契合度、环境友好度、创新浓度、经济密度等4个维度严格准入门槛的体制。深化环评制度改革，强化规划环评约束，严格项目建设全过程监管，强化建设项目环境影响评价与相关规划环境影响评价、现有项目环境保护管理、区域环境质量的"三挂钩"。启东将强化产业清单管理作为工作重点，要求形成接轨国际标准与技术前沿的"正面清单"和倒逼传统产能退出与升级的"负面清单"，建立绿色发展分类综合评价制度，制定差异化激励和约束政策措施。持续推进"两高"行业减污降碳协同控制。实施工业园区污染物排放限值限量管理，引导园区和企业主动治污减排。贯彻落实长江经济带发展负面清单，严格沿江化工产业准入，对列入淘汰和禁止目录的产品、技术、工艺和装备，严格予以淘汰。严禁在长江干流及主要支流岸线1公里范围内新建、扩建化工园区和化工项目，推进化工产业安全环保整治提升行动。

3. 加快淘汰落后产能

近年来，启东深入贯彻中央关于供给侧结构性改革决策部署，坚持企业主体、政府引导、发展先进、淘汰落后、分类指导、综合施策、积极推进、妥善安置原则，综合运用环保、安全、质量、能耗等方面的各种手段，鼓励企业多兼并重组、少破产结算，加快淘汰低端过剩产能，积极稳妥处置"僵尸"企业。通过资源要素差别化配置政策，不断推动"单位面积效益与污染排放"综合评价，推动低端产业、高排放产业加速退出。深入开展化工产业安全环保整治提升工作，推进低端落后化工产能淘汰工作，严禁以各种名义违规新增钢铁、水泥（熟料）、铸造产能，依法依规关停或退出能耗、环保、安全、技术不达标和生产不合格的产品或淘汰类产能。按照"属地管理、分级负责、部门监督"的原则，持续开展"散乱污"企业排查整治，严格落实地方政府属地责任和部门监管职责。全面开展"散乱污"整治"回头看"，巩固"散乱污"整治既有成果。做好"防新增、防反弹"，落实"发现一起、整治一起"动态处置机制，确保"散乱污"企业动态清零。

4. 大力发展循环经济

"十三五"期间，启东市以主要园区为重点，加快构建绿色产业链和资源循环利用链。推动优势企业以目前主导产品为主线，向下游、高端集聚延伸，使资源得到最大限度利用和增值。招引循环链需求尤其是产业链重要节点项目，非循环链项目原则上禁止引进。大力开展清洁生产，充分发挥清洁生产审核的主体作用，积极开展清洁生产审核工作。强化强制性和自愿性清洁生产结合，加大区内企业的清洁生产力度，降低物质材料的消耗，减少污染物的排放。完善列入省清洁生产审核重点企业名单中的企业清洁生产的管理监督体系，督促企业按时按量按质完成清洁生产审核。所有新、扩、改建工业项目必须充分体现清洁生产内容，采用的工艺必须是能耗低、物耗低、排污少的清洁工艺，把"废水、废气、废渣"消除在工艺过程之中。加大多种清洁单元操作技术推广应用，同时加大污染物排放总量控制和先进"三废"处理技术应用。鼓励企业大力实施节能、节水、环保、清洁、安全生产技术改造，支持企业开展"三废"综合利用和无害化处理。重点实施燃煤工业锅炉、区域热电联产、余热余压利用、绿色照明等节能工程。

（三）大力发展生态旅游业

"江风海韵"是启东最亮丽的城市名片，也是未来启东发展的竞争力所在。启东着眼于把独特的江海生态资源优势转换为发展竞争优势，追求高质量发展，不断提升发展的"含绿量"，让生态效益与经济效益相得益彰。

"十三五"期间，启东市立足江海资源禀赋，积极发展文化休闲旅游产业。加快旅游与三次产业的融合发展，围绕"一区一港一岛一城"，向"沿海、沿江、沿道"集聚，铸造"江海休闲都市"特色品牌。加强乡村旅游点"串珠成链"，进一步整合旅游资源，全力打造具有"江风海韵、休闲启东"特色的休闲旅游城市。重点推进圆陀角旅游度假区、吕四海洋风情区、启隆生态度假岛、汇龙都市休闲区等重点片区旅游项目标准化建设。自2021年启东市旅游发展大会暨创建国家级全域旅游示范区动员大会召开以来，启东市成立创建专班，迅速开展工作；对照《创建国家全域旅游示范区的实施意见》，倒排创建任务时间节点；分赴重点区镇开展工作调研，将全域创建重点任务纳入区镇高质量考核，保证创建工作任务有序推进。

1. 健全旅游公共服务体系

一是完善旅游集散服务体系。推进城区一级旅游集散中心运营准备、圆陀角二级集散中心投入使用。二是完善旅游交通体系。王鲍、合作、启隆、新港公路驿站4个公路服务区方案设计完成优化提升。开通中心城区到渔人码头的旅游巴士，完善城区至江海澜湾等重要片区的旅游交通组织。三是完善旅游标识体系。全面开展一二级集散中心、A级景区、旅游驿站、高速出口、特色街区等全市全域旅游全景图设计工作。全面完成黄金海滩等主要景区内部导览及安全标识提档升级。推进启东市全域旅游形象和VI体系建设，方案初步成果已完成。四是实施旅游厕所革命。优化全市旅游厕所体系，全面启动市域重要节点公共厕所提升工程，优化提升方案设计。五是建设智慧旅游。整合交通、气象、治安、客流信息等全数据信息采集功能，推进全市智慧旅游体系建设，已经完成前期准备和招标工作。

2. 丰富旅游产品供给

一是推动景区创建。碧海银沙创成国家4A级旅游景区、江天生态园创成国家3A级旅游景区、黄金海滩4A级景区创建工作已全面启动。通海垦牧公司、印象沙地、有机农道正围绕标识体系、游客中心、内部游线等进行全面提升，力争2022年内创成国家3A级旅游景区。二是推动乡村游发展。启隆兴隆社区、合作曹家镇村完成省级乡村旅游重点村材料申报。抗大九分校已在按 4A 级景区标准提档升级，通海垦牧公司、沙地圩田周边环境进一步提升。水果生态经济区、印象沙地、大自然度假区形成惠萍乡村旅游特色线路，惠萍乡村旅游集聚区游客中心已在选址，印象沙地按 3A 级景区标准启动创建。在王鲍镇休闲旅游片区，呆住·番茄俱乐部已建成 3A 级景区，奥林鸡爪槭基地已在打造乡村振兴示范片，地产三宝、王鲍山羊、特色果蔬等因富硒成为市场抢手货。

3. 提升旅游要素品质

一是制定《文旅品牌创建三年行动计划》。启东市文化馆获评江苏省最美公共文化空间，洲颐酒店被评为 2022 年江苏省精品休闲度假饭店。米歌酒庄完成国家级工业旅游区材料申报，启动提档升级。姚记扑克、中远海工争创省级工业旅游示范区，圆陀角渔人码头争创省级旅游休闲街区。芳菲小筑、田仓农庄、农道有机公园、呆住·番茄积极创建文化产业示范园区。半步堂公园加快打造夜间文旅消费集聚区，花儿营地、龙湾水镇加快打造自驾车旅游目的地。恒大酒店、皇冠假日、希尔顿逸林酒店争创国家五星级旅游饭店。二是优化旅游娱乐业态。围绕"一景点一剧场"目标，不断丰富旅游产品。筹划编创《日出江海》系列舞台演出活动，打造具有浓郁区域特色的精品舞台剧目。渔人码头海底小纵队、暴风卡丁、海上明月等一批游乐项目入驻开业，新湖花儿营地基本建成并对游客开放。洲颐温泉、五国温泉城成为长三角冬季游泡汤首选。三是优化旅游购物业态。加强特色农副产品和文创产品开发，逐步推进城投新城农贸、集散中心、文体中心、核心景区等区域旅游购物场所建设，使冬季到启东购年货成为上海市场旅游热销线路。

（四）发展壮大战略新兴产业

1. 加快推动新医药产业发展

启东市将生命健康产业确立为主导产业。为推动启东市生物医药与生命健康产业高质量发展，加快创新资源和产业资源集聚，打造长三角生命健康产业高地，启东市专门制订并出台了《启东市加快生物医药与生命健康产业发展实施意见（试行）》，将生命健康科技产业作为重点产业打造。持续强化与上海生物医药产业对接。围绕新医药产业的跨越发展，大力推进创新链与产业链的融合，打造集研发、生产、交易、信息为一体，在长三角具有一定影响力的新医药产业基地。以启东经济开发区、启东滨江精细化工园、上海自贸区启东生物科技创新协作园为依托，重点发展技术先进、环境友好、产业链终端的生命科技产业。生命健康科技产业发展具备了得天独厚的基础优势，共有药品生产企业 15 家、医疗器械生产企业 19 家，集聚了启东经济开发区、启东生命健康科技园、启东高新区等特色生命健康科技产业园区。秉持"创新引领、协同张江"的发展思路，启东市充分发挥"浦东—启东"生命健康产业联盟的优势，积极承接上海的"创新溢出"和"产业溢出"，加强与周边地区的联动协作，努力将园区打造成上海张江药谷、苏南地区生物医药产业的协作首选地。

2. 推动生产性服务业向价值链高端延伸

推动制造业开展服务业态和商业模式创新，加快服务化进程，实现与生产性服务业融合互动发展。推进制造业向服务化制造、平台化经营和个性化服务方向转型，实现产业的功能互补、多维协同、跨界服务、融合发展。围绕产品功能拓展、交易效率提升，推动海工装备、电动工具等制造企业由生产性向生产服务型转变，培育一批制造业服务化示范企业。支持企业立足品牌和核心技术优势，拓展外包产品加工服务，推动开展产品设计、运营维护、零售分销、品牌管理等高附加值业务。以欧美、日韩等服务外包市场为重点，大力发展海工船舶、生物医药等重点行业的研发设计外包产业，积极发展软件开发服务外包产业。发挥启东区位和制造业基础优势，整合吕四港、宁启铁路资源，全力推进制造业与物流业联动发展，形成现代化的综合物流体系。重点推动天汾电动工具商贸城开展电子商务交易，加快建设长三角北翼物流中心，着力打造现代港口城市。

3. 积极拓展科技服务业

大力发展科技服务业，积极开拓技术咨询、技术转让等业务，培育引进各类科技中介机构。加快推进互联网服务平台建设，主动对接南通技术共享平台和创新南通服务平台，共享文献、数据和检验检测资源，完善项目全过程服务，开展线上线下互动。积极发展项目建设中介组织，开展科技政策、项目申报业务培训，帮助企业寻找落实相关科技成果转化，以高校院所、专家教授作为技术依托，指导和帮助企业编制项目申报材料，提高科技项目申报和实施质量。建立健全科技成果推广机制，以市场为导向，着眼科技成果商品化和产业化，大力培育和发展技术市场，加强技术中介服务机构的建设，推动科技成果转化。积极引进金融服务外包项目，鼓励金融资本创新服务方式，开展商标权、专利权等质押贷款、融资租赁业务，服务企业科技创新发展。培育地方金融产业体系，推动普惠金融发展，加快建设启东金融集聚区，打造陆海统筹发展金融服务创新启东示范区。建立科技型企业与金融服务机构的对接平台和中介机构，为科技型企业提供创业风险投资、银行信贷、产品保险、贷款担保等咨询服务。

三　全面整治，打响污染治理攻坚战

生态环境是人类生存与发展的根基，生态文明建设是关系中华民族发展的千年大计。党的十八大以来，启东市委、市政府全面贯彻落实习近平生态文明思想，切实担负起生态文明建设的政治责任，坚定不移践行新发展理念，以壮士断腕的决心扎实推进生态文明建设和环境保护工作，把解决突出生态环境问题作为民生优先领域。以空气质量明显改善为刚性要求，深入实施大气污染防治行动计划；以改善水环境质量为核心，改革创新管理体制机制，认真落实《水污染防治行动计划》；以"精准治土"寻求提升土壤环境治理之路，打响污染防治攻坚战，将生态文明建设融入全省改革发展全过程、各领域，奋力推动生态文明建设迈上新台阶。

（一）实施净气攻坚战

持续深入打好蓝天保卫战。调整产业结构，逐步减少煤炭消费总量。全面开展挥发性有机物治理，不断强化交通污染防治和区域联防联控，降低

PM$_{2.5}$浓度、减少重污染天数、改善大气环境质量、增强人民的蓝天幸福感。"十三五"期间，全市环境空气质量优良天数达标率达到 91.2%，较 2016 年提高 8.5 个百分点，PM$_{2.5}$浓度均值已持续下降至 25 微克/米^3，位居全省第一。2019~2021 年，启东市空气质量已连续 3 年位居全省县（市、区）第一。2021 年，全市新建 15 个区镇大气环境自动监测站点，实现环境空气质量自动监测全覆盖，建立健全乡镇"点位长"责任制，确保每个点位都有人管、管得了、管得好。全市共完成 98 个大气污染防治工程项目、644 个大气污染防治工程任务。

1. 逐步减少煤炭消费总量

煤炭是造成大气污染的元凶，治理大气污染必须减少煤炭消费。为进一步优化能源结构、促进煤炭清洁高效利用、落实煤炭消费总量控制和削减目标、加强大气污染防治，"十三五"期间启东出台了《启东市"两减、六治、三提升"专项行动实施方案》，要求坚持"节约、清洁、安全"的能源发展方针，严格控制煤炭消费总量，加快推动煤炭减量替代工作，有效改善大气环境质量。

一是分类整治燃煤锅炉。加快现有热源点整合，推动大型机组改造供热，加快供热管网规划建设，扩大集中供热范围。城市建成区禁止新建除热电联产以外的燃煤锅炉，沿江地区除公用燃煤背压机组外不再新建燃煤发电、供热项目。二是推进重点行业提标改造与超低排放。压减非电行业落后过剩产能，在纺织、印染、电镀、机械等其他传统行业退出一批低端低效产能。实施非电行业新增耗煤消费减量替代。三是大力发展清洁能源。有序推进海上风电开发，按照《南通市"十三五"海上风电发展规划》，启东市严格落实南通市政府《关于加强海上风电开发使用管理的意见》，坚持开发与保护并重，集约有序开发海上风电资源。充分利用天然气资源，不断扩大天然气利用规模，进一步推进天然气管道互连互通，加快完善支线管道建设。

2. 全面开展挥发性有机物治理

挥发性有机物 VOCs 是形成细颗粒物 PM$_{2.5}$、臭氧等二次污染物的重要前体物，会引发灰霾、光化学烟雾等大气环境问题。挥发性有机物不仅对大气环境有着潜在的影响，而且会对室内空气质量及人体健康造成严重影响，这些污染物同时还会影响农作物生长，甚至导致农作物死亡。随着我国工业化和城市化的快速发展以及能源消费的持续增长，以 $PM_{2.5}$ 和臭氧为特征的区域性复合型大气污染日益突出，区域内空气重污染现象大范围同时出现的频次日益增多，严重制约社会经济的可持续发展，威胁人民群众身体健康。启东市以源头控制、结构优化、综合治理、总量控制为原则，通过调整结构、原料替代、过程管理、末端治理等污染防控措施，全面开展 VOCs 减排工作，重点削减工业源、移动源 VOCs 排放。不断协同推进二氧化硫、氮氧化物、颗粒物、挥发性有机物等多污染物控制，有效解决 $PM_{2.5}$ 超标等复合型大气污染问题，2021 年全市完成减排挥发性有机物 432 吨的目标。

3. 强化交通污染防治

随着机动车保有量快速增加，机动车污染已成为启东市空气污染的重要来源，机动车污染防治的紧迫性日益凸显。近年来，启东不断开展机动车大气污染防治行动，主要体现在以下几个方面。一是加强车辆准入与监管，推进机动车检测机构专项检查行动，加强运输车辆的准入与监管。二是实行营运车辆燃料消耗量准入制度，不符合燃料消耗量限制标准的车型不得投入营运。开展大市区燃油汽车保有量及出行量控制研究，根据城市发展规划，适度控制燃油汽车的增长速度和使用强度。三是加快黄标车及老旧车辆淘汰进度，环保、公安部门会同交通运输、财政、商务等部门，加强政策引导、联合督导检查、严格检测检验、严格报废监管，按职责任务分工共同推进淘汰报废工作，确保按期完成黄标车及老旧车辆淘汰任务。进一步科学合理设置黄标车禁行、限行管控区域和时段。四是持续推进公交优先与绿色出行，加强公共交通基础设施建设，加快新能源汽车的推广应用和配套的基础设施建设。

船舶航运业的快速发展，在给贸易运输带来便利的同时，也给区域空气质量改善带来巨大压力，船舶港口排放已成为启东市大气污染的重要来源之一。启东市采取鼓励政策积极发展绿色船舶，逐步淘汰高耗能、高污染船舶。按照国家和地方有关规定开展在用船舶排放的提标改造，对在规定时间内经改造仍不能达到要求的，限期予以淘汰。大力推进内河船舶"油改气"、靠港船舶使用码头岸电、港作机械"油改电""油改气"。开展绿色港口建设。持续推广港口岸电建设，内河码头推广应用一批船用供电设施。不断推进杂货码头轮胎吊和汽车吊的"油改电"，以及港区水平运输车辆（集卡）等的"油改气"技术改造。

4. 深化面源污染治理

启东积极开展工业面源污染防治与排查，不断加大城市扬尘控制。全面推行建设工程"绿色施工"，严格施工工地和渣土运输监管，不断强化扬尘管理，尽量减少一次颗粒物排放。全面推进施工标准化管理，建立扬尘控制责任制度，建设工程施工现场严禁敞开式作业。严控码头扬尘污染，启东开展干散货码头粉尘、港口作业场扬尘专项治理，全面推进主要港口大型煤炭、矿山码头堆场防风抑尘或封闭储存设施的建设和设备配备。充分利用秸秆，完善秸秆收储体系。推进秸秆肥料化、饲料化、燃料化、基料化和原料化利用，不断推广使秸秆就地就近实现资源转化的小型化、移动式装备，推进秸秆综合利用产业化。加大政策扶持和引导力度，推广秸秆综合利用技术，引导农民调整种植结构，大力推进秸秆综合应用。广泛宣传焚烧秸秆的危害，全面禁止秸秆露天焚烧，加大跨部门执法巡查力度，实行分片包干负责制度。

专栏10　启东多措并举，上紧污染防治"发条"

近年来，启东市纪委监委紧盯污染防治攻坚战，织密织牢环保"监督网"，助力启东连续三年蝉联空气质量全省桂冠。

明确监督职责，靶向发力。启东市纪委监委全力出动，确保环保项目落地生根。针对启东市"打赢蓝天保卫战"三年行动计划和"深入打好污染防治攻坚战"工作计划，启东市纪委监委实行专项监督，要求相关单位根据启东市统一安排，大力实施调整优化产业结构、能源结构、运输结构，加强机车污染防治、优化调整用地等一系列管控措施。2021年全市共完成98个大气污染防治工程项目、644个大气污染防治工程任务，实现了挥发性有机物432吨的减排绩效。

　　为实现污染防治的全流程监督、解决老百姓身边的环境问题，启东市纪委监委在污染防治中实行了嵌入式监督模式。围绕启东市污染防治综合平台，在党委政府履责、职能部门处置以外，设置社会公众监督和纪委监委监督模块。通过纪委监委提前介入，对监管部门行政执法全流程再监督，对属地党委政府履责情况再检查，形成污染防治责任落实闭环管理机制。截至2021年末，启东市综合监管平台共纳入问题线索14569件，办结14339件、预警149条、重大问题线索54条、已办结50条。

　　为持续用力抓好污染防治过程中的查究整改工作，启东市纪委监委创新监督机制、提高监督效率。2021年全市新增15个取证自动监测站点，进一步建立健全大气管控"点位长"责任管理机制；每年夏秋两季充分发挥无人机监督视野广、机动性好、时效性强、巡查范围广等优点，在传统巡查方式的基础上增加无人机"空中巡查"。通过"空中巡查"和"步行巡查""车辆巡查"相结合的方式进一步提升秸秆禁烧巡查工作的监督效率。

（二）实施净水攻坚战

　　"十三五"期间，启东市深入实施水污染防治行动计划。扎实推进河长制、湖长制，坚持污染减排和生态扩容两手发力，加快工业、农业、生活污染源和水生态系统整治，保障饮用水安全，消除城市黑臭水体，减少污染严重水体和不达标水体。全市共实施农村生活污水治理80个村，完成污水管网铺设约178公里，水环境质量全面提升；清理和综合整治309家"散乱污"企业，市区建成区基本消除黑臭水体。2020年，集中式饮用水水源地水质达标率100%，6个省考以上断面、2个市考断面水质监测的优Ⅲ比例均为100%，在南通市各县（区、市）中排名第一。主要入江入海河流全面消除劣Ⅴ类水体，2个入海河流断面水质均值达到国家考核要求，头兴港备用水源地全年保持Ⅲ类水质，水功能区考核断面达标率100%。2021年，全市污水集中处理厂总设计处理能力为15.4万吨/日，污水年处理量为3779.069万吨。

1. 切实保障饮用水安全

饮用水是人类生存的基本需求。饮用水的安全问题，直接关系广大人民群众的健康。切实做好饮用水安全保障工作，是维护最广大人民群众根本利益、落实科学发展观的基本要求，是实现全面建设小康社会目标、构建社会主义和谐社会的重要内容，是把以人为本真正落到实处的一项紧迫任务。近年来，启东不断加大城乡饮用水安全保障工作的力度，开展应急水源地评估，摸清应急水源地水质、水量等情况，全面评估应急供水能力。不断巩固以长江为城市主水源、头兴港河等为应急备用水源的市区"双水源"供水格局。同时保障水源地保护机构和人员到位，警示标牌、界牌和隔离措施到位，水质在线监测和共享机制建立到位。

持续推动城乡统筹区域供水和农村饮水安全工程同步实施。不断健全完善应急备用水源建设和运行维护管理，分步全面完成既有自来水厂的深度处理改造，新建水厂一律达到深度处理要求，逐步由安全供水向优质供水转变。加强农村饮用水水源保护和水质检测，推进城乡统筹区域供水和农村饮水安全工程同步实施，限期取消、归并小水厂，保障农村饮水安全。2020年，全市集中式饮用水水源地水质达标率达100%。

2. 加强工业水污染防治

工业水污染是水体污染的最主要污染源。随着工业化进程的发展，工业废水排放量依然巨大，水体污染治理任务严峻。对此，启东市不断加强工业水污染防治。一是从严控制"两高一资"行业准入门槛，严格落实国家重点行业许可准入条件，严控"两高一资"行业新增产能。严格规划与建设项目的环境影响评价管理，严格执行环境影响评价制度，完善规划环评与建设项目环境影响评价联动机制，实行建设项目总量控制前置审批制度，实施污染物排放等量或减量替代计划，对新建重污染物及没有环境容量的项目，实行区域等量或减量替代，实现增产减污。二是积极开展工业集聚区水污染治理设施排查，实施园区企业清污、雨污分流改造，全面推行工业集聚区企业废水、水污染物纳管总量双控制度，重点行业企业工业废水实行"分类收集、分质处理、一企一管"，集聚区内工业废水必须经预处理达到集中处理要求，方可进入污水集中处理设施。不断完善工业集聚区污水收集配套管网，开展工业集聚区污水处理厂升级改造，加强治污设施运行管理。三是增强港口码头污染防治能力。开展长江沿线内河港口、码头、装卸站、船舶修造厂废水治理与废弃物处理设施情况调查，完善船舶污染物的接收处理，提高含油污水、化学品洗舱水等接收处置能力，重点推进港口、船舶修造厂污染物接收处理设施建设。

3. 提高生活污水治理水平

生活污水治理是人居环境整治的重要内容，也是推动生态文明建设重要组成部分。近年来，启东市开展农村环境综合整治以及水环境综合整治工程PPP 项目，大力推进生活污水的治理工作。一是加快推进城乡污水处理厂扩建，进一步增加城乡生活污水处理厂处理能力。实施污水处理厂的评估和改造，确保稳定达标排放。坚持"厂网并举、管网先行"原则，新建污水处理设施的配套管网同步设计、同步建设、同步投运。2020 年，城市建成区污水基本实现全收集、全处理。二是不断提高农村污水处理率。通过建立农村污水处理设施运行保障机制，组织编制区镇生活污水治理专项规划，合理选择就近接入城镇污水处理厂统一处理、就地建设小型设施相对集中处理以及分散处理等治理模式。三是加强污水处理厂污泥处理处置工作。完善区域性城镇污水处理厂污泥综合利用或永久性处理处置设施，强化污泥转运及全过程监管，全面完成现有污泥处理设施达标改造。四是提升污水处理设施运行管理水平。持续推进污水处理厂的规范化运行，完善水质在线监测系统和运行管理机制，提高水质动态管理水平和应急处置能力，保障尾水稳定达标排放。提升污水处理厂水质检测能力，满足日常检测和工艺运行管理的需要。引入市场竞争机制，促进污水处理企业提高管理技术水平，保障污水处理设施的高效运营。

4. 有效控制农业污染

农村水污染是由农业生产方式不合理、乡镇企业环保措施不足及人们的环保意识薄弱和生活方式不合理等多种因素导致的。针对这一日益突出的环境问题，启东市稳步推进种植业结构调整，在地下水易受污染地区优先种植需肥需药量低、环境效益突出的农作物；在地表水过度开发和地下水超采问题较严重、农业用水比重较大的地区，适当控制用水量较大的水稻、小麦种植面积，改种耐旱作物或经济林。同时持续推广农业清洁生产，逐步建立连片绿色农业污染控制区，推动无公害农产品、绿色食品、有机食品规模化发展，从源头控制种植业污染。开展化肥使用量零增长行动，实行测土配方施肥，推广精准施肥技术和机具，推进化肥使用减量化。推广低毒、低残留农药使用补助试点，应用农作物病虫害绿色防控技术，推进农作物病虫害专业化统防统治，实施农药减量工程，应用农业、物理、生物等综合措施，推广精准施药及减量控害技术，减少农药施用量。敏感区域和大中型灌区利用现有沟、渠、塘等，配置水生植物群落、格栅和透水坝，建设生态沟渠、污水净化塘、地表径流集蓄池等设施，净化农田排水及地表径流。不断深入推进畜禽养殖污染治理和生态循环农业建设，科学规划布局畜禽养殖，合理确定养殖区域、总量、畜种和规模，划定畜禽养殖禁养区、限养区。

5. 加强水资源节约保护

水资源是人类生产生活不可缺少的资源之一，也是促进社会经济发展的基础资源。启东不断加强对水资源的保护，减少水污染，保证水资源的可持续利用。实行最严格的水资源管理制度，严守用水总量控制、用水效率控制、水功能区限制纳污"三条红线"。不断健全基于补偿成本、合理盈利、激励提升供水质量、促进节约用水的价格形成和动态调整机制。巩固国家节水型城市建设成果，加强再生水利用设施建设，推动污水处理厂再生水、分散污水处理设施尾水，用于河道生态补水。推广渠道防渗、管道输水、喷灌、微灌等节水灌溉技术，示范推广通滴灌机械设备，完善灌溉用水计量设施。加快高耗水发展方式转变，建立完善节水评价机制，加强工业水循环利用。加强生态流量保障，开展河道沟渠水系连通工作，全面打通断头河，逐步恢复河道生态功能，提高自净能力。开展广泛的宣传教育活动，增强公众对开发和保护水资源的意识，积极参与水资源保护。

专栏 11　开展节水系列普法活动，营造全社会节水氛围

在第三十届"世界水日"、第三十五届"中国水周"期间，启东围绕"推进地下水超采综合治理，复苏河湖生态环境"主题，开展系列节水法治宣传活动，旨在增强公众水资源保护意识，引领公众践行节水责任，在全社会形成珍惜水、节约水和爱护水的良好风尚。

重节水法治宣传，秉持续发展之道。为深入贯彻新发展理念、建设节水型社会，结合法律"八进"，启东将节水宣传知识送进校园、乡村，组织全体机关人员参加公共机构节水"云课堂"等系列活动。线上发力、线下发动，倡导群众惜水爱水，强化群众节水意识。活动期间发放《地下水管理条例》《民法典与水资源管理》《水法律法规》等宣传资料 2000 余份，发放节水普法宣传品 1500 多件，在全社会营造倡导节水的氛围。

促依法专项整治，护珍贵生命之线。为推动水资源综合性统筹规划管理、加强地下水资源保护，启东在全市范围内进行专项整治，采取措施对非法取用地下水现场执法查证清理。配合养殖企业（户）现场封填取水井 60 口，立案查处非法取水企业 1 家。在执法过程中以案普法，向当事人普及地下水开采相关法律法规，助推"谁执法谁普法"责任制向纵深推进。

兴普法志愿活动，守江河安澜之态。组织"江之尾普法志愿者联盟"以及沿江乡镇普法志愿者、"法律明白人"等积极参与长江沿线净滩行动，普及《环境保护法》《长江保护法》等相关法律法规。志愿者自行分组，对饮料瓶、香烟头、塑料包装等垃圾进行清理、分类、计数、称重、记录，用实际行动维护江海岸线，尽心尽力守护每一寸海滩。截至 2022 年 3 月，已累计清理海滩垃圾 800 公斤，为长江生态保护建好法治屏障。

（三）实施净土攻坚战

"十三五"期间，启东市持续推进净土保卫战，全面实施土壤污染防治行动计划，不断改善全市土壤环境质量。加快生态环境治理体系和治理能力现代化建设，突出重点区域、行业和污染物，有效管控农用地和城市建设用地的土壤环境风险。土壤环境质量总体保持稳定，农用地和建设用地土壤环境安全得到基本保障，土壤环境风险基本得到管控，全市污染地块安全利用率为100%。共完成186块重点地块重点行业企业用地信息采集调查成果复核、41块退出地块管控。土壤污染综合防治先行区建设卓有成效，受污染耕地安全利用率达到100%。

1. 加强土壤污染源管理

各种产业产生的废气、废水和废弃物直接或间接使土壤因物质、生物或能量的介入而改变品质，造成土壤污染，不但影响正常用途，也会危害居民健康和生活环境。近年来，启东市不断加强工业源和农业源管理，开展源头管控。根据工业企业分布和污染排放情况，确定土壤环境重点监管企业名单，实行动态更新，并向社会公布。对列入名单的企业每年自行对其用地进行土壤环境监测，并将结果向社会公开。督促重点监管单位严格执行有毒有害物质排放报告制度、土壤污染隐患排查制度、土壤及地下水自行监测及公开制度、新改扩建项目及企业用地退出土壤污染状况调查制度等。环保部门定期对重点监管企业和工业园区周边开展监测，数据及时上传全国土壤环境信息化管理平台，结果作为环境执法和风险预警的重要依据。有色金属冶炼、石油加工、化工、焦化、电镀、制革等行业企业拆除生产设施设备、构筑物和污染治理设施，需事先制定残留污染物清理和安全处置方案，并报所在地环境保护、工业和信息化部门备案；严格按照有关规定实施安全处理处置，防范拆除活动污染土壤。强化企业拆除活动污染防治，规范实施拆除活动。

2. 保障农业土壤环境安全

土壤是生物和人类赖以生存和生活的重要环境，随着工业化的发展、城市化进程的深入，农业土壤污染不断加剧。由土壤污染引发的农产品质量安全问题和群体性事件逐年增多。启东市深刻意识到农业土壤污染防治的重要性，"十三五"期间，全市严格控制在优先保护类耕地集中区域新建有色金属冶炼、化工、焦化、电镀、制革等行业企业，现有相关行业企业采用新技术、新工艺，加快提标升级改造步伐。按规定划定农用地土壤环境质量类别，逐步建立全市耕地土壤环境质量类别分类清单。以土壤污染状况详查结果为依据，开展耕地土壤和农产品协同监测与评价，逐步建立分类清单。不断提高农民科学施肥意识，推广配方施肥，根据农作物的目标产量和土壤养分的测试值，确定施肥量、施肥种类、施肥时间，使土壤养分供应处于最佳状态。有机肥与无机肥混合和交替使用，降低对土壤的破坏和污染，维护土壤的自然生态。

3. 实施建设用地准入管理

从源头减少土壤污染，提升土壤污染防治、修复力度。近年来，启东市不断加强对建设用地土壤环境状况调查、风险评估和污染地块治理与修复活动的监管。建立城乡规划、国土资源、环境保护等部门间的信息沟通机制，实行联动监管。将建设用地土壤环境管理要求纳入城市规划和供地管理，土地开发利用必须符合土壤环境质量要求。建立调查评估制度，明确管理要求。自2017年起，针对拟收回土地使用权的有色金属冶炼、石油加工、化工、焦化、电镀、制革等行业企业用地，以及拟变更为居住和商业、学校、医疗、养老机构等用途的上述企业用地，由土地使用权人负责开展土壤环境状况调查评估；已经收回的，由所在地人民政府负责调查评估。结合土壤污染状况详查情况，根据建设用地土壤环境调查评估结果，逐步建立污染地块名录及其开发利用的负面清单，合理确定土地用途。符合相应规划用地土壤环境质量要求的地块，方可进入用地程序。暂不开发利用现阶段不具备治理修复条件的污染地块，由所在地人民政府组织划定管控区域，设立标识，发布公告，开展土壤、地表水、地下水、空气环境监测；发现污染扩散的，有关责任主体及时采取污染物隔离、阻断等环境风险管控措施。

4. 加强未利用地保护开发

在保护和改善生态环境的前提下，充分开发未利用地、补充有效耕地面积、拓展城乡建设用地空间，是未利用地开发的主要目的。未利用地开发同样面临着较强的生态约束，启东坚持按照科学有序原则开发利用未利用地，防止造成土壤污染。持续加强纳入耕地后备资源的未利用地保护，定期开展巡查。对排放重金属、有机污染物的重点建设项目，增加土壤环境影响的评价内容，提出防范土壤污染的具体措施；建设土壤污染防治设施，需与主体工程同时设计、同时施工、同时投产使用。重点行业企业建设项目需签订土壤污染防治责任书，明确相关措施和责任，并将责任书向社会公开。强化空间布局管控，鼓励工业企业集聚发展，提高土地节约集约利用水平，减少土壤污染。严格执行相关行业企业布局选址要求，有序搬迁或依法关闭对土壤造成严重污染的现有企业。结合区域功能定位和土壤污染防治要求，科学布局生活垃圾处理、危险废物处置、废旧资源再生利用等对土壤污染严重的设施和场所。

5. 有序推进土壤污染治理修复

土壤是经济社会可持续发展的物质基础，土壤环境质量直接关系食品安全和人民群众身体健康，保护好土壤环境是推进生态文明建设和维护国家生态安全的重要内容。启东市坚持按照"谁污染，谁治理"原则，造成土壤污染的单位或个人需承担治理与修复的主体责任。制定土壤污染治理与修复规划，明确重点任务、责任单位和分年度实施计划，建立项目库。结合城市环境质量提升和发展布局调整，以拟开发建设居住、商业、学校、医疗和养老机构等项目的污染地块为重点，有序开展治理与修复。实行土壤污染治理与修复终身责任制，强化治理与修复工程监管。统筹推进耕地资源保护与生态修复，提升农业生态服务功能，加强农用地周边空间的用途管控，深入推进农用地分类管理，对优先保护类耕地加大保护力度，对安全利用类耕地加大风险防控力度，鼓励采用生物类技术降低土壤中污染物含量，达到无害化利用。加强对严格管控类耕地的用途管理，依法划定特定农产品禁止生产区，严禁种植食用农产品。加强对重度污染林地、园地产出食用农（林）产品质量检测，发现超标的，调整种植结构。

（四）推动区域协同共治

水域、大气、土壤等自然资源天然具有"区域协同"的特点，需要跨行政区域联防联控。近年来，启东市积极参与长三角区域大气污染防治协作，严格落实长三角区域大气污染防治实施方案、年度计划。修订重污染天气应急预案，实现"省级预警，市县响应"，科学实施污染"削峰"管理。建立重污染天气生产调度令制度以及重污染天气应急管控责任制，定期更新重污染天气应急预案减排措施清单，细化落实到企业各工艺环节，按照"一厂一策"原则确定精准有效的减排措施，并向社会公开。采取差别化管控措施，对符合条件的企业实施豁免。在重大活动期间，协同强化联防联控措施，不断创新监管方式。利用电量、视频监控、物料衡算等手段，核实企业各项应急减排措施落实情况。

四　简约适度，践行全民绿色低碳生活

在生态环境日益严峻的大背景下，倡导绿色低碳的生活和发展方式，既是摆在我们面前的历史使命和现实任务，也是实现我国经济社会可持续发展的重要方向。习近平总书记强调："我们将毫不动摇实施可持续发展战略，坚持绿色低碳循环发展，坚持节约资源和保护环境的基本国策。"启东坚持节约优先，加强源头管控，不断转变发展方式，培育壮大新兴产业，推动传统产业智能化、清洁化改造，加快发展节能环保产业，倡导环保意识、生态意识，构建全社会共同参与的环境治理体系，全面节约能源资源，协同推动经济高质量发展和生态环境高水平保护。

（一）提升城市风貌品质

1. 加快实施薄弱片区改造

启东系统研究制定"城中村"改造规划和土地支持等公共政策，采取环境整治、局部改造、整体拆建等不同模式和措施，对"城中村""城郊结合部""低洼片区""老旧小区"等薄弱片区实施分类整治、环境综合整治。规范道路停车，加大对车辆乱停乱放现象的整治；完善道路设施，使路灯做到全社区覆盖；大力整治街道"牛皮癣"，清理墙壁、电线杆、路灯杆上胡乱张贴的宣传单；对街面上所有商家店铺做到"一店一招"，对出摊占道的经营者进行规劝、制止，直至取缔，做到文明合法经商。

对现有薄弱片区农贸市场进行全面整改，拆除市场内的违法建筑，改善市场卫生状况；新建一批农贸市场，引导游动商贩进入市场规范经营，杜绝占街经营和沿街叫卖。不定时对农贸市场进行突击检查和专项整治，创建干净、清洁、文明的农贸市场，为百姓营造干净、舒适的购物环境和居住环境。

进一步完善居民生活垃圾的分类收集和集中处理体系。在春、秋两季集中对社区进行除"四害"工作，对厨房、厕所、阴沟、院落等容易滋生"四害"的场所全方位投放及喷洒药物。完善规范化管理，细化环境卫生管理责任，把卫生整治工作落实到具体社区卫生干事、保洁员身上。同时每天组织卫生监督员对环境卫生保洁情况进行监督检查，发现问题及时通知保洁人员处理。

2. 开展市容环境专项整治

针对占道经营、户外广告、道板违停、抛撒滴漏、违法建设等市容违法行为，持续开展各类市容环境专项整治活动。全面推进对偷倒乱倒建筑装潢垃圾的专项整治行动。通过研究建立人盯技防、有堵有疏、部门联动的机制措施，实现对偷倒垃圾的综合治理。加强街道出新和绿化，对破损道路实施修补，增设绿化带。加强长效管理，落实相关人员责任，统一安排运行经费，维持治理效果。在全市范围内以街道为主、市区联动持续开展对市容热点难点问题的攻坚整治活动，通过强有力的整治态势，有效解决市容凸出问题。

根据《江苏省城市户外广告设施专项规划编制纲要（试行）》要求，协同相关部门修订全市户外广告控制性规划，强化启东市广告总体规划的完整性、规范性。健全广告管理规范，通过完善管理意见、出台监管办法等措施，对沿街滚动字幕屏、全彩 LED 屏等自设性广告设施加以规范管理。深化户外广告出让管理。以各街道户外广告详规编制为基础，依托户外广告综合管理数字化系统，对全市户外广告公共阵地的市场化运作进行统筹管理，提高出让效率。

3. 提升城市绿化品位

近年来，启东市不断加强机关、学校、医院、社区、厂矿企业等单位的绿化工作，全面提高单位绿化水平。要求新建单位绿化用地面积不得低于总用地面积的 30%，旧城改造地区的新建单位绿化用地面积不得低于总用地面积的 25%；其他单位可绿化地方全部绿化，并采取垂直绿化、高层绿化和盆栽绿化等手段，使绿化覆盖率达到 25% 以上。重点加强产业集中区和污染严重企业的单位绿化工作，因地制宜规划建设绿化隔离带。因害设防，选用对二氧化硫、氟化氢、氯气等有毒气体抗性较强，有耐污、抗污、抗烟尘、隔离噪音和耐火能力的树种造林，增加绿量，降低危害。

整体推进城镇建成区、近郊及远郊森林建设，满足全市城镇化快速推进的生态需求。加强城郊环城林带和城镇生态环境敏感区的隔离缓冲林带建设，发挥森林的分隔和防护功能。按照"城在林中、路在绿中、房在园中、人在景中"的总体要求，充分挖掘道路两侧、水系、居民小区、市民广场等地区的造林潜力，提高乔木树种、乡土树种在城镇森林建设中的应用比例，提升城镇森林建设质量和品位，营造季相分明、特色明显、色彩丰富的森林生态环境，通过森林城镇建设推进污染治理，有效控制和减轻城市热岛效应，提高人居环境质量。

4. 完善城镇垃圾收运体系

"十三五"期间，启东加快城镇生活垃圾无害化处理设施建设及对现有设施的提标改造。积极配套完善垃圾转运站、垃圾收集房、垃圾箱等设施设备，完善"组保洁、村收集、镇转运、市处理"管理系统和生活垃圾收集专业队伍，进一步健全垃圾收运网络体系。积极探索生活垃圾资源化利用途径，在滨江精细化工园区规划预留生活垃圾综合利用项目用地。积极推进生活垃圾分类收集处置，根据居民生活习惯及启东城乡实际，逐步建立垃圾分类收集标准，积极开展生活垃圾分类投放收集试点工作，加强对垃圾分类全过程的控制管理。深入普及生活垃圾分类知识，从垃圾产生源头做好分类工作。强化运输过程管理，杜绝分类垃圾混装运输。重点在居住小区、机关、学校、企业等场所开展生活垃圾分类收集试点。在生活垃圾分类工作的基础上，回收废物纳入全市资源回收系统，综合利用。对垃圾分类后的餐饮业泔水与食品加工有机物和部分有机垃圾进行集中收集，统一进行资源化利用。

5. 全面提高中心镇环境风貌

按照区域统筹、集聚集约、因地制宜、低碳生态的原则，优化完善城镇发展网络格局，提高城镇的综合功能，推动城镇可持续发展。加快城镇规划建设步伐。提高资源集聚程度，推进产城互动，把基础较好、人口规模较大的重点镇建设成为具有当地特色风貌、现代风格的小城市，成为启东经济转型发展的重要载体。突出文化建设，注重产城融合发展，创新城乡社会管理，把镇建设成为和谐发展、低碳发展的生态文明城镇。加快老集镇改造，进一步优化基础设施、公共服务设施，发展社区商业设施。发挥小城镇优势，积极培育文化创意、休闲旅游、体育健身等新兴产业。鼓励多元投资主体参与小城镇建设。

（二）建设美丽乡村

1. 提升农村居住品质

依据村庄规划，推进农房更新改造，健全农村房屋信息化、网格化、联动化管理体系，实现农房从规划、设计、施工、拆改、装潢到自然灭失的全过程、全寿命周期管理。凸出张謇规划的沙地圩田系统的民居特色以及时代特征，满足更高品质的居住需求，制定农村住宅建筑设计规范，编制农村住宅建筑设计图集，鼓励优质建筑施工队伍参与农房更新改造，加快建设具有江海地域特色的田园乡村民居。引导村民依据规划和设计规范实施旧房更新改造，提高房屋安全性、美观性、实用性。通过推进城乡建设用地增减挂钩、零散农村居民点归并整合等方式，优化农村用地布局，统筹安排农村住房用地，推动农户适度居住集中。完善农房建造质量管理办法，出台宅基地有偿退出、转让以及使用权流转等管理办法。

专栏 12　铺就"四好农村路"，跑出"乡村振兴"加速度

近年来，启东围绕"四好农村路"建设，打造"特色致富路""平安放心路""美丽乡村路""美好生活路"。截至 2021 年，全市农村公路总里程约 4270 公里，其中县道 393 公里、乡道 921 公里、村道约 2956 公里，构成

了城乡贯通、纵横交错、四通八达的农村路网体系。农村公路犹如一条条金丝玉带，与启东的江海湖泊交相呼应。

在推进"四好农村路"建设过程中，启东因地制宜、以人为本，立足路产融合、路旅融合，注重发挥综合效益，打造具有启东特色的品牌农路。近年来，启东市不断优化农村公路网络格局，放大"农村公路+"效应，提升农路服务乡村振兴、服务新型城乡建设的支撑力度。

一是创新"农路+文旅"模式。在合作镇环镇北路上打造南通市首条红色音乐公路，当车辆以35~40公里/小时经过时，原来单纯的胎噪就变化成了《没有共产党就没有新中国》的音乐。农路建设结合党建宣传，为党的二十大献上一份深情厚礼。

二是融合"农路+产业"模式。天江公路、老永兴路东路的提档升级和王海公路的中修养护，带动了天汾电动工业园、启隆生态科技产业园以及启东市省级现代农业示范园区等特色产业的经济发展。

三是强化"农路+旅游"模式。以由连心河路、海防中心线、江枫路等道路串联起的圆陀角度假区为例，黄金海滩年旅游人数60万人次，创收600万元；郁金香花海采取开放式游玩模式，年旅游人数50万人次，带动了周边其他产业的发展，筑牢了度假区居民生活富裕的大门。"四好农村路"助力乡村振兴战略，推进启东市持续高质量发展。

2. 加强乡村水环境治理

落实河长制，调整优化市、镇、村三级河长体系，实现全市河道河长全覆盖。大力推进农村地区水环境综合整治，实现镇村级河道水体有序流动，农村地表水环境全面改善。强化水环境质量目标管理，按照水功能区确定各类水体的水质保护目标，全面开展水环境治理。深入推进集中式饮用水水源地达标建设和规范化管理，切实治理各类环境隐患，保障饮用水水源安全。完善水系分区和布局，建立健全河道轮浚机制。对全市二、三级河道15处不畅通点，通过开挖明河、拓宽河道、拆涵建桥、拆除坝头坝埂等方式开展河道清淤、岸坡整治等工作。从疏浚河道、恢复河道基本引排功能、水环境治理和水生生境恢复等方面全面提升河道综合功能。全面实施节水改造工程和末级渠系改造，建成"节水高效、设施完善、管理科学、生态良好"样板。推进高效节水灌溉工程建设，大力发展低压管道灌溉工程、喷滴灌工程，建设节水示范区。实施灌排泵站更新改造，使灌排降工程布局合理。

3. 打造江海美丽宜居乡村

做好历史文化名村、历史悠久的传统村落、红色村落及传统建筑组群的保护、利用与发展。打造具有乡土风情、富有沿江沿海特色、承载乡愁记忆、展现现代文明的江海美丽乡村。引导村庄风貌建设，抢救性保护、创新性发展传统村落和传统建筑组群。推进垃圾分类收集处置。就近建设生活垃圾分类处理堆肥点，回收利用金属、废纸、塑料制品等垃圾；将落叶杂草、瓜皮菜叶等有机垃圾，进行堆肥沤制还田；利用建筑垃圾填坑填路。不可回收废物送往生活垃圾焚烧发电厂焚烧发电。

专栏 13 乡村容貌日见日新

2018 年以来，启东市持续推进农村环境卫生整治工作，着力解决农户家前屋后、宅垎、泯（宅）沟、畜禽棚舍四周环境问题。各镇、村建好垃圾中转房，靶向整治环境脏乱差问题，专项治理集镇周边区域环境。圆陀角、启隆镇开展生活垃圾四分类试点，东海、惠萍等 6 个镇建成了易腐垃圾处置设施，吕四港镇实现了餐厨垃圾的无害化处置。

2018~2020 年，启东市总计完成了南通市新一轮农厕建设改建 127760 座，全市无害化卫生农厕数累计达到 38.37 万座，卫生农厕普及率达 99.5%。同时，广泛开展村级公共厕所建设，全市已先期完成 76 座。

启东市全面启动农村水环境综合整治。共有 235 个行政村的生活污水设施初步建成并投运；整治黑臭水体 105 条；实施生态河道示范村建设工程，建成生态样板河道 225 条，生态河道示范村 27 个；整治四级河道 164 条，完成 4.8 万亩高标田项目区内"填小拓大"工程，共计整治五级河道 2385 条，完成疏浚土方 312 万方。

着力构建"政府主导、企业主体、公众参与"的农业环境治理体系。

现已建成 38 个废旧农膜回收点，总计回收废旧农膜 1235.2 吨，回收率 85%、残膜拾净率 95%；建立农药废弃包装物回收点 105 个，已回收 367 万瓶（袋）；推进畜禽规范养殖，规模畜禽粪污资源化利用率 100%；秸秆综合利用率 93%。

启东市现已实现所有农村道路的白色路面化，行政村双车道四级路覆盖及通达率 100%；实施路田分家、路宅分家总里程 750.613 公里，其中村级比例达到 94.3%；农村道路绿化率超 90%，公共照明覆盖率接近 100%；林木覆盖率达 25.31%；实现了省级卫生村的全覆盖；创建省级生态文明示范镇 1 个、示范村 3 个。

启东全市全部实行以生活垃圾、水环境、乱堆乱放、乱涂乱画整治及农路养护、绿化管护为主要内容的农村环境服务整体外包，实现了对农村环境的常态化管护。市、镇两级还广泛发动党员、干部、群众，并通过评选清洁户、文明户等形式，激发广大乡亲投身洁净家园行动，养成保持环境卫生的良好习惯。

4. 传承创新优秀传统文化

深入挖掘农耕文化，加强农业文化遗产保护，结合时代要求做好创造性转化、创新性发展。保护开发乡村传统文化，集中弘扬勤劳勇敢、艰苦奋斗、勤俭节约、邻里相帮等优良传统。弘扬乡村历史文化、民俗文化、生态文化，重塑雅适恬静的乡村人文环境，焕发乡村魅力。传承民间戏曲、民俗活动、民间音乐、传统手工艺等乡土文化，推进农村优秀传统文化艺术的普及推广。围绕传统节日，开展积极健康的文艺活动，办好农民丰收节。进一步挖掘乡村非物质文化遗产资源，广泛开展非遗进乡村活动，加强非遗传承人培养，推进乡村非遗整体性保护。传承传统建筑文化，做好优秀历史建筑的保护和利用。依托乡村特色文化符号，因地制宜建设村史馆、历史文化展室、农耕文化馆、家风家训馆、民俗旅游特色村落等。开发利用沙地圩田农业文化遗产。

（三）推进绿色低碳全民共建共享

1. 倡导绿色低碳消费模式

推行绿色采购。定期公布包括能效标识产品、节能节水认证产品、环境标志产品和无公害标志食品等绿色标识产品目录，引导公众优先采购绿色标识产品。认真落实《节能产品政府采购实施意见》《环境标志产品政府采购实施意见》，提升绿色采购在政府采购中的比重。将节能减排任务完成较好、清洁生产达到国内国际领先水平的企业产品纳入政府采购目录的优先考虑范围。制定并实施政府节能和环境保护产品采购落实情况监督检查办法，将落实情况作为各单位年度考核内容，杜绝采购国家明令禁止使用的高耗能设备或产品。

提倡使用绿色产品。严格执行国家关于限制过度包装的强制性标准，鼓励使用环保包装材料，促进包装材料的回收利用。深入推进限塑工作，严格限制一次性用品的生产、销售和使用，推广可降解塑料袋或重复利用的布袋或纸袋。推广使用无磷洗衣粉，限制销售、使用含磷洗涤用品。对能效标识产品、节能节水认证产品、环境标志产品和无公害标志食品等绿色标识产品生产、销售和消费全过程采取税收优惠或财政补贴，畅通绿色产品流通渠道，扩大市场占有率。

推广绿色经营和服务。市场监督管理部门制定绿色商场准入标准，创建一批绿色消费示范点，促进商家有效落实各项节能措施。鼓励商家发展网上交易、邮购和电子业务。大力推动绿色销售，转变企业传统经营方式，以提供服务代替提供产品，建立精益销售体系，达到节约资源能源的目的。

2. 培育绿色生活习惯

弘扬勤俭节约的优良传统，深入宣传节约光荣、浪费可耻的理念。引导机关、企业及广大群众从生活的点滴做起，争做低碳环保生活的倡导者和践行者。党政机关带头开展反浪费行动，严格落实各项节约措施。由文明办和环保局共同制定市民节能环保小手册，大力宣传和引导市民在消费行为中注重节约、节能和环保，提倡使用节能节水器具、养成节能节水的生活习惯、减少洗涤剂使用、减少一次性产品使用、外出就餐的"光盘"行动等。深入开展"反食品浪费行动"和"文明餐桌行动"，在全社会积极倡导厉行节约的生活方式。提倡自然健康食品，引导人们拒食各类保护动植物。提倡低碳着装，引导公众拒绝购买、使用野生动物皮毛制成的服装、物品，优先选择环保面料和环保款式。

广泛开展生活垃圾分类的宣传活动，采取进社区、学校、村庄宣传和印刷宣传册等方式，宣传生活垃圾的类型和分类方法，提高群众的环境意识，引导形成垃圾分类的观念。在城镇家庭、学校、企业、行政机关单位及公共场所设置四色垃圾桶和垃圾袋。在农村地区推行有机垃圾、有毒有害垃圾和其他无机垃圾三类分类方法，有毒有害垃圾和其他无机垃圾纳入城乡垃圾处理处置系统统一处理处置，有机垃圾根据实际情况进行堆肥处理，减少垃圾产生量。

3. 鼓励公众绿色出行

近年来，启东切实推进绿色出行发展。坚持公共交通优先发展，努力建设绿色出行友好环境、增加绿色出行方式的吸引力、增强公众绿色出行意识，进一步提高绿色出行水平。持续倡导公众优先选择节能环保、有益健康、兼顾效率的出行方式。采取财政补贴公交车票方式，鼓励市民优先乘坐公共汽车等公共交通工具，优化调整公交线路，提升公交服务水平。全面推进和深化公交都市建设，结合实际构建多样化公共交通服务体系。加快推进通勤主导方向上的公共交通服务供给。加快推进城市公交枢纽、首末站等基础设施建设。加强公众出行规律和客流特征分析，优化调整公交线网和站点布局，降低乘客全程出行时间。不断提高公交运营速度。加大公交专用道建设力度，优先在城市中心城区及交通密集区域形成连续、成网的公交专用道。加强公交专用道的使用监管，加大对违法占用公交专用道行为的执法力度。积极推行公交信号优先政策，全面推进公交智能化系统建设。优化地面公交站点设置，提高港湾式公交停靠站设置比例。因地制宜允许公交车在单行线道路上双向通行。

推进公共交通绿色化。探索绿色交通，提升区域内重点交通节点之间的系统连通度，优化与崇明全岛的交通联系，统筹规划消除断头路，提升农村公路等级。进一步提高空调车辆和清洁能源车辆的比例，提高无障碍城市公交车辆更新比例。持续推广电子站牌、手机 App 等信息化设施产品，为公众提供准确、可靠的公交车实时位置、预计到站时间等信息服务。实施阶梯优惠票价、优惠换乘、累计折扣票价等多种形式的优惠政策。推出适合游客使用的周卡、日卡、计次卡等市政公共交通票务产品。鼓励运输企业拓展定制公交、夜间公交、社区公交等多样化公交服务。建立与出行服务质量挂钩的价格制度。

4. 大力推广绿色办公

启东市政府坚持科学协调发展，践行"绿色、环保、节约、高效"的办公理念，努力打造资源节约型和环境友好型"绿色政府"。率先推动办公建筑节能监管体系建设，实行能耗统计与能源审计制度，开展党政机关建筑能耗定额管理试点，逐年降低人均综合能耗。提倡办公人员日常办公方式"绿色化"。白天尽量自然采光，鼓励使用节电型照明产品，减少普通白炽灯的使用比例，逐步淘汰高压汞灯；不使用的电子设备要关闭电源，不设置待机或休眠等带电状态。全市公共建筑严格执行夏季空调和冬季取暖室内温度最低和最高标准，在全社会倡导用电高峰期间室内空调温度夏季不低于26℃、冬季不高于20℃。减少一次性纸杯、烘手机、电梯、饮水机的使用，营造节能办公环境。建立中水回用和雨水收集系统，办公场所全面禁烟。开展办公耗材的回收利用，减少一次性办公耗材用量，进一步推行"无纸化办公"。利用"互联网+"模式，建立完善统一的政府网上办公服务系统，推广视频会议等电子政务形式，提倡节约使用、重复利用纸张、文具等办公用品。

5. 加强监测信息公开

扩大环境监测信息公开范围，加强环境监测信息发布系统建设，建立环境质量公告制度，由环保部门定期发布环境状况公报。定期公开集中式饮用水源地、重点流域断面水质数据。加大环境污染治理政策的信息公开力度，及时公开排污单位环境监管信息，督促排污单位公开污染治理效果。推进执法信息公开，每年发布重点监管对象名录，公开执法检查依据、内容、标准、程序和结果。建立重污染行业、企业环境信息强制公开制度，保障公众环境知情权。建立公众参与环境保护的有效渠道和合理机制，扩大公众环境参与权。建立健全公众舆论监督机制，鼓励公众对政府环保工作、企业排污行为进行监督评价，充分发挥"12369"环保举报热线和网络平台作用，完善环境违法行为有奖举报等制度，拓宽群众监督渠道，强化公众环境监督权。鼓励开展环境公益诉讼，依法支持公众对污染企业提起环境污染损害赔偿诉讼。建立环保公益组织的支持机制，促进环保公益组织依法、理性、有序地参与环境保护，增强其在环境保护工作的积极作用。依据《关于对环境保护领域失信生产经营单位及其有关人员开展联合惩戒的合作备忘录》，依法依规运用信用约束手段，构建政府、社会共同参与的跨部门、跨领域的失信联合惩戒机制。加强各级人大和政协监督，督促政府和企业履行环境保护义务。

6. 完善监督举报机制

针对生态环境问题，启东市不断健全举报制度，鼓励公民、法人和其他社会组织就生态环境问题进行举报。丰富生态环境公众监督形式，建立公众参与的环境后督察和后评估机制。建立社会舆情引导监督机制，明确舆论监督的范围和内容，健全环境舆论回应机制，加强对生态文明的舆论引导和公众监督。完善环境信访制度，建立环境信访预警机制和隐患排查制度，完善信访查处制度和积案化解制度。设立投诉举报信箱、领导信箱，完善24小时环保投诉举报电话、建立微信举报平台，畅通群众举报投诉渠道，及时回应群众关切。生态环境宣教部门建立"新闻发言人"机制，使启东具备充分运用环保宣教渠道的能力。在建设项目立项、实施、后评价等环节，有序提高公众参与程度。

（四）深入生态文明宣传教育

1. 重视党政领导干部生态文明教育培训

认真贯彻执行中共中央《干部教育培训工作条例》中关于"开展党中

央关于经济建设、政治建设、文化建设、社会建设、生态文明建设和党的建设等方面重大决策部署的培训"的要求，针对不同的干部培训对象，开展特色鲜明的生态文明培训活动。制定培训考核制度，将培训工作纳入各部门、各乡镇目标管理体系，培训考核结果纳入干部个人档案。拓展培训的方式渠道，充分利用干部网络学习平台，加强领导干部生态文明知识自学，结合实体班级专题集中学习，扩大启东市党政干部生态文明教育覆盖范围。

2. 推进校园生态文明宣传教育

依托绿色学校、环境友好型学校等载体深入推进校园生态文明教育。根据不同年龄段在校学生的心理特征，开展多种形式的生态文明教育，把生态文明建设纳入启东市国民教育体系。学校在开展课题研究时应注重生态文明课题开发，将生态文明教育融入地方性课程，与校（园）本课程相融合。鼓励学校师生积极参加与生态文明有关的纪念活动，如"6·5 世界环境日"。同时改善校园生态环境质量，将生态文明渗透到学生的学习和生活中。定期组织开展环境公益活动，深入社区和企业开展生态文明教育实践活动。

3. 开展企业生态文明宣传教育

强化企业生态文明建设的社会责任，重视企业文化建设中的生态文明理念培训。在规范生产经营方面，积极推广绿色工艺和新设备，鼓励产品及包装材料回收利用；规范环境管理制度，提高资源利用效率；重视员工技能培训。在生态文化宣传教育方面，定期组织企业领导和员工参加循环经济、低碳环保等生态文明知识培训，邀请国内外专家共同探讨产业生态化的经验和方法；编制印发《企业生态文明知识手册》，在企业内部开办生态文明厂报、建立员工学习室、编写生态环境知识手册、设立生态环境宣传板报、悬挂生态环境宣传横幅、举办大型环保公益活动。在企业生态文化教育方面，加强企业社会责任培训，激励企业管理人员、技术人员能够及时发掘最新的环保技术，推动企业进行技术改造和创新。

4. 加强社区生态文明宣传教育

以绿色社区创建为契机建设社区生态文化。制定文明社区、绿色社区创建规划，邀请社区居民对文明社区创建建言献策。通过发放环保手册、开辟报纸专栏、举办社区生态文化展览和主题宣传活动等多种形式，加强社区生态文化教育。通过向居民派发节水小用具、节能节水小窍门手册、环保手袋等，增强社区居民的生态文明建设参与能力。开展绿色家庭评选活动，给予绿色家庭一定的奖励，激发居民绿色生活的积极性。营造"人人讲环保、户户倡绿色"的良好氛围，进一步完善社区环境面貌，树立城镇生态文明新风尚。

分报告六

互联互通，走好经济开放之路

步入新发展阶段，国内外环境发生深刻变化。从国际看，世界正处于百年未有之大变局，全球经济衰退，世界格局加速调整，中美战略博弈长期存在，新冠肺炎疫情影响仍在持续。从国内看，我国发展韧性强、内需潜力足、回旋空间大，经济长期向好的基本面没有改变。从启东看，南通已迈入"万亿俱乐部"，正全力打造长三角一体化沪苏通核心三角强支点城市，为启东推进新一轮大开发、大开放、大发展开辟了广阔空间。

在国际环境和国内发展条件都发生重大变化的背景下，保持全市外贸传统优势、加快培育竞争新优势是事关启东发展全局的重大问题。近年来，启东市坚持以习近平新时代中国特色社会主义思想为指导，坚定不移贯彻新发展理念，坚持"接轨大上海，聚焦长江口，融入长三角，放眼全世界"的理念，积极抢抓"一带一路"建设机遇，加快构建"双循环"新发展格局，推动全市对外开放持续健康发展。

启东对外贸易量质齐升。2021 年，全市实现进出口总额 404.18 亿元，比上年增长 87.7%。其中，出口总额 259.84 亿元，增长 68.9%；进口总额 144.34 亿元，增长 134.5%，与 151 个国家和地区建立了经贸关系。全市利用外资保持稳定。全年累计新批外商投资企业 24 家，增资扩股企业 8 家，实际利用外资 3.85 亿美元。全市累计总投资超 3000 万美元的重大外资项目

11 个。新签对外承包劳务合同额 7465 万美元，比上年下降 27.3%；完成对外承包劳务营业额 8137 万美元，比上年增长 31.9%。

一 聚焦"一带一路"，深化国际合作

（一）抢抓"一带一路"发展机遇

"一带一路"倡议为启东扩展对外合作空间、融入新发展格局提供了战略机遇。

1. 加强与沿线国家贸易互动

长三角地区是"新丝绸之路经济带"和"21 世纪海上丝绸之路"的交汇地，启东位于长三角入海口北翼，是黄金水道通江达海的第一门户，既是新海上丝绸之路与长江经济带的重要承载地，也是陆上丝绸之路经济带的重要延伸地。大多数共建"一带一路"国家自然资源和农产品资源相对丰富，但工业化能力较弱，作为建筑之乡和电动工具之乡的启东，民营企业可以充分发挥自身优势，参与共建"一带一路"国家的基础设施建设。启东电动工具、海工装备等制造业基础雄厚，可与共建"一带一路"国家形成优势互补，使之成为启东产能转移的优良候选目的地。

2. 促进企业转型升级

"一带一路"建设给启东企业提供了持续推进产业升级转型的机遇和条件。随着各项配套措施的出台，将有力激发本地企业的成本优势、品牌优势和专业优势。促使启东企业由劳动密集型逐渐向技术密集型、资本密集型转变，助推启东制造业向提供高附加值方向迈进，实现外贸产业价值链高端化。比如，启东中远海运海工致力创新转型，在全球绿色清洁能源海洋装备市场先行一步，2021 年 10 月 8 日，其设计建造的北极 2 液化天然气项目首个 LNG 工艺模块 1-TMP-001 成功交付。11 月 23 日又成功交付 M019 北极 2 液化天然气项目 1-TMS-001 模块。这标志着启东中远海运海工实现了从中小型模块产品设计建造向高端大型模块产品设计建造的重大跨越。

3. 加快推进企业"走出去"

充分发挥企业优势、深度参与"一带一路"建设、构建国内国际双循环相互促进的新发展格局，是新时代赋予启东企业的重大发展机遇和历史使命。从发展路径来看，要实现启东企业高质量的"走出去"，客观上要求在做精产品的同时，高度注重产品品质的提升和产品品牌的打造，用产品的技术、质量和口碑助推企业出海。在"一带一路"建设推进过程中，启东结合自身有利条件在提高内生发展动力的同时实现向外发展的快速拓展，通过抢抓区域经济中的产业转移机遇、发挥分工合作效应，拓展国内和国际两个市场，使启东的优势产业获得更为广阔的生存发展空间。

（二）参与"一带一路"建设的主要成效

1. 以港带城，建设江口海边明星城市

高标准建设通州湾新出海口吕四起步港区。为打造通州湾新出海口最强引擎，启东市委、市政府和吕四港经济开发区共同推进港口的高水平开发建设。2021年12月吕四起步港区"2+2"码头工程顺利通过竣工验收，并于同年12月22日实现开港，正式投入使用。吕四港"2+2"码头是新出海口重点建设工程，由南通港集团与吕四港集团共同建设。工程位于吕四作业区西港池南侧，包括2个10万吨级集装箱码头和2个10万吨级通用码头，总共占用岸线长度1368米，陆域纵深620米。项目投产后预计年吞吐量为2000万吨，其中集装箱140万标箱，工程总投资约46亿元。吕四起步港区"2+2"码头工程作为服务江苏"一带一路"交汇点建设的支点，是国家长三角一体化发展战略的重点工程。吕四起步港区"2+2"码头的建成，为完善长三角港口群"一体两翼"格局作出了贡献。

专栏14 通州湾新出海口吕四起步港区

吕四港位于长江入海口，通江通海通上海，是上海一小时范围内开发开放、拥有深水岸线和土地资源的沿海港口之一，是国家"一带一路"建设、长江三角洲区域一体化发展战略的交汇点。吕四港作为江苏集装箱运输新出

海口起步港区，以"建设世界一流港口，发展千亿临港产业，打造现代国际港城"为总体目标，是承接南通沿江产业转移、长江经济带转型升级发展的重要支撑，是建设"一带一路"对外开放新门户、长江经济带江海联运新枢纽、长三角高质量发展新样板。

2008年吕四港的开发实质性启动。2020年加速推进"2+2"码头、进港航道、内河转运区、洋吕铁路等六大工程。2021年12月22日起步港区通用码头正式开港运营。同时吕四港国家一类口岸获批，10万吨主航道通航运行，大唐5万吨综合海运码头、广汇10万吨LNG专用码头建成投运，供热、供电、供气、污水处理等公辅配套设施均已完善。

吕四起步港区"开港即繁忙"，短短数月迎来了30艘外轮。这是启东拥江揽海核心优势的体现，也是扩大对外开放、实现动能转换、推动高质量发展的根本依托。承载"东方大港"使命，吕四港积极打造公铁水、江海河多式联运体系。临港规划建设28平方公里的产业区，已集聚多个百亿级项目，一个以新材料、新能源、装备制造为主的千亿级产业板块浮出水面。随着吕四深水大港百年梦圆、北沿江高铁开工在即，启东迎风聚势，打开发展新格局。

2. 多措并举，提升与沿线国家经贸合作水平

启东市外经企业积极应对经济发展新常态，围绕"一带一路"建设，多措并举、深拓市场，全力推进外经工作平稳发展，积极克服新冠肺炎疫情影响，确保海外项目顺利开展。

服务企业稳步"走出去"。根据全市"一带一路"建设实施意见及下一个五年工作目标，加快"走出去"步伐，引导企业积极参与"一带一路"建设，促进企业转型升级、发展壮大。推进外经企业不断拓展国际市场。引导企业参与省市组织的对外投资、承接工程等方面的投资环境说明会。加大企业调研频率，宣传国家、省、市级商贸发展资金相关政策，提高企业"走出去"的积极性。鼓励企业承接总包项目，通过外贸QQ群、电话联系及走访重点外贸企业，及时了解企业发展动态，重点掌握有"走出去"意向的企业，做好跟踪服务工作。

加强对外劳务市场监管。加强外派劳务服务宣传，通过微信、报纸、短信等形式，多渠道宣传引导劳务人员通过正规渠道报名、外派，提升平台知名度。协助企业招工。组织劳务合作企业参加同劳动力富余地区的服务平台和外派公司的交流对接。进一步加强"走出去"政校企合作，进一步拓宽招工渠道。不断规范对外劳务市场秩序，及时处置涉外劳务纠纷，调解企业与劳务人员的矛盾纠纷，引导劳务人员通过法律援助、劳动仲裁、法院起诉等手段解决合理诉求。

抓好境外企业疫情防控。按照南通、启东关于"外防输入"联防联控机制境外企业疫情相关文件精神，组织相关部门、企业召开会议，统一思想、明确工作职责。用好劳务合作工作群，及时交流境外疫情，研究部署境外企业疫情防控工作，分析解决存在的问题。排查企业在外人员情况、了解疫情防控工作开展情况，扎实做好境外企业疫情防控工作。

3. 开放包容，深化中外多领域融合

近年来，启东秉持共商、共建、共享理念，以开放包容的姿态，不断推动与共建"一带一路"国家在园区共建、城市互联等多个领域的深入融合。

积极推动优势企业走出去。启东是全国著名的建筑之乡，南通二建、启东建筑公司早在10多年前就走出国门，江苏中信集团在阿尔及利亚、沙特、科威特等海外市场业务猛增，江苏启安建设集团的机电安装业务已拓展到美国、委内瑞拉等国。抢抓亚投行和丝路基金成立等机遇，启东市推进资本跨境投资并购，鼓励有外经优势的房屋建筑、交通建设等企业"走出去"，积极参与"一带一路"投资建设，不断深化合作的领域和层次。

专栏15 "一带一路"背景下民营企业国际化的
"南通二建样本"

江苏南通二建集团始建于20世纪50年代，基础队伍源自一批能工巧匠组成的建筑合作社。改革开放初期，在"援疆援庆"中立下汗马功劳。历经多年分合更迭，延续发展传奇，1985年正式命名成立南通市第二建筑安装工程公司，于 1998 年改制组建省级建筑集团，被确立为"建设部试点企业集团"。2005 年集团经第二次改制，快速发展成为省内领先，国内一流，集科研、施工、投资于一体，跨行业、跨地区、多元化经营的大型建筑企业集团。

南通二建建筑主业拥有房屋建筑施工总承包特级资质，4 个一级资质及多个其他施工关联资质，具备对外承建工程经营权、对外援助成套项目总承包企业资质。市场遍及全国 28 个省、自治区、直辖市的 100 多座大中城市以及美国、加拿大、以色列、泰国、新加坡、印度尼西亚、马来西亚、柬埔寨、安哥拉、阿尔及利亚、科威特等多个国家和地区。10 次荣列江苏省建筑百强综合实力考核第一名，连续 6 次排中国建筑竞争力百强企业前 20 名，连续 17 次进入中国企业 500 强、中国民营企业百强、中国承包商 80 强。其中，2016 年排中国建筑竞争力百强企业第 13 位，2021 年名列中国承包商 80 强第 11 位、中国企业 500 强第 255 位，被誉为"中国建筑行业标杆"。

2022 年南通二建集团"一带一路"沿线项目共有 3 个，分别是：马来西亚槟城，AT&S 马来西亚建筑项目一期 C04A（K1 及附属）项目，项目合同额为 5950 万美金，截至 2022 年上半年项目进度为 15%；以色列阿什杜德戴凯乐 3 号，建筑面积 23700 平方米，地下 4 层、地上 30 层，合同额 849 万美元，截至 2022 年上半年产值 63 万美元；以色列内坦亚海洋公园大楼，建筑面积 17550 平方米，地下 2 层，地上 31 层，合同额 362 万美元，截至 2022 年上半年产值 61 万美元。2022 年总的新签合同额为 7161 万美元。

积极共建合作项目，共享经贸互利。2021 年启东在建的海外项目达到 22 个，分布在以色列（15 个）、柬埔寨（4 个）、马来西亚（3 个）等国家。全年施工面积为 104.64 万平方米，其中以色列为 52.67 万平方米，占比超过一半，柬埔寨、马来西亚分别为 38.97 万和 13.00 万平方米；全年实现产值 7957 万美元，以色列产值最高，为 4136 万美元，柬埔寨、马来西亚分别为 3134 万和 687 万美元。2022 年 1~3 月，公司在建及已签约的海外项目共 19 个，分布在以色列、牙买加、柬埔寨、马来西亚等国家。截至 2022 年 3

月，已开工项目建筑面积共计 84.86 平方米，全部项目合同额约 25 亿元人民币，包括 AT&S 马来西亚 C04A 项目、紫晶壹号、援牙买加西部儿童医院、拉姆拉 305 等 19 个项目。

放大"走出去"先行先试效应。以江苏东成、国强等为首的启东电动工具产业在国外有很高的市场占有率。启东引导推动海工装备、生物医药、电动工具等优势产业积极拓展海外市场，建立境外原料、生产基地和国际化的营销网络，规避贸易壁垒，提高研发水平，不断拓展新的发展空间。

积极促进对外交流互动。2022 年 7 月，"2022 国际海报邀请展"于启东美术馆 2 号展厅展出。展览以"美美与共"为主题，向全球知名设计师、高等院校师生发出邀请，共收到全球各地设计师投稿作品 1000 余件。本次展出的海外地区作品，包括美国、俄罗斯、加拿大、韩国等 34 个国家和地区 90 位设计师的 97 件作品。本次展览通过创意海报这一国际化的设计语言与交流载体，展现开放多元的视觉艺术与技术运用、表达和而不同的创作理念与设计思想，促进国内外海报设计界的交流互动，展现新时代国际海报设计的发展生态与创新活力。

稳步推进涉外经贸活动。2021 年 6 月，2021 中国·启东国际经贸洽谈会在启东启幕，来自国内装备制造、新能源、智能制造、生命健康等行业的领军人物、企业、科研院所、行业协会代表等 200 多人齐聚启东，共话合作、共谋发展。本届经贸洽谈会以"向海扬帆启东疆 跨江融合创未来"为主题，同时举办了吕四港临港装备产业发展推介会、启东新能源产业发展论坛、启东电动工具产业高质量发展论坛、2021 年植介入医疗器械创新启东论坛等系列活动，成立了浦东·启东跨江融合生命健康产业联盟。中国·启东国际经贸洽谈会已经成为展现启东独特的资源优势、区位优势、产业优势，吸引国内外投资者眼球的重要窗口。

（三）推动"一带一路"建设向纵深发展

启东要推动"一带一路"建设向纵深发展，必须苦练内功、提高自身竞争力，通过战略性新举措深化国际产能合作，加快构建政策服务风险防范体系，增强重要信息的收集研判能力，加大资金扶持力度。

1. 突出推进国际产能合作五个"走出去"

一是"走出去"建设境外产业集聚区。鼓励企业在"一带一路"沿线国家布局和投资，促进加工制造、农业开发、资源利用等产业境外集聚发展，带动产业链上下游集群式"走出去"。二是"走出去"建立优势产业境外加工基地。引导启东海工装备、电动工具等传统产业走出去，利用"一带一路"沿线国家要素资源建立境外加工贸易基地，转移富余劳力、优化产业布局。三是"走出去"推动境外基础设施建设。发挥启东建筑工程优势，支持房建、路桥、市政、安装等工程企业走出去，推动海洋工程、港口机械、建材设备等大型成套设备开拓国际市场。四是"走出去"加强境外资源互利合作。充分发挥启东农业科教、物质装备、生产加工等方面的优势，开展境外粮食、棉花、油料等作物，以及境外有色金属、铁矿石等资源领域的投资合作。五是"走出去"拓展服务业境外投资。鼓励企业到境外开展商贸、物流、航运、旅游、房地产开发、软件和信息技术等领域的投资，为启东企业开拓国际市场加强配套服务。

2. 积极推进三大体系建设

一是大力建设政策促进体系。重点抓好"一带一路"倡议的宣传和引导。研究出台启东鼓励企业对外投资、参与项目建设的相关奖励政策和办法，用足用好上级各项扶持资金。鼓励企业在开展对外投资和承包工程业务的同时，增强国内建筑机械、材料、大型成套设备等出口能力，增加国内急需原材料、资源能源等产品进口量，实现对外投资合作和外贸进出口的共同发展。支持对外投资合作企业通过与国外合作伙伴相互参股、利用利润返程投资等方式促进利用外资增长。二是健全服务保障体系。重点做好信息服务工作，建立重大项目跟踪服务制度，加快人才队伍建设。组织优势产业板块抱团投资，通过境外相关专业协会的牵线搭桥，在境外设立专业园区，加快产业向外转移步伐。加强国内产业合作，做好承接上海、浙江、长江中游城市及苏南地区产业转移的准备，建设跨区域合作园区。发展电子商务，充分利用好省级电子商务示范园区这一平台，鼓励市内企业成立电子商务销售公司加盟，同时吸引国内知名电商加盟园区，带动和辐射全市企业参与国际竞争。三是强化风险防范体系。进一步健全境外企业风险防范管理机制，强化境外人员和财产安全保障，加强境外投资事中事后监管，帮助企业更好地防范境外经营风险。

3. 增强沿线国家重要信息的收集和研判能力

优化政企沟通渠道，结合产业特征和企业诉求，调整常态化疫情防控背景下启东企业"走出去"的产业政策和对外开放政策。加强与驻外机构、境外招商机构及海外商会的联系，依托现有成熟的境外投资企业，建立海外投资促进服务联络点，搜集境外项目合作信息，比如国际化过程中的国别和地区差异信息，乃至投资国的制度、风俗、宗教等方面的情况，争取第一时间提供给外经企业。探索建立赴共建"一带一路"国家投资的风险防范长效机制，为民营企业海外投资提供全方位支撑服务。加强与各级商务部门的沟通联系，组织企业参与重点展会，帮助企业及时准确了解境外投资环境、法律法规、税收政策等相关内容，推进和帮助企业"走出去"项目安全实施。

4. 加大资金扶持力度

多年来，国家外经合作专项资金、省级商务发展资金对企业开展对外直接投资、对外承包工程予以扶持，提高了企业"走出去"的积极性，但其主要目的是扶强扶大，企业享受扶持资金的难度较大。启东各级政府和相关部门加大对小微企业"走出去"的扶持力度，降低扶持门槛，为更多企业"走出去"提供扶持，尤其是在融资、税收、人才培养、信用保险、信息服务等方面。鼓励企业充分利用三种资源，不断促进企业在更高层次、更宽领域拓展市场。引导建筑、海工装备、电动工具等传统优势产业和装备制造业在共建"一带一路"国家布局，支持重点企业通过跨国并购、联合重组等多种方式获取先进技术和资源，有效提升外经合作后劲。协调有关金融机构创新融资产品、降低门槛、简化审批手续，帮助重大投资合作项目顺利实施。帮助企业充分利用出口信用保险政策，降低企业国际化的经营风险和成本。

二　优化营商环境，扩大对外开放

营商环境是企业生存发展的土壤，是产业发展的"隐形发动机"，是推动有效市场和有为政府更好结合的重要举措，对县域育先机、开新局，实现高质量发展具有重要意义。近年来，启东市持续深化"放管服"改革，持续打好优化营商环境"组合拳"，推动全市营商环境不断优化、对外开放持续深化。

一是营商环境不断优化。"十三五"期间，启东深入推进"放管服"改革，商事制度改革获省级嘉奖，简政放权创业创新环境领先全省。建设社会信用体系，"信用启东"上线运行。土地承包经营权确权登记颁证工作在南通领先。司法体制改革不断深化，法院破产审判经验被《人民法院报》专版推荐。中国社会科学院财经战略研究院公布的"2021年全国营商环境百强县（市）"榜单显示，启东市位列百强县（市）第20位，在南通市的县（市）中排名第一。

二是对外开放持续深化。"十三五"期间，启东抢抓战略机遇，对外开放合作程度不断加深。对沪合作全面拓展。全市深入落实长三角一体化发展战略，围绕全面接轨上海新定位，主动策应崇明世界级生态岛建设，协同推进东平—海永—启隆三镇一体化规划；联合开通长三角"一网通办"崇启专窗，沪启政务信息互通共享机制持续深化；强化交流合作，深化与浦东新区的协作，全力推进六大对接工程，全市15个镇、园区已与上海55个片区建立了合作关系。对外开放稳定发展，2020年实际利用外资达3.43亿美元，是2015年的1.52倍。

（一）深化改革，优化内外贸营商环境

持续深化"放管服"改革，加快推进政府职能转变。启东市结合自身实际，围绕改革重点，出台"深化'放管服'改革工作要点"，明确工作重点，压实责任、分工落实，持续深化简政放权、强化放管结合、优化政务服

务，行政效能不断提升。

1. 抓牢简政放权主线，释放发展潜能

持续扩大赋权范围。赋权 3 个省级开发园区权力事项 51 项、延伸公共服务事项 4 项，赋权 12 个镇权力事项 16 项、延伸公共服务事项 17 项，有力提升镇、园区经济发展活力。

全面规范公共服务事项。根据公共服务事项"省定清单"，梳理市级 184 项、镇级 41 项和村级 6 项公共服务事项清单，全市 13 个市级机关、12 个镇、265 个村（居）全部完成事项认领工作，进一步提升公共服务供给质量，为办事群众打造普惠均等、方便可及的公共服务。

不断深化"一件事"改革。推出"新生儿出生""开便利店""军人退役"等 15 个"一件事"改革。累计推行案例 100 个，月办件量突破 5000 件，以最少环节、最简材料、最短时间、最高效率为企业群众提供最便捷的服务。

2. 扛稳放管结合职责，健全监管机制

发挥"双随机一公开"新优势。持续完善"一表两清单、两库一平台"建设，监管联席会议成员单位扩展至 35 个部门。建立 AB 角联络员制度，实施分类分级"精准查"、内部整合"一起查"、部门联动"一次查"，确保工作件件有落实、事事有回应，实现"双随机一公开"监管全覆盖、常态化。

释放信用监管新动能。全市 34 个部门实现对信用信息的常态化共享管理。2022 年以来成功报送信用数据 38 万多条，其中"双公示"数据 11281 条。公示"红黑名单"1402 条。积极推行信用修复机制，推行以来已恢复信用 200 多家。

构建"互联网+监管"新机制。动态认领省"互联网+监管"事项 636 个，编制清单 685 项，对接数据 203.72 万条，通过一体化政务服务管理平台互动推送审批监管数据 19959 条，实现审管衔接常态化。

3. 优化服务举措，激发市场活力

创新实施"项目管家"机制。聚焦重特大项目，组建 5 个管家团队服务全市 5 个片区。每组配备专（兼）职项目管家，实行"一个项目、一个管家、服务到底"的服务模式，全面掌握推进、代办帮办责任区域内在谈及筹建项目。2022 年上半年已为 68 个重大项目提供招引预审服务和全程代办服务，平均办理时限缩短 50%以上。

专栏 16 项目管家典型案例

崇智半导体科技（江苏）有限公司的 MEMS 3D 探针卡项目于 2022 年 6 月 10 日下午取得施工许可证。启东市行政审批局为崇智半导体科技（江苏）有限公司的 MEMS 3D 探针卡项目配备专职的项目管家，建立"一对一"工作专群，在土地挂牌阶段主动对接企业，通过电话、微信等方式，指导企业相关准备工作，从材料提交到取得证书仅耗时 1 小时。

丰树集团物流仓储产业园项目是新加坡侨资企业，系启东市重特大项目。项目管家全程"保姆式"服务，当即为该项目建立微信工作专群，与镇区和企业保持实时沟通联系。"超前服务"保障申报材料一次过关，"容缺受理"保障全流程审批一次通过，使该企业在启顺利落户。

全力攻坚"拿地即开工"工作。制定《启东市工业项目"拿地即开工"实施方案》，"拿地即开工"工作全面推开。2022 年上半年已实现 12 个项目五证同发、"拿地即开工"，为 4 个项目发放桩基施工许可证，均比计划实质性提前开工 2 个月以上。"捷捷微电子"和"京沪重工"两个项目作为优秀案例被江苏省住建厅推荐到住建部。

专栏 17 "拿地即开工"优秀案例

2022 年 3 月 22 日江苏捷捷微电子股份有限公司总经理黄健宸从启东市行政审批局项目管家手中一次性获得"五证"（用地规划许可证、不动产权证、工程规划许可证、审图合格证、施工许可证），标志着该公司功率半导体"车规级"产业化建设项目成为全市首个享受到"拿地即开工"创新改革红利的工业项目。两天办五证，也刷新了全市重大项目审批的最快时限。

2022 年 3 月 29 日下午，在经历了两天审批文件转换手续"接力赛"后，位于寅阳镇海工园的京沪重工智能绿色特大跨径桥梁生产基地项目，顺利领到五证。该项目土地于 2 月下旬挂牌。为加快项目申报进度，启东市行政审批局第一时间联合市大项目办、海工园、自然资源和规划局、住建局等相关部门，启动"拿地即开工"审批服务机制。服务期间，充分用好土地挂牌公告"等地期"，由项目管家团队牵头，市镇两级紧密配合，多次召开项目协调推进会、方案论证会、现场办公会。将审批要素细化成"项目审批、用地审批、现场推进"三条工作线；按业务流程制订"项目策划、全程代办、问题销号"三项服务；按时间节点开展"环节并联、报审同步、容缺办理"三项工作。前置建设条线准备工作，土地出让挂牌和签订出让合同期就完成了设计方案、施工图的技术审核，洽谈了施工单位、监理单位，并完成用地规划许可、工程规划许可、施工许可的材料审核。

全面推行"受审分离"改革。组建成立"综合受理发证中心"，实施"全科受理""集中踏勘"。"全科受理"减少 23% 窗口，234 个事项实现跨部门无差别受理。"集中踏勘"11 个事项，随机抽组，一办件一小组，已服务 369 家企业，平均每件提速了 5 天。初步形成了受审分离、阳光运行的政务服务新体系。

开设对接上海"虚拟窗口"。主动对接上海崇明和浦东，建成"时空压缩、虚实结合、协同共享"的沪启政务服务"虚拟窗口"。共设置公安、社保、不动产、公共资源交易等 16 个虚拟窗口，提供线上线下 143 个服务事项，沪启两地企业和群众均能享受"异地不见面服务"带来的便利。

持续拓展"通办"事项。实现残疾人证、医保参保登记、医保电子凭证、医护保险参保信息变更、医保转移接续、异地就医、门诊费用跨省结算等业务"跨省通办"，实现户口迁移长三角区域"一网通办"。

不断创新便民举措。打造"15 分钟医保服务（站）圈"示范点，分别将 19 项和 12 项日常业务下沉到"圈"和"站"，实现医保服务"一次办"、不动产登记"交房即发证"常态化，让群众体验快速审批的改革红利。

4. 深化商事制度改革，破解准入不准营

持续优化"一站式"企业开办服务。通过实施"一件事、一次办、零费用"改革，极限压缩审批时限，提供免费刻章、赠送创业大礼包。深化延伸政银合作机制，实现银行网点"就近办理"。依托全程电子化办理、全链通平台，拓展银行代办服务，实现了营业执照、公章刻制、涉税事项、银行开户、社保登记、医保登记、公积金缴存"七办一体"。实现企业开办0.5个工作日办结的常态化服务。

全面落实"证照分离"改革。梳理并公布了87个涉企经营许可事项改革清单，通过"直接取消审批、审批改为备案、实行告知承诺、优化审批服务"四种改革方式，进一步优化市场准入，2022年上半年已累计完成3585办件，实现企业"准入即准营"。

专栏18　"告知承诺制"改革案例

告知承诺制简化了卫生许可证审批流程和审查内容，推动公共场所管理重心从事前审批向事中事后监管的服务转变，不仅加快了行政审批速度，让群众享受简单便捷的办证服务，也有利于经营者尽早投入经营。2022年2月9日王女士向行政中心三楼民生服务区综合窗口咨询办理《公共场所卫生许可证》，告知窗口工作人员自己的美容店已准备开始营业，急于办理卫生许可证，但是由于材料中《卫生检测报告》一项检测结果等待时间较长，无法现在提供。了解情况后，窗口工作人员根据"告知承诺制"改革的相关规定，决定采用告知承诺的方式办理该业务。在店主提交了准备好的申请材料，并签订行政许可告知承诺书，承诺在约定期限内取得并补交所缺的《卫生检测报告》材料后，工作人员现场为该店发放了《公共场所卫生许可证》。

成功试点"一业一证"改革。全面摸排梳理企业关联度高、发生频次高、准入环节多的事项，首批推进了10个行业作为试点事项，设计开发《行业综合许可证》制发系统，初步形成了"可借鉴、可复制、可推广"的改革经验。2021年5月28日南通地区举办"一业一证"试点首发仪式，启东的改革效率和成果得到南通市政务办的充分肯定。

推广电子营业执照应用。为加快推进高频电子证照跨省互认，市政务办积极协调对接，实现全省电子营业执照推广应用首发仪式在启东市召开。全省首张利用电子营业执照跨省办理的分公司营业执照从启东发出，标志着全国任何地方的有限公司想要在江苏省设立分支机构均可通过电子营业执照全程电子化办理，使"跨省网办"再上新台阶。

创新"集群注册"。2022年6月30日启东市集群注册托管机构签约揭牌仪式在启东生命健康科技园举行。集群注册打破了过去"一址一照"的限制，多个企业可以以一家托管机构（经营场所）提供的地址作为住所登记。由该托管机构提供批量注册、代收法律文书等住所托管服务。目前可申请注册登记的涉及批发零售、软件和信息技术服务、文化艺术等16个行业。有效减轻企业的创业成本，为初创企业带来福音。

通过持续深化"放管服"改革和"商事制度"改革，启东政务服务群众满意度第三方测评结果持续保持在99%以上，创业创新活力显著增强，企业群众获得感不断提升。

（二）聚焦重点，深化沿海开放合作

1. 拓宽合作领域

加强同长三角区域和长江经济带内各城市和港口联系，推进江海联动、陆海统筹，在产业协同、园区共建、港口联动等方面建立有效沟通机制，开展全方位、多领域、深层次的合作。充分发挥政府主导作用。搭建政府、园区、企业、协会等交流合作平台，构建全方位、多领域、深层次推进机制，努力突破产业、科技、金融等方面政策壁垒。搭建创新经济载体。大力推动技术创新和产业转型升级，加强与长三角重点产业平台协作，激发产业发展新活力。根据智能制造装备、新材料、电子半导体等战略性新兴产业发展需求，以服务资源、平台和载体为方向，联合打造合作项目。构造一流营商环境。深化"放管服"改革，提升政务服务水平和投资便利化水平，大力营造市场化、法治化、国际化营商环境，进一步提升对企业、人才的吸引力和集聚力。

2. 提升开放功能

充分发挥陆海内外联通、东西双向互济的开放功能。向西"优江拓海"，打通面向长江中上游大通道；向东"走向深蓝"，积极融入东亚经济圈。改革监管服务，通过现代信息技术简化检验检疫、审批通关流程，为进出口贸易与对外经济技术合作提供最大限度便利。支持建设高水平开放平台，探索建设 B 型保税物流区，研究启运港退税政策。畅通国际物流通道，拓展双向贸易规模，引导电动工具、半导体等行业"走出去"，积极谋划在 RCEP 成员国建设境外产业园，探索共建共享海外仓。提高外资项目储备，围绕生命健康、海工装备、电子信息、新材料等重点产业的外资项目，积极争取扩大新设或增资企业数量。突出制造业外资利用，重点对制造业领域的新设和增资项目在用地成本、税收奖励、固定资产补贴等方面给予更加优惠政策扶持，提高外资项目的吸引力。

3. 建设高能级园区

突出沿海园区产业特色，增强沿海园区产业项目承载功能，提高产业集聚度和产出效益，打造各具特色的重点产业集群，提升沿海园区能级。推动沿海各园区分工协作，形成差异化发展格局。抢抓上海和苏南产业转移机遇，放大沿海地区土地资源等优势，吸引高质量产业、重特大项目、领军型企业落户园区。建设沪启合作示范园区，深化沪启两地产业协同发展，全面规划建设启东配套浦东产业园、东江生物医药产业园、半导体装备和材料产业园三大特色园区，打造对接上海"升级版"。实施《启东深入对接浦东三年行动计划（2020—2022 年）》，绘制深度对接浦东"路线图"，积极参与浦东"六大硬核产业"发展。启东配套浦东产业园重点发展智能制造、汽车零部件、生物医药研发等产业，东江生物医药产业园重点发展医药研发外包、数字诊疗设备、药物制剂等产业，半导体装备和材料产业园重点发展半导体装备产业和半导体材料产业，启东市将三个园区建成沪启跨区域合作的示范区。

（三）管好外事，助力构建"双循环"新发展格局

1. 提高政治站位

深入学习贯彻习近平外交思想，深刻领会把握新时代外交工作主线、理念方法、重点任务、使命要求，自觉把思想和行动统一到中央对外大政方针和省市委决策部署上来。聚焦国内国际两个大局，统筹发展安全两件大事，扎扎实实做好各项工作，努力在服务国家总体外交大局和推动启东高质量发展中开拓进取，奋力开创全市对外工作新局面。

2. 明确目标任务

全力构建对外开放合作崭新格局。深层次拓展经贸合作，加快"走出去"步伐，支持建筑、海工船舶、电动工具等企业走出去，参与全球资源配置和产业协作。加大"引进来"力度，精准开展招商引资，不断拓展境外产业合作新空间。多渠道推动交流交往，拓展友好交流的广度和深度，深化与韩国巨济友好城市的沟通交流，积极推动人文交流和民间交往，让对外开放成为启东的鲜明特征。严格规范外事管理，树立总体国家安全观，高度重视涉外安全管理，健全完善涉外管理应急体系，不断提升涉外安全工作水平。

3. 坚决贯彻党管外事原则

切实加强市委对全市外事工作的集中统一领导。加强市委外事工作委员会对全市外事工作的统筹谋划，系统推进全市各领域对外交流合作。外事办发挥好统筹、协调、服务职能，全力推进全市外事工作向纵深发展。进一步压实责任，各对外工作部门牢固树立"大外事"观念和"一盘棋"理念，既要抓好分管领域的对外工作，又要增强全局意识、主动配合做好相关对外工作，形成共同发力的工作局面。进一步建强队伍，加强对现有外事专业人才和基层外事干部的业务培训和管理，全力打造一支政治坚定、业务精湛、作业过硬、纪律严明的对外工作队伍，为新时期外事工作开展提供坚强的组织保障。

三 支持外贸发展，培育竞争新优势

（一）对外贸易稳步增长

对外贸易是启东开放型经济的重要组成部分和经济发展的重要推动力量。"十三五"期间，启东积极抢抓"一带一路"建设等机遇，不断加深对外开放合作程度，全市外贸持续稳定发展。

1. 对外贸易规模平稳增长

"十三五"期间，启东市外贸进出口总额累计达到 151.74 亿美元，较"十二五"期间累计增加 12.83 亿美元，增长 9.24%，如表1所示。

表1 2011~2020 年启东市对外贸易进出口额

单位：亿美元

年份	2011	2012	2013	2014	2015
进出口	24.91	20.28	32.33	30.72	30.67
进口	6.63	5.85	5.82	7.67	5.86
出口	18.28	14.43	26.51	23.05	24.81
年份	2016	2017	2018	2019	2020
进出口	29.92	25.16	29.37	36.17	31.12
进口	3.68	4.64	6.46	8.48	8.92
出口	26.24	20.52	22.90	27.69	22.19

资料来源：启东市商务局，整理计算得出。

2. 贸易结构在调整中有所优化

2017~2019 年期间，启东一般贸易进出口额均高于加工贸易进出口额，贸易结构在调整中有所优化。具体而言，2019 年全市一般贸易进出口额达20.18 亿美元，比加工贸易进出口额高出 5.76 亿美元，较 2016 年增长53.46%（见表2）。其中一般贸易进口额翻了4倍多，是一般贸易进出口额实现较快增长的主要来源。

表 2   2016~2019 年启东市一般贸易、加工贸易进出口额

单位：亿美元

贸易方式	2016 年	2017 年	2018 年	2019 年
一般贸易出口额	11.94	14.24	17.31	13.94
加工贸易出口额	14.31	6.28	5.56	13.04
一般贸易进口额	1.21	3.55	4.87	6.24
加工贸易进口额	2.35	1.07	1.54	1.38

资料来源：启东市商务局，整理计算得出。

分产品类型看，机电产品仍然是启东第一大类进出口产品。2016~2019 年，启东全市机电产品累计进出口 82.95 亿美元，较高新技术产品高出 48.63 亿美元。时间趋势来看，2019 年全市机电产品进出口达 24.91 亿美元，较 2016 年提高 6.18%；2019 年全市高新技术产品进出口达 8.57 亿美元，较 2016 年下降 21.95%（见图 1）。

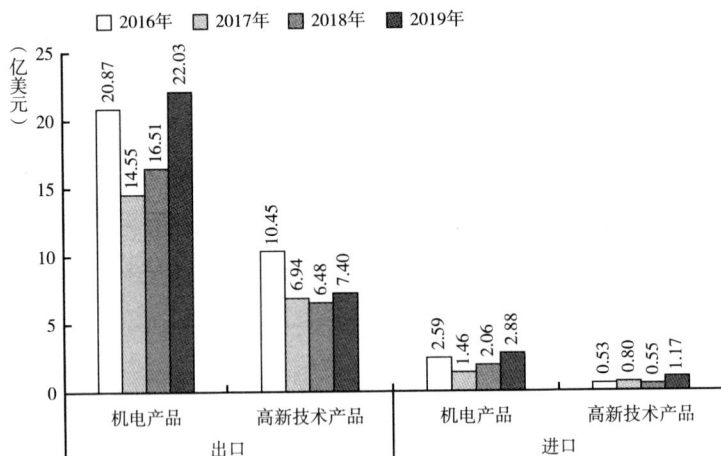

图 1   2016~2019 年启东市主要产品进出口额

资料来源：启东市商务局，整理计算得出。

3. 民企外贸超越外商投资企业

2016~2019 年，启东民营企业外贸规模逐年增长，于 2019 年首超外商

投资企业，进出口总额达 16.29 亿美元，占全市进出口的比重为 45.15%，高出外商投资企业 8.67 个百分点。外商投资企业进出口总额出现较大幅度的下降，由 2016 年的 21.49 亿美元下降至 2019 年的 13.16 亿美元，下降 38.77%。相对应地，外商投资企业进出口总额占比由 2016 年的 64.70% 下滑至 2019 年的 36.47%（见图 2）。

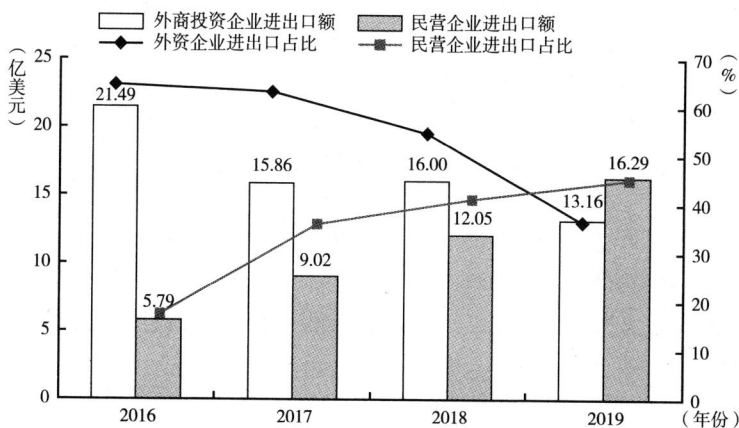

图 2 2016~2019 年启东市不同进出口主体贸易额

资料来源：启东市商务局，整理计算得出。

4. 逐步加深与东盟、欧盟的贸易合作

2019 年启东出口贸易前三大地区是东盟、欧盟和中国香港，出口总额分别为 6.08 亿美元、5.59 亿美元和 3.11 亿美元，较 2016 年分别提高 70.03%、280.11% 和 8.21%（见表 3）。2019 年对日本和印度出口贸易额分别为 2.45 亿美元和 0.92 亿美元，较 2016 年分别下降 41.73% 和 72.22%，退出启东市出口贸易前三大地区名单。

从进口额来看，2019 年全启东市主要进口来源地为东盟、日本和韩国，进口额分别为 3.21 亿美元、2.04 亿美元和 1.31 亿美元，较 2016 年分别提高 170.90%、719.89% 和 94.07%。2019 年欧盟地区进口额为 1.10 亿美元，与 2016 年相比基本持平，"不进则退" 导致欧盟退出启东市进口贸易前三大地区名单。

表3 2016年、2019年启东市对主要国家和地区货物进出口情况

单位：亿美元，%

国家或地区	2016年			2019年			增长率	
	出口额	进口额	顺差	出口额	进口额	顺差	出口额	进口额
美国	1.40	0.10	1.30	1.70	0.17	1.54	21.42	65.27
欧盟	1.47	1.02	0.45	5.59	1.10	4.49	280.11	7.81
东盟	3.58	1.19	2.39	6.08	3.21	2.87	70.03	170.90
中国香港	2.87	0.01	2.86	3.11	0.00	3.10	8.21	−78.60
日本	4.21	0.25	3.96	2.45	2.04	0.41	−41.73	719.89
拉丁美洲	1.33	—	1.33	2.03	—	2.02	52.73	—
韩国	1.43	0.68	0.76	1.83	1.31	0.51	27.30	94.07
中国台湾	0.19	0.06	0.12	0.20	0.11	0.09	7.16	74.23
印度	3.31	0.02	3.30	0.92	0.34	0.58	−72.22	2172.35
非洲	0.24	—	0.24	0.92	0.34	0.58	282.14	—
俄罗斯	2.90	—	2.90	0.23	0.35	−0.12	−92.01	—

资料来源：启东市商务局，整理计算得出。

从进出口顺差来看，2019年启东市进出口顺差前三大地区为欧盟、中国香港和东盟，顺差分别达到4.49亿美元、3.10亿美元和2.87亿美元，相较于2016年的日本（3.96亿美元）、印度（3.30亿美元）和俄罗斯（2.90亿美元），启东市顺差来源地进行了"大洗牌"。

（二）稳外贸举措成效显著

1. 启东海关："三个服务"促进外贸稳增长

近年来，南京海关所属启东海关主动融入地方经济社会发展全局，通过"贴心服务、创新服务、精准服务"，助力启东开放型经济发展不断迈上新台阶。

贴心服务，努力提升工作效能。启东海关立足通州湾新出海口吕四起步港区发展建设需要，推进码头开放，积极争取上级支持，确保码头泊位获准临时启用。2021年12月22日通州湾新出海口吕四起步港区开港运营，开港2月余，出口货物2.3万吨、货值4.08亿元。风力发电叶片支架、克令

吊、钢管、钢结构、给料机出口到世界各地，呈现开港即繁荣的景象。持续优化口岸营商环境，聚焦 RCEP 协定生效实施，持续做好原产地签证管理，助力企业尽享协定优惠。2022 年 1~2 月，共为辖区内 18 家企业签发 RCEP 原产地证书 97 份，签证金额 3200 多万元。持续巩固压缩整体通关时间成效，1 月进口整体通关时间 14.62 小时，较 2017 年压缩 88.41%，压缩比居江苏省前列。

创新服务，全力推进深化改革。多维度提升创新效能，推进改革创新"样板田"打造行动，是启东海关近期推出的创新服务措施中卓有成效的一项。针对江苏大唐国际吕四港发电有限责任公司进口煤炭查检工作，启东海关创新采用"5G+AR"技术，提档升级进口煤炭智慧取送样创新平台的运用。通过视频监控方式记录煤炭取样全过程，后期可回看、可追溯，在优化现场监管的同时，提升监管效能，有效解决了煤炭卸货受天气因素影响耗时较长等问题，提升了企业卸货周期。启东海关还围绕重点领域改革不断创新，持续推进全业务领域一体化改革，进一步提升"牵头部门+专业协作"工作模式效能，创新提出先行先试进口货物集中查检作业模式，有效压缩每批货物的查验时间，进一步提升企业获得感。

精准服务，着力优化海关监管。启东海关立足地区产业布局和相关企业实际，打好政策组合拳。合理调整寰宇东方海关监管作业场所区域设置，1 天内办结海关监管作业场所变更行政许可手续。支持外贸新业态，联合地方商务部门共同推动跨境电商发展。2020 年已有 4 家属地企业通过"9710"贸易方式出口货物，货值 7476.1 万元。为保障广汇能源 LNG 能源进口快速通关，启东海关在广汇能源开展"两步申报"改革试点，推行便捷的申报制度；指导帮扶企业实验室顺利通过 CNAS 认证，并将检测实验室前移至码头接收站，实现"卸货即检"。在口岸查验环节，以担保放行的方式提高口岸通关效率。

2. 启东商务：加大外贸产业扶持力度，有效释放发展潜能

为深入贯彻落实启东市委、市政府关于"营商环境提升年"工作的总体要求，2022 年启东市商务局从实际出发，坚持问题导向，注重工作创新，在外贸产业方面做了一系列的努力和探索。

加大展会支持力度，开拓双线代展业务。组织 49 家企业参加 131 届线上广交会，斩获线上订单超 1.5 亿元。为企业谋划南丰展、浙江义乌国际智能装备博览会、越南国际五金工具展览会等展会平台的组展参展工作，对企业参加境内外展会给予不同比例的奖补。力争在企业开拓双线代展业务，重点推出以基地形象展示的线下展会，推动启东市企业开拓国际市场，抢抓订单，不断扩大与新兴市场国家的贸易往来。

主动上门服务，摸清企业发展现状。对启东市 20 强外贸企业开展企业大走访活动，重点摸清企业在融资、用工、用地、用能以及进出口环节等方面的情况。对存在的问题及时协调解决，服务企业做大做强。持续开展 RCEP 优惠政策上门宣传辅导，指导企业在开拓国外市场时充分应用原产地等规则，为企业享受优惠关税与政策福利提供支持。

探索建立电商孵化基地，拓展市场销售渠道。利用吕四"2+2"码头港口优势，建立电商孵化基地，争取形成跨境电商资源集聚，发展数字营销。联合吕四港镇成立跨境电商中心，开设直播间，通过线上直播实现引流、营销、获客，通过网络集采的方式，降低企业采购成本，形成内外贸融合发展，助推企业快速发展。

3. 启东税务：主动出击，为出口企业保驾护航

新冠肺炎疫情对世界经济贸易造成冲击，复杂的国际形势给出口企业带来诸多困难和挑战。为增强本地企业的市场竞争力，启东市税务局围绕党史学习教育，深入开展"我为纳税人缴费人办实事暨便民办税春风行动"，主动向企业辅导出口退（免）税单证备案等相关政策，降低企业涉税风险，助力出口企业稳中求进。

出口退税提速增效。近两年化学纤维大行业总体呈下降趋势。江苏永银化纤有限公司积极开拓国际市场，致力于再生环保纤维的研发，紧跟国家"碳达峰""碳中和"战略目标。2020~2021 年企业共收到出口退税 466.54 万元，缓解了企业资金链紧张的难题。为提高企业退税效率，税务部门从江苏永银化纤的实际情况出发，专门为企业送去国内贸易税收优惠政策汇编，

为企业发展提供了充分的政策支持和纳税服务。

稳定外贸加油助跑。2019 年集运市场整体呈现"旺季不旺"，2020 年新冠肺炎疫情蔓延使上半年欧美等国港口吞吐量下降，连带引发了集装箱周转效率的降低，全球可用集装箱数量出现结构性、地域性短缺。2020 年下半年，港口集运贸易呈复苏态势，下游运输带动集装箱航运需求回升，寰宇东方国际集装箱（启东）有限公司出口形势向好。启东税务对其开启出口退税"绿色通道"。通过优化内部流转环节，确保自企业出口退税申报之日起 2 个工作日内审批完毕，为企业增强周转运营能力和拓展市场提供支撑。

护航"走出去"企业行稳致远。近年来，随着启东"走出去"企业的规模和数量不断增加，"出海"企业如何应对全球范围内双重征税带来的高税负，降低税收成本，实现税后价值最大化成为企税双方共同思考的问题。国际地缘冲突、处理境外税务事项能力不足以及疫情封控等因素叠加，给企业"走出去"带来更多不确定性。为助力"走出去"企业适应新趋势、新变化，启东市税务局"一企一策、专人专职"，为重点"出海"企业量身定制"走出去"政策个性化服务套餐。针对性地解读《"走出去"企业主要对外投资国家税制介绍》，事前推送风险防范建议、事中及时提醒和提供业务支撑、事后配合争议解决，帮助企业合理判断并有效防范"走出去"税收风险。启东海外建筑市场业务、海外投资的逆势上扬。

（三）多措并举培育外贸竞争新优势

实现启东市外贸的可持续发展，必须牢固树立科学的发展观，关键是转变过去以追求数量扩张为主的外贸增长模式，正确处理好规模与结构、速度与效益的关系，更加注重进出口对社会发展的综合作用。

1. 推动全方位高水平开放，促进贸易更加优化平衡发展

开放是充分利用国内外两个市场两种资源、提高国际竞争力的必由之路。启东持续推进更高水平对外开放，稳外贸、稳外资，实现互利共赢。一是提高贸易开放度。支持优势企业走出去，鼓励建筑业、海工装备、电动工

具等行业龙头企业拓展海外市场。更加充分参与"一带一路"建设，开展境外并购和股权投资，建立海外研发中心、生产基地、销售网络和服务体系，提高资源要素全球配置能力。加快"走出去"步伐，积极引导企业参加国内外具有进出口性质的展会，参与拓展国际市场。鼓励企业结合自身实际开展和参与具有行业特色的涉外经贸活动，有针对性地拓展目标市场。推动出口信保、"通贸贷"提档扩面。支持企业利用网上广交会等展会活动和跨境电商平台，拓展"一带一路"等新兴市场。加快创建自主外贸品牌，支持企业自主品牌出口，重点打造吕四电动工具整体品牌。

二是积极开拓国际市场，构建多元的外部市场格局。推动进出口市场结构从传统市场为主向多元化市场全面发展转变。深耕美、欧、日等传统市场。加大拉美、非洲和中亚等新兴市场开拓力度。选择若干个新兴市场重点开拓，逐步提高新兴市场在启东市外贸中的比重。鼓励行业龙头企业延长产业链，提高国际化经营水平。推动优势企业强强联合、跨地区兼并重组和对外投资合作。鼓励创新型、创业型和劳动密集型中小微企业发展，支持企业走"专精特新"和与大企业协作配套发展的道路。支持有创新能力的外向型民营企业加快发展，不断推动各类外贸经营主体协调发展。

2. 培育外贸新型竞争优势，加快迈向全球价值链高端

启东发挥市域经济主体对外贸易的积极性和主动性，深度挖掘进出口贸易的潜力和资源。一是坚持出口与进口并重。在强化出口能力的同时，实施积极的进口促进战略。优化进口商品结构，加快提升出口产品技术含量。加快运用现代技术改造传统产业，推动传统产业向中高端迈进。加大科技创新投入，支持企业原始创新。鼓励企业以进口、境外并购、国际招标、招才引智等方式引进先进技术，促进消化吸收再创新。支持企业通过自建、合资、合作等方式设立海外研发中心。鼓励跨国公司和境外科研机构在启东设立研发机构。支持企业、行业组织参与国际标准的制定及在海外的推广应用。构建以企业为主体、市场为导向、产学研贸相结合的技术创新体系。另外，不断提高出口产品质量。积极采用国际先进质量标准，鼓励企业按照国际标准组织生产和进行质量检验。加强重要产品追溯体系建设，完善产品质量安全风险预警和快速反应机制，建立完善出口产品质量检测公共平台。支持出口企业开展质量管理体系认证，加强出口产品质量提升工作。严厉打击出口侵犯知识产权和生产销售假冒伪劣商品违法行为。

二是加强技术创新，推动产业转型升级。一方面，继续加大基础研究投入，鼓励企业自主创新，培育自有品牌，研发拥有自主知识产权的产品，构建自主营销渠道，主导行业规范和产品标准的制定，力争在全球价值链体系中具有较强的影响力和控制力。另一方面，培育高端高新技术产业，集聚高端创新要素，加快新技术与传统产业的深度融合。做优做强制造业和服务业，推动产业朝集约化、智能化、绿色生态方向发展，为助力贸易高质量发展奠定坚实的产业基础。

3. 多举措优化外贸发展环境，推动贸易健康可持续发展

启东不断完善外贸管理的制度政策与规则体系建设，持续构建法治化、便利化的营商环境，实现对外贸易高质量发展。一是完善外贸高质量发展制度体系，打造一流营商环境。以市场化、法治化、国际化为导向，围绕企业全生命周期，打造稳定、公平、透明、可预期的市场环境。全面对标国际市场规则体系，积极推动制度型开放。全面贯彻《外商投资法》，落实外商投资准入前国民待遇加负面清单管理制度。健全事中事后监管体系，建立健全外商企业投诉工作机制，保障外国投资者和外商投资企业合法权益。深入推进投资贸易自由化、便利化，加快"大通关"一体化，建设具有世界先进水平的国际贸易"单一窗口"。加强对外贸易与投资安全保障制度建设，健全贸易摩擦应对预案，统筹制订货物贸易与服务贸易相配合，贸易、投资、金融、科技等部门联动的对外贸易谈判方案。

二是实行积极的贸易促进政策。主动扩大进口，进一步降低部分产品的关税水平，减少关税壁垒。大力发展服务贸易进口，积极扩大国内急需的咨询、节能环保、研发设计、环境服务等知识、技术密集型生产性服务进口。加大金融、财税政策扶持力度。改善融资服务，鼓励银行业金融机构加大进口信贷支持力度。加大对有订单、有效益外贸企业的金融支持。加大对小微企业信用保险的支持力度，鼓励发展短期出口信用保险业务。调整完善出口

退税政策，进一步提高退税审核效率，加快退税进度，保证及时足额退税。

三是持续优化营商环境。放宽外资准入限制，缩减外资准入负面清单，推动现代服务业、制造业、农业全方位对外开放，在更多领域允许外资控股或独资经营。探索建立规范外贸经营秩序新模式，完善重点行业进出口管理和竞争自律公约机制，防止恶性竞争。简化行政审批程序，加大贸易便利化改革力度，推进提前申报等措施。加快办理货物船舶靠港及卸货手续，切实压缩申报准备、查验、缴税、放行等通关全流程各环节作业时间，提升通关效率。清理和规范进出口环节收费，为市场主体提供便捷的口岸通关服务，降低企业通关成本。

四　加强外资引进，集聚国际要素资源

利用外资是对外开放基本国策的重要内容。改革开放以来，特别是中国"入世"以来，启东利用外资取得了积极成效，外资在推动经济发展、产业升级、科技进步、财政增收、城市建设、民众就业等方面均发挥了建设性的作用。进入新时期，随着国际经贸呈现新趋势和国内经济进入新常态，利用外资工作肩负着新使命，也面临着新挑战。启东将外资作为开放型经济的重点，围绕提质增效和优化升级，以新举措推动利用外资迈上新台阶。

（一）"四力"齐发，助力项目招引成果斐然

启东全力跑好对接浦东第一棒，始终将招商引资作为全市经济发展的重中之重，不断拓宽招商引资渠道，主动出击、精准对接，吸引一大批优质项目落户。"十三五"以来，全市累计引进亿元以上产业项目 516 个，其中 10 亿元以上重大项目 117 个。2021 年启东突出招商重点，创新招商方式，新签约引进亿元以上产业项目首次破百，达 102 个。益海嘉里、卫华港机、万洋众创城 3 个百亿级项目相继签约落户，实现"百亿级项目新突破"。2022 年 1~6 月，全市新签约 3000 万美元以上外资项目 9 个，其中超 1 亿美元项目 4 个；新开工重大产业项目 70 个，其中 1 亿美元外资项目 2 个。

1. 聚产业，项目招引精准发力

明确产业方向，构建现代化产业体系。近年来，启东依托靠江靠海靠上海的区位优势、资源优势和产业优势，加快产业转型升级，积极打造以临港装备、智能制造等先进制造业为主导，生命健康、电子信息半导体、新能源等战略新兴产业为引领，现代服务业为支撑的现代产业体系。

组建产业分局，打造专业化招商队伍。围绕重点产业，成立四大产业招商分局和两大区域分局。加强产业研究，从专业化角度分析产业选址特性、精准锁定项目，专业化推进全市重点领域招商。园区根据自身产业情况成立10个以主导产业为主题的产业招商分局，按照"党政主要领导+分管领导+招商人员"模式组建招商队伍。全市共配备专职驻外招商人员106名。与复旦大学、新加坡国立大学苏州研究院、上海大学等高校合作，定期举办全市招商干部培训班，从宏观经济形势、产业发展、招商策略等方面深入学习，提升招商业务水平。

锁定重点区域，实施精准化招商。围绕跑好对接浦东第一棒，做足产业合作文章，针对浦东六大"硬核"产业，加快建设启东配套浦东产业园、东江生物医药产业园、半导体装备及材料产业园等产业承载平台。同时，深耕苏南、北京和广深等重点区域，集中精力围绕产业链上下游进行招商。近年来，一大批产业龙头和行业领军企业落户启东。临港产业集聚了卫华港机、益海嘉里等百亿级项目；生物医药产业集聚了药明康德、印度西普拉等一批行业龙头企业；半导体产业引进了至纯科技、托伦斯半导体等领军企业；海工装备产业汇聚了中集太平洋、寰宇东方等代表企业。

2. 拓渠道，项目来源更加给力

"十三五"以来，启东不断拓宽招商引资渠道，加快构建政府资源招商和社会中介招商"双轮驱动"的招商新格局。目前全市已初步形成了驻点招商（产业招商分局）、中介招商（世界五大行）、资本招商（资金公司）、乡贤招商（启中校友会、启东商会）等多元化招商渠道。

（1）驻外产业招商分局。市级层面组建生物医药、电子信息、智能制造、临港装备四个产业招商分局和北京、广深两个区域招商分局，园区层面构建 3 大招商板块、成立 10 个产业分局。聚焦上海、苏南等重点区域，主攻重特大项目和"专精特新"项目招引。

（2）大型央企国企。加强与中远海运、中集集团、招商局集团、中信集团、中储粮集团、中航科工集团等大型央企国企对接，借助央企国企产业带动效应，吸引产业链上下游企业来启投资兴业。

（3）世界五大行。与世邦魏理仕、戴德梁行和仲量联行等世界五大行进行战略合作，利用五大行在资源信息、专业服务、影响决策、市场运作等方面的优势，捕捉重大项目及外资制造业项目信息。

（4）知名行业协会。积极对接中国半导体行业协会、上海集成电路行业协会、上海生物医药行业协会、上海重型装备行业协会、上海粮油协会、上海外资企业协会、上海韩国商会、上海美国商会、上海市台湾同胞投资企业协会等知名协会组织，引进了益海嘉里金龙鱼食品工业园、鲲宝智能物流等重特大项目。

（5）知名基金公司。放大已成立的"金北翼"母基金作用，积极对接兴橙资本、中芯聚源、元禾璞华等半导体产业基金，嘉乐资本、金浦健康、恩然创投等生物医药基金公司和中欧资本、前海秋石资本、爱平资本等智能制造基金公司，为在手在谈战略新兴产业项目提供资金扶持。

（6）在外成功人士。发挥上海、北京、深圳、苏州、杭州等地启东商会以及启东中学校友会的桥梁纽带作用，举办"东疆之子家乡行"等活动，开展乡贤招商。

3. 强职能，项目推进更加有力

建立项目联合研判机制。制定出台《启东市产业项目质量综合评估办法（试行）》，聚焦重特大项目和"专精特新"项目，建立项目研判机制，联合发改、环保、自然资源、行政审批等职能部门，重点考察项目的投资方实力、科技含量、亩均投入产出、能耗、环保等指标，严把项目质量关，确保引入一批投资主体实力强、亩均投入产出高、产品市场前景好的优质制造业项目。

健全领导挂钩联系机制。建立四套班子领导挂钩联系项目制度，梳理

30 个左右在手在谈的相对成熟的重大项目，落实重大项目专班服务机制。组成"市领导+区镇主要领导+部门项目联合服务小组"推进专班，清单式、一次性解决项目落户存在问题。坚持把招商引资作为"头号工程"，将拜访项目任务分解至区镇，督促区镇主要领导带队招商。实施"日分析、周汇总、月点评"的项目推进机制，每天统计更新项目进展、招商组织推进情况，每周汇总形成招商引资工作周报，每月开展区镇招商工作点评工作。

整合资源凝聚招商合力。树牢"全市招商一盘棋"思想，统筹全市资源，破解区域限制，强化以项目质量论英雄导向，放大招商合力。联合相关部门，梳理全市可利用土地、已征未建土地和闲置厂房资源，提高资源利用效率。制定出台《关于工业综合体建设的实施意见》，引进万洋等高端工业综合体项目，拓展产业承载空间。做好开发区管理，指导和配合全市开放开发平台提档升级、沪启合作共建园区创建等相关工作。放大区镇招商资源。在启东经济开发区成立市场化招商公司，在吕四港经济开发区、高新区等采用富有竞争力的薪酬体系招聘专业招商员。

4. 重考核，激发招商内生动力

强化招商引资考核指挥棒的导向作用，完善招商引资考核办法，以考核促服务、以考核推发展。

强化过程考核。建立招商引资工作开展情况周报制度、招商引资在手项目进展情况月报制度和招商引资开展情况定期通报制度，进一步完善招商引资过程性督查考核机制。通过过程性考核和阶段性考核相结合，不断增强招商压力、增进招商动力、提高招商能力。

优化考核办法。突出重特大项目，重点考核 10 亿元以上重大项目。突出项目落地，提高具备开工条件项目分值，为项目建设提供有力支撑。突出外资考核，重点考核制造业外资和生产性服务业外资到账情况，优化提升全市利用外资结构。突出资源集约化利用，将盘活存量资产项目纳入高质量考核体系，缓解工业土地指标紧张形势。

完善激励政策。以"金北翼"母基金为依托，设立生物医药、电子信息产业子基金，为生命健康、电子信息半导体等"专精特新"中小项目落地发展提供资金支持。制定出台《外来投资项目第一引荐者奖励实施办法（试行）》，对为全市直接介绍（或起关键作用）外地来启东兴办投资相关产业项目（人才项目）的第一引荐人按照相关政策规定给予奖励，充分调动全社会参与招商引资积极性。

（二）招大引强，推动外资利用量质齐升

随着新《外商投资法》出台，启东深入外资企业进行宣讲，积极开展营商环境调研，贯彻实施"一口办理"政策，使外商投资更便利，通过招大引强，推动外资利用取得明显成效。

1. 招大引强取得更大实效

一是坚持以招引大项目为抓手。主攻世界500强企业、国企央企、上市公司、优秀民企，着力引进一批投资体量大、科技含量高、税收贡献大的项目。2016年以来启东市先后引进了总投资1.5亿美元的日立金属、总投资1亿美元的恒大温泉城、雅威科技、新城万博、恒大童世界、龙信置业、西普拉、药明康德、中集集团、国启环保等一批重大外资项目。

二是坚持以促进项目增量为抓手。深挖企业发展潜力，加快企业转型升级。2016年以来，启东市共有韩华新能源、东方寰宇、恒大、华滋海工、国启环保等30多家重点外资企业进行了增资扩股，促成了一批外资到账，提高了企业的市场竞争力。

三是不断完善项目库建设。实施"2050"在谈项目滚动推进机制，坚持领导带队招商、市领导挂钩推进重点项目。每周对在手在谈项目、领导外出拜访项目、签约注册项目以及区镇纳入"2050"项目的情况等进行工作通报。2022年上半年，启东实际利用外资2.8亿美元，完成率位列南通第一，利用外资提质增效工作获省政府通报表扬。

2. 利用外资实现高质量增长

2016年至2020年10月，启东市合同外资累计38.62亿美元，同比"十二五"期间增长60.18%；实际利用外资累计14.90亿美元，提前完成"十三五"规划目标任务（12.5亿美元），同比"十二五"期间增长

39.64%。其中战略性新兴产业实际利用外资7.88亿美元，占实际利用外资总额的52.89%，同比"十二五"期间增长44.32%。截至2020年10月，启东市累计新批外商投资企业123家，其中属于战略性新兴产业项目的有55个，占新批项目总数的44.72%。5年间累计新批投资总额超千万美元项目100个，其中超3000万美元项目72个，超亿美元项目28个，新增世界500强企业投资项目8个。

（三）创新举措，推动利用外资再上新台阶

1. 加大招商引资力度，优化招商资源配置

一是主攻重特大项目。坚持一切围绕项目转、一切围绕项目干，营造招引大项目、建设大项目的浓厚氛围。梳理、筛选全市在手在谈重特大项目，制定项目计划表，把项目从招引到开工建设具体化、图表化、形象化。以"任务上墙、挂图作战"的管理方式，明确各责任部门承担的具体内容、工作措施、完成时限，保证项目推进工作的及时高效落实。加强重大项目的规划、筛选、储备和动态管理，确保项目建设有效衔接。高度重视项目建设工作，策划储备一批重大项目、重点项目，建立分级、分类项目库，做到策划一批、储备一批、引进一批、开工建设一批。严格落实项目责任制，全力解决重大项目建设过程中的难题，确保项目引得进、落得下、早开工、快见效。

二是探索新型招商模式。持续巩固以商引商、委托招商、活动招商等传统招商方式，积极运用基金招商、市场化招商、科技招商等新兴招商方式，打好招商组合拳。注重基金招商。发挥已建立的"金北翼"政府产业母基金作用，聚焦生物医药、半导体、新材料、新能源、高端装备制造等产业，进一步放大财政资金杠杆引导作用，吸引金融资本、民间资本和社会资本共同参与，加快项目落地。利用市场招商。鼓励重点园区平台积极探索市场化招商，由政府平台公司成立招商管理公司，组建市场化招商队伍，提高招商成效。突出科技招商。把招商引资与科技创新紧密结合，建立科技招商工作机制。主动服务科技型项目投产达效，积极引导企业与科研院所强强联合。

充分发挥科技战线招商领军作用，实现招商分局与科技、人才部门的无缝对接，全力提升科技招商成效。

三是建立招商机构的运作机制。建立招商引资组织机制，没有健全的组织机制，招商活动就无从有序开展，也达不到预期效果。招商引资的组织机制，包括招商引资组织机构和组织行为两个方面。设置招商组织机构，除需考虑一般机构设置的原则外，还应兼顾招商工作的特点和规律，科学合理加以设置。招商组织行为就是要处理好招商组织机构之间或招商机构与招商活动的客体（投资人或投资企业）之间相互作用的方式和关系。建立健全招商决策机制。招商决策必须依据一定程序来进行，注重决策要素，讲究一定的原则和艺术，必须符合招商总目标，顺应经济社会发展方向。建立招商管理机制。根据招商工作开展的时间顺序，主要应做好目标管理、过程管理和绩效管理，提高招商引资的工作效率和工作秩序，形成后续优势，提高招商引资的综合潜力。建立行之有效的招商激励机制，调动各方面招商引资的积极性，促使目标效果最大化。

四是加大对接上海力度。完善招商机制，调动各方力量，坚持全员招商与专业招商相结合，积极承接沪苏浙产业及要素转移。进一步做好对接上海的工作，充分挖掘和优化园区存量资源，引进符合产业发展方向、科技含量高、附加值高的项目。建立健全与上海更加紧密的合作机制，实现市场相通、机制相融、资源共享、产业互补的宽领域合作对接。深入实施对接浦东三年行动计划，进一步深化沪启合作园区建设，导入一批优质产业和龙头项目。按照"张江标准"加快规划建设启东配套浦东产业园、东江生物医药产业园、半导体装备及材料产业园等三大对接浦东产业平台，探索"研发在张江，生产制造在启东"的产业合作新模式。围绕上海"十四五"规划提出的"3+6"重点产业体系，紧盯电子信息、生命健康、高端装备等六大重点产业集群，主动承接高端制造业项目转移，进一步增强两地产业合作。

2. 突出制造业外资利用，提高利用外资水平

一是提高外资项目储备。实现量的突破。引导区镇、驻外招商分局围绕生命健康、海工装备、电子信息、新材料等重点产业的外资项目，扩大新设或增资企业数量。通过开展多措并举的招商活动，引进一批大项目好项目，积极挖掘具有外资背景的项目，做好项目储备工作，确保签约项目数量质量再上新台阶。及时补充新的储备项目，形成"储备一批、开工一批、建设一批、竣工一批"的格局。推动质的飞跃。加大外资大项目招引力度，要在总投资超3000万美元的大项目个数上有突破，更要在制造业项目的占比上有所突破。注重招商项目质量，有针对性地引进新技术、新产业、新业态、新模式等优质项目。重点突破带动力强、影响力大的外资重点项目，形成大项目带动大产业发展的新格局。更多引进代表转型升级方向的项目，大力引进生物医药、电子信息、新能源新材料等行业领军企业来启投资。

二是狠抓项目落地和到账。强力推进以项目建设为中心的大发展、快发展势头。加快总投资15亿美元益海嘉里粮油加工项目正式投资协议的洽谈和签订，使其尽快注册落地。加快推进凌丰智能家居、松芝空调系统、通遂成套设备等在谈重点外资项目外资到账进程，着力提升注册项目的外资到账率。紧盯佳百味食品、极冠智能科技、邦全展示设备、迪康电力设备、金科纳米等已批项目到账情况，提高制造业外资到账占比。鼓励现有日立金属、西普拉制药、韩华新能源、药明康德等重点外资企业增资扩股，实现"以商招商、以外引外"目标。

三是突出制造业外资利用。根据国家、省级文件精神，结合启东市实际，起草出台《关于进一步加强利用外资工作的实施意见》，重点对制造业领域的新设和增资项目在用地成本、税收奖励、固定资产补贴等方面给予更加优惠的政策扶持，提高对外资项目的吸引力。对已有的制造业外资企业，鼓励扩大投资，或将利润转化为再投资。协调解决制造业对外开放和利用外资中的障碍，推动解决外资制造业在启经营中遇到的问题和困难。改进对区镇的考核办法，加大制造业利用外资考核比重，促进利用外资结构优化，争取制造业外资占比有明显提升。

四是提升利用外资综合质量。切实将利用外资和转方式、调结构结合起来，引导和推动外资参与启东先进制造业和现代服务业发展。加大利用外资力度，更加注重引进高端项目、先进技术、管理经验和高素质中高端人才，提高引资、引智、引技质量。以"建链""延链""补链""强链"为主线，瞄准在全球产业链、价值链处于中高端位置的国家、地区和企业，加强对龙头骨干企业和产业链配套企业的招引，推动产业集群式发展。拓展利用外资领域，注重服务业领域利用外资。鼓励外商投资物流仓储、检验检测、科技研发、文化旅游、医疗养老等现代服务业领域。支持外商投资基础设施建设，提升城市发展品质。积极推动与日韩、欧洲等国家和地区的产业合作、人文交流，加强国际友好城市建设，完善海外通商服务网络。

3. 提高对外贸易核心竞争力，保持外贸稳定健康发展

一是深度开拓国际市场，加快"走出去"步伐。坚定不移地实施"走出去"发展战略，鼓励和引导企业利用国内外"两种资源、两个市场"加快发展，将企业的国内事业拓展到海外。积极引导企业参加国际、国内具有影响力的进出口专业展会，拓展国际市场，助力企业争订单、保市场、稳运行。积极开拓国际市场，促进外贸稳定发展，提高国际竞争力。推进外贸优进优出建设，加强"省海工船舶基地""国家级电动工具外贸转型升级基地"两大基地建设，提升外贸发展能级；以"一带一路"建设为依托，鼓励企业开拓"一带一路"沿线国家市场，扩大外贸出口。

二是持续优化外贸市场，大力发展跨境电商。充分利用跨境电商发展的窗口期，利用政策导向，鼓励传统外贸企业向跨境电商发展。培育一批跨境电商企业，树立3~5家标杆性跨境电商本土企业，形成新的外贸增长点。帮助企业拓展海外市场，大力发展跨境电商，帮助企业保订单、保市场、保份额，鼓励企业出口转内销，促进内外需良性循环、协同发展。

三是培育市场主体队伍，提高外贸企业竞争力。重点扶持出口导向型大公司大企业（集团）。培育发展一批拥有自主知识产权和知名品牌、主业突出、核心竞争力强、带动作用明显、具有国际竞争力的外经贸大公司大企业（集团）。积极引进和培育新增量。在保存量的同时，更加注重培育增量。加强对新引进外贸公司和新备案登记企业的服务，引导生产型企业由代理出口向自营出口转变。加大对新增有进出口实绩企业的培育力度，壮大外贸企业队伍。加大对生产型外商投资项目尤其是出口导向型企业的招商力度，以

外资招引促进对外贸易发展。

4. 强化组织领导，加强招商引资队伍建设

一是建立产业招商机制。发挥产业配套环境和产业集群效应，引进一批产业链式化、关联度大的项目。围绕重点产业和新兴产业，设立产业招商分局，以产业链分析为基础，补强产业链的薄弱环节，有目的、有针对性地围绕产业链及配套产业开展持续招商。每个产业招商分局由政府分管领导统筹领导；设局长 1 人，由牵头单位主要负责人兼任；由牵头单位分管领导担任常务副局长；副局长 2~3 人，由配合单位分管领导担任；工作人员 5~8 人，由各组成单位抽调，每个分局总人数控制在 10 人左右。各产业招商分局明确招商任务，根据年内省、市外出招商活动安排，制定各自外出招商活动计划，组织开展外出招商活动。瞄准长三角及欧美日韩等重点国家和地区，精准对接行业龙头企业和上下游配套企业，开展产业链招商，壮大产业集群。

二是加强招商引资队伍建设。一支高素质的专业招商人才队伍是招商工作复杂性的必然要求，也是进行招商科学决策的前提和启东招商工作顺利进行的保证。建立健全招商人才选拔、使用、培训、考核机制，以更好发挥招商人才的主观能动性。着力把优质干部和人才资源向招商引资项目组倾斜，凭发展实绩和能力素质配备招商领导班子，大力选拔懂经济、会管理、善服务的复合型干部进入领导班子。组建市投资促进中心，采用市场化方式选聘一批专业人才，充实专业招商团队。加强招商队伍培训，提高其综合能力和专业水平。定期举办招商干部专业素质提升班。以重实际求实效为导向、以增本领强素质为核心，多层次开展招商专业培训，科学安排教学内容，拓宽学员的思路和眼界，加强招商引资工作的技能和方法学习。

三是完善督查考核机制。开展招商引资擂台赛，坚持每月对擂台赛得分排名进行通报，并纳入年终目标绩效考核。加大招商引资工作目标绩效考核力度，突出各个镇招商项目承接主体责任，设立招商引资工作目标绩效考核专项，招商引资年度考核结果与年终目标绩效奖挂钩，对招商引资工作相关责任人个人目标绩效进行奖惩。将招商引资工作情况纳入部门主要负责同志年度述职重要内容，将考核结果作为各个镇及各部门主要负责人个人年度考核的重要依据。对招商引资工作成绩突出的干部，在同等条件下，优先使用；对推进工作不力，特别是在重大招商项目引进和落地建设工作中推诿扯皮和不作为、慢作为、乱作为的，依照相关规定进行问责。

分报告七

久久为功，走好共同富裕之路

共同富裕是社会主义的本质要求，是中国式现代化的重要特征。党的二十大报告提出，中国式现代化是全体人民共同富裕的现代化。党的十八大以来，以习近平同志为核心的党中央把促进全体人民共同富裕摆在更加重要的位置。习近平总书记明确指出，要深入研究不同阶段的目标，分阶段促进共同富裕。到"十四五"末，全体人民共同富裕迈出坚实步伐，居民收入和实际消费水平差距逐步缩小。到2035年，全体人民共同富裕取得更为明显的实质性进展，基本公共服务实现均等化。到21世纪中叶，全体人民共同富裕基本实现，居民收入和实际消费水平差距缩小到合理区间。这为启东扎实推进共同富裕提供了科学指引和根本遵循。

近年来，启东坚持以习近平新时代中国特色社会主义思想为指导，全面落实党的十九大和十九届历次全会精神，坚持稳中求进工作总基调，坚定不移推动高质量发展，从新型城镇化、乡村振兴、公共服务、社会文明四个方面下功夫，着力打造共同富裕幸福城市，久久为功，走好共同富裕之路。

一 在新型城镇化上下"硬"功夫

近年来，启东统筹城乡发展，全力打造宜居空间载体、公共服务平台，新型城镇化发展成效显著。

一是农业转移人口市民化成效显著。2021 年底启东市城镇化率提高至 60.7%，比上年提高 0.7 个百分点。持续深化户籍制度改革，全面建立以居住证为载体的基本公共服务制度体系，持续优化完善"人地钱"挂钩政策，使新型城镇化保障基础更加扎实。

二是城镇化空间格局持续优化。城区框架进一步拓展，"中优、南进、东拓、北延"加速推进，截至 2021 年底中心城区建成区面积达 35.8 平方公里，比 2011 年增长近 1 倍。城镇建设效果明显，汇龙、吕四、寅阳等荣获全国综合实力千强镇，吕四仙渔小镇列入江苏省首批特色小镇创建名单；乡村振兴成效初显，拥有省级乡村旅游重点村 2 个，获评全国休闲农业与乡村旅游示范县市。

三是城市功能品质显著提升。基础设施不断完善，公共服务供给能力不断增强，美丽宜居工作成效显著，智慧城市建设加速推进，海绵城市建设稳步推进，居住质量持续改善。被列入江苏省美丽宜居城市建设第二批试点名单，"江风海韵"城市魅力更加彰显。

四是城乡社会事业建设更加完善。教育事业成绩显著，城乡医疗卫生保障更加有力，公共文体服务网络更加完善，社会保险覆盖面持续扩大，城市治理水平不断提高，健康安全理念牢固树立，公共服务供给能力有效增强，基本公共服务常住人口均等化全覆盖扎实推进，人民生活品质显著提高。

五是城乡融合体制机制初步建立。城乡要素双向自由流动制度性通道不断拓宽，农民增收渠道不断拓宽。截至 2021 年，全市村级集体收入均超 50 万元，农村基础设施水平有效提升，创成"四好农村路"省级示范县。城乡基本公共服务制度加快接轨，实现城乡居民医疗保险并轨整合，统一的城乡居民基本养老保险、基本医疗保险和大病保险制度基本建立。

（一）推进常住人口市民化

围绕提高以农业转移人口、外来人口、高端人才为重点的常住人口质量，启东全面深化户籍制度改革，推动农业人口全面融入城市，统筹推进多样化就业空间拓展、多层次公共服务供给和多元化消费需求满足，着力营造开放包容的城市氛围，全体常住居民的认同感、幸福感和归属感明显增强。

1. 深化户籍制度改革

针对当前仍有部分农业转移人口未在城市落户、部分已落户居民的市民化程度不高等问题，启东市坚持存量优先、带动增量，统筹推进户籍制度改革和基本公共服务全覆盖，加快促进农业转移人口全面融入城市。

一是继续放宽放开城市落户限制，实现"愿转尽转""愿落尽落"。外来人口与本地农业转移人口进城落户标准一视同仁，推动稳定就业居住的非户籍人口率先在城区落户。引导农业转移人口、外地人才、外来务工人员举家进城定居，大幅降低直系亲属投靠落户门槛。

二是探索建立新型户籍管理制度。依托全国公开统一的户籍迁移平台，提高户籍迁移便利度，畅通城乡户口双向流动渠道，促进人口自由迁移落户。深化居住证制度，确保有意愿的未落户常住人口全部持有居住证，逐步缩小居住证持有人与户籍人口享有基本公共服务的差距。稳步扩大身份证信息内容、丰富身份证应用场景，探索整合集成居民户口登记、社会保障卡、个人所得税账户和房屋产权证等多重功能。健全农业转移人口市民化机制，推动"人地钱"挂钩。完善财政转移支付与农业转移人口市民化挂钩相关政策。建立城镇建设用地指标与农业转移人口落户数量等挂钩机制，根据人口流动实际调整公共服务领域人员编制和设施布局。

2. 推动农业人口融入城市

农业转移人口市民化，不是简单的户籍变化，也不只是人口有序流动的问题，还要有支撑从农村到城市生活场景转换的体制机制。民之所望，政之所向。启东市人民政府瞄准农业转移人口的新需求，在户籍、土地、财政、教育、就业、医保和住房等领域出台各种配套措施。

一是为外来务工人员提供就业指导、岗位推荐、职业培训、社会保障等常态化、一站式、精细化服务，更新和提高其就业创业技能，提高其在城市稳定生活的能力。聚焦主要吸纳就业领域，开展就业技能培训、岗前培训、岗位技能提升培训、企业新型学徒制培训和以工代训。

二是保障农业转移人口享有平等基本公共服务。以子女教育、住房保障、社会保险、医疗卫生、养老服务、劳动就业等为重点，实现农业转移人口与城镇户籍人口平等享有基本公共服务。引导农业转移人口积极办理居住证，切实提高其公共服务保障实际享有水平。推动农业转移人口随迁子女入学待遇和升学考试同城化，不断扩大随迁子女与本地学生发展融合范围。完善以保障性租赁住房和共有产权房为主体的住房保障体系，优先满足举家迁徙的农业转移人口的住房需求。促进用人单位依法为农业转移人口缴纳社会保险，显著提高城镇职工基本养老保险参保缴费率和基本医疗保险参保率。

3. 持续促进城镇消费扩容提质

消费是最终需求，是经济增长的持久动力。启东通过促进消费扩容提质、加强县域商业体系、形成强大消费市场，对冲新冠肺炎疫情的影响。

从市场方供给来看，精准对接多层次消费需求。基于不同层次人民群众的消费需求，开发多元化消费市场，构建从衣食住行到身心健康、从出生到终老的各个阶段、各个环节的城市消费服务体系。根据城区空间结构，有序布局综合消费平台，优化生活服务设施布局，拓展新型消费场景，保障基础消费绿色、健康、安全发展，提高生活便民度，满足常住人口日常生活需求。多渠道扩大优质"四青作物"特色农产品、生命健康等特色产品进口，鼓励发展体验经济、首店经济、首发经济、网红经济等新业态新模式，增强高端消费供给，满足高层次人才的高端消费需求。

从消费方需求来看，重点降低中低收入群体刚性支出压力，合理引导消费预期。有序取消制约优质高端消费产品和服务发展的行政性规定，推动消费品行业产业政策从扩大生产向促进消费转型。引导培育良好的消费习惯，倡导理性消费、健康消费和安全消费。全面构建创新激励、审慎包容的消费促进机制，形成物质消费、服务消费、数字消费、文化消费等协同发展的社会氛围。

4. 推进人员返乡创业就业

农民工等人员返乡创业就业，是乡村振兴的重要内容，也是发展启东经济的重要力量。近年来，启东先后出台《市政府关于印发进一步促进创业带动就业和建设创业型城市意见的通知》《市政府办公室关于支持农民工等人员返乡创业的实施意见》等文件，将返乡农民工创业就业政策扶持范围进行细化、量化。

在政策支持的基础上，依托天汾五金工具城打造地方产业特点鲜明的农民工电动工具返乡创业城；依托启东国动产业园建设以电子商务为主要特色的市级创业孵化基地，辐射全市、引领全民。与此同时，多措并举，助力返乡人员高质量创业就业。

一是建立监控点，加强动态管理。为帮助返乡民工多渠道就业和就近就业，在全市各镇、园区设立监控点，全市所有行政村全部设立信息联络员，采取实名制管理，对村里返乡民工情况进行调查摸底、建立台账，实行返乡民工周报制。

二是收集用工信息，拓宽转移就业渠道。深入本市各类用工单位广泛收集用工信息，重点加强对工业园区新建项目的跟踪服务，全面摸清全市用工需求情况，分门别类建立台账。举办劳务协作洽谈会，携手打造"劳务合作联盟"。与教育培训机构举行劳务合作洽谈，共同研究订单式培养和转移就业。

三是注重政策宣传，引导农民工返乡就业创业。将中央、省、市新出台的就业创业优惠政策编成宣传单，免费向农民工发放，通过新闻媒体广泛宣传，在人气旺盛的场合举办政策咨询活动，现场解答农民工提出的各类问题，确保各项优惠政策深入农村。

四是围绕农民工需求，强化就业服务。在人力资源市场设立农民工创业就业服务专门窗口，为前来求职、创业的农民工免费提供职业介绍、职业指导、政策咨询、就业失业登记、创业扶持等服务。在全市各级公共就业服务机构组织开展返乡农民工与就业岗位对接活动，组织技能培训，提升转移就业能力。

（二）优化城镇空间格局

启东做优主城、做强副城、做特乡镇，构建以城区为主，主城、副城和特色小城镇一体化发展的现代化城镇体系。

1. 城镇空间结构迭代优化

坚持因地制宜、多元均衡，空间格局从"一主两副三片区"迭代优化为"一主两副多节点"。

"一主"即启东主城区。加速主城空间"中优、东拓、南强、西进、北延"步伐，增强高端要素、高端产业、高端功能承载和辐射带动能力。加快人口导入，打造"一核、两轴、五组团"中心城区总体空间格局。推动主城与周边城镇、开发园区、功能板块的资源整合，进一步提升主城能级和首位度。

"两副"即吕四副城、寅阳副城。以市域产业功能集聚区建设为契机，进一步增强产业集聚能力、交通节点功能、江海风貌魅力。突出启东濒江临海的空间特色，放大港口物流、海工装备等产业优势，深化港产城融合发展，打造城市发展新引擎。

"多节点"即其他乡镇。进一步优化乡镇布局，结合人口空间集聚与分布，有序开展乡镇撤并，科学布局基础设施建设和公共服务设施，深化推进"十个优"功能建设，系统推进环境综合整治，增强农业转移人口吸纳，彰显城镇发展魅力，建成城乡融合发展的纽带和节点。

2. 主动融入上海大都市圈建设

积极参与南通长三角北翼区域中心城市建设，有效承接中心城市非核心功能疏解，与中心城市形成"同城效应"。协同推动临沪地区重大基础设施一体化规划建设、要素资源跨区域统筹配置、营商环境共建，联手打造要素自由流动、资源整合高效、基础设施完善的上海大都市圈。

一是交通衔接工程。现代综合交通运输体系建设取得突破性进展，宁启铁路、海启高速建成通车，加速迈入"大港时代""高铁时代"。积极融入上海国际航运中心建设，推进与上海港、苏州港等的协同共建。结合北沿江高铁建设进度，推动S11通沪高速公路及北延段建设工作。积极推进沪崇启城际铁路建设，跟踪对接崇明地铁规划建设，争取尽快接入上海轨道交通网络。

二是产业配套协作工程。深化启东配套浦东产业园、东江生物医药产业园、半导体装备及材料启东产业园等沪启产业合作平台建设，紧盯浦东六大硬核产业，主动承接高端制造业项目转移。大规模引进休闲旅游、现代物流、生命健康、金融后台服务、文化创意、教育培训、康养服务等配套型服务业，打造配套服务产业集群。

三是生活圈共享工程。逐步完善沪启政务服务虚拟窗口功能，推动实施不受行政区划和户籍身份限制的公共服务政策，推行居民公共服务一卡通。推动共建医疗卫生、健康养老等联合体，共同举办大型国际体育赛事和区域品牌会议会展。统筹公共服务设施建设，主动承接上海城市综合体、文化服务设施、高等院校分校、科研机构分支等来启东布局。

3. 因地制宜，突出城镇特色

一是坚持因地制宜、分类引导、分区优化、差别发展，优化小城镇空间布局。有序开展乡镇撤并，盘活城镇存量建设用地，提高城镇集聚发展能力。通过产业集聚、功能聚合、发展平台等形成"磁铁效应"，吸引人口集聚，助推农业转移人口就地就近城镇化，推动由物态城镇化向以人为核心的生态城镇化转型。

二是按照"一镇一业"的思路，结合各城镇发展基础及发展潜力，依托海洋、港口、农业、旅游、文化、滨江等优势资源，打造一批宜工则工、宜农则农、宜商则商、宜游则游的特色小城镇。围绕打造"最美江海岸线"的目标，推动近海镇、海复镇、东海镇等临海城镇，突出海滨风貌，建设有活力、有魅力的美丽宜居海滨特色城镇。推动北新镇、启隆镇、惠萍镇等沿江城镇强化生态保护，优化生态旅游功能，建设沿江美丽风景线。改善一般小城镇和被撤并乡镇集镇区的生产生活条件，不断完善镇区道路、管网管线、园林绿化等基础设施，健全学校、医疗、文化等功能配套设施，满足居民生活需求。支持农产品批发市场、加工流通企业向镇域集聚，引导适宜的生产性服务业和生活性服务业在城镇布局。

（三）推进宜居宜业城市建设

聚焦人民群众对美好生活的向往，打造环境优美、人文醇美、建设精美

"三美协同",安居体系、适居服务、乐居家园"三居递进",活力城市、幸福城市、智慧城市、人文城市、生态城市"五城与共"的美丽宜居新启东。

1. 加强城市创新能力

创新能力和创新氛围是城市活力的重要体现。启东坚定不移加快转型升级,聚焦有效投资,强化创新驱动,优化产业质态,努力提高发展的质量和效益。2021 年启东市高新技术产业产值占规模以上工业产值 57.6%。

一是开展创新整体对接。牢牢把握世界科技创新发展的大方向与大趋势,选准启东创新突破的重点领域与行业。积极对接苏南国家自主创新示范区建设、江苏具有全球影响力的产业科创中心建设、上海科创中心建设以及南通争创国家创新型城市建设,以融入区域整体创新链再造启东发展新模式,使创新成为启东经济社会持续健康发展的新引擎。

二是强化政府创新服务。推动政府职能从研发管理向创新服务转变。深化科技管理体制改革,强化创新政策与相关政策的统筹协调。提高集成创新、应用创新和引进消化吸收再创新能力,集中支持事关启东市产业发展的共性关键技术研究,推进核心关键技术和重大装备质量攻关。打造一批创新发展示范区,提升创新型经济园、国动产业园、启东科创园、博士创业园等创新创业载体能级,规划建设启东产业技术研究院、创新创业服务中心,加强各类技术和知识产权交易平台建设。

三是打造产业创新链条。加强对产业布局、产业链全过程的系统谋划和整体设计。全面梳理产业链和产业集群内部及相互之间的配套合作关系,补齐配套短板,强化内部循环,构建更加高效的产业生态。以大数据、互联网金融、新医药为突破口,立足启东产业链布局创新链,围绕创新链布局资金链、服务链。

2. 有序推进城市更新

启东市积极开展城市记忆场所和空间活化,注重连片改造提升,强化存量资源整合,建设一批彰显启东风采的高颜值特色街区、城市雕塑和景观小品,以建筑外观、城市家具、绿化小品有机结合的场景呈现启东江海文化底蕴。

一是统筹加快老旧小区改造、城中村改造，推进宜居小区建设，全面推行商品住房和住宅装配化装修，支持开展既有多层住宅加装电梯、无障碍通道等适老化改造。积极发展绿色节能建筑，有效提升群众居住品质。

二是大力推进生活圈建设。积极推进美丽宜居示范街区建设，统筹街头绿地、广场等休闲娱乐设施环境质量提升和市政基础设施、安防设施的提档升级。消除街区消极空间，增强街区宜居、宜业活力。

三是提升城市建设水平。坚持节约集约用地，合理控制开发强度。从城镇发展、民生急需的事情办起，提高城镇开发建设综合效益。加强城市水系整治，推进雨污分流，加快建设雨水蓄排顺畅、合理利用的海绵城市。统筹规划地上地下空间开发，稳步推进城市地下综合管廊建设，提升管线安全水平和防灾抗灾能力。

3. 塑造绿色低碳品牌

习近平总书记强调："我国进入高质量发展阶段，生态环境的支撑作用越来越明显。"为书写城市高质量发展绿色答卷，启东把绿色发展理念贯穿发展和建设的各个方面。

一是加大环境治理力度。开展主要污染物总量减排行动。深入开展工业源、城镇生活源、机动车尾气减排行动，强化工程减排，深化管理减排，严格监管重点污染源污染防治设施的运行。实施蓝天行动计划。以 $PM_{2.5}$ 防控为重点，加强工业废气防污染协同治理，加强环境空气污染综合防治，建立健全环境空气污染应急体系，持续改善环境空气质量。实施清水行动计划。提高水功能区达标率，推进工业污染源全面稳定达标排放，加大区域性污染排放整治力度。加强饮用水源、重点流域和地表水、近岸海域保护与污染治理，开展城镇河道集中整治行动。进一步推进污水收集管网建设，实现城镇生活污水、垃圾处理设施全覆盖和稳定运行。实施绿地行动计划。强化重金属污染防治和危险化学品、危险废物管理，加强企业污染场地治理与修复，实施化肥农药零增长行动，不断改善土壤环境质量。加强区域噪声污染防治。加强人口集中区噪声源的管控，开展噪声污染专项整治。加大基础设施及建筑工地施工噪声治理及监管力度，综合治理工业企业噪声、交通噪声、商业噪声、社会生活噪声及施工噪声，确保城市声环境质量达标，提高区域声环境质量。

二是提高资源利用效率。提高土地利用效率。运用国家逐年减少建设用地增量倒逼机制，调优建设用地结构，提高土地利用效率，推动重点开发区域提高产业和人口集聚度。强化能源节约利用。实施单位能耗和能耗总量的双重控制，提高能源使用效率。加强再生资源综合利用。以粉煤灰、煤炭、煤渣等为重点，构建工业固体废物区域回收和综合利用系统。

（四）推进城市治理现代化

近年来，启东发展迅速，在城区面积和人口增加的背景下，如何提高城市治理的科学化、精细化水平，成为一道现实"难题"。启东给出了自己的有效"解法"，交出了一份优异"答卷"。

1. 提升社会治理水平

一是加强社会治理创新。坚持系统治理、依法治理、综合治理、源头治理，全面提升社会治理效能。完善党委领导、政府主导、社会协同、公众参与、法治保障的社会治理体制，推进社会治理精细化。巩固和深化"三强化三提升"活动成果，进一步做实做优社情民意分析会、"三议工作法"等群众工作机制，提升社会治理整体水平。健全基层社会治理体系，规范市镇村三级社会治理服务平台的运行，完善扁平化网格化服务管理，加强村级公共服务中心建设和网格员队伍建设。增强社区服务功能，积极探索城镇社区协商民主，深入推进"政社互动"和社区减负。完善"邻里自治"、"街坊共治"、村民议事会等基层社会治理新模式，增强基层自治活力。

二是加强城市管理精致化、智能化。优化完善城管执法体制，构建以人为本、管建并举、共治共享的治理模式。按照"精致、细腻、整洁、有序"的要求，实施市容环境综合整治行动计划。创新市政公用事业投资、管理和运营体制，提高服务水平。对户外广告、摊位管理、车辆停放、工地扬尘、垃圾集中处理等市容管理问题开展综合整治行动，解决管理薄弱区域"脏乱差"问题，改善城镇人居环境。

三是维护社会公平正义。建立以权利公平、机会公平、规则公平为主要内容的社会公平保障体系，逐步实现全体公民在社会发展各方面享有平等的生存和发展权利。进一步完善民主制度、丰富民主形式，从各层次各领域扩大公民有序政治参与，充分发挥人民积极性、主动性、创造性。全面实施不动产统一登记制度。切实保障未成年人、老年人、妇女权益，支持残疾人事业发展。

2. 实现治理数字化

一是推进数字政府建设。建成指挥中心，实现了从无到有、从有到优的蜕变。围绕"数据共享、预警预判、联动指挥、行政问效"四大核心功能，指挥中心有效整合数据资源，形成了"联动融合、一体作战"的社会治理格局，实现了"市、镇、村、网格"四级高效联动指挥。推动政务信息系统全部上云，促进政务服务线上线下一体化发展。深化"不见面审批"，扩大"一网通办"区域范围，积极推进"流程秒批"，打造一批亲民实用、快速便捷的政务 App。围绕平安法治、社会信用、智慧交通、智慧应急、生态资源等领域，优化"互联网+监管"一体化平台，加快构建基于大数据的新型监管机制，提高事前预防、事中监管和事后处置能力。

二是积极实施"城市大脑"工程。构建全面智能感知城市管理体系，实现实时监测、精准服务和精细化管理。利用"互联网+""人工智能+"，深化数字技术在社会民生领域的协同应用，增强交通、教育、医疗、文化、社保、养老等重点民生领域的精准服务、高效服务、智能服务供给。加快远程办公、在线教育、远程医疗、在线娱乐、无人驾驶等智慧化服务与硬件建设同步推进，形成融合共享、全纳优质、灵活适应的应用场景。统筹智慧家庭、智慧楼宇、智慧社区、智慧街区建设，提升一体化效能。

二　在乡村振兴上下"实"功夫

习近平总书记强调，民族要复兴、乡村必振兴。促进共同富裕，最艰巨、最繁重的任务仍然在农村。党的十九大提出实施乡村振兴战略的总体目标，为新时期的农业农村发展指明了前进的方向。

启东市委、市政府立足农业农村发展更高层次、更高标准，实施乡村振兴战略，推动农业全面升级，完善现代农业经营体系，激发乡村发展新动能，重塑城乡关系，切实提升公共服务水平，让美丽乡村更宜居，让乡村社会更有吸引力。

（一）高层次起步，夯实乡村振兴基础

近年来，启东高层次起步，扎实推进现代农业建设，全面深化农村改革，注重改善农村民生，形成了农业增效、农民增收、农村发展的良好态势，为全面实施乡村振兴战略奠定了坚实的基础。

一是现代农业建设迈上新台阶。启东市农村产业结构持续优化，农业效益和竞争力全面提升。农田基础设施进一步改善，近3年全市新增高标准农田近20万亩。渔业优势地位增强，渔业产值占第一产业比重接近50%。

二是富民增收工程取得新成效。启东加强技能培训和引导帮扶，鼓励支持科技人员、技能人才、新型职业农民、大学生等各类群体到农村自主创业。大力实施精准帮扶行动，加大产业开发、就业帮扶、转移支付、政策兜底力度。2021年，农村居民人均可支配收入达30710元，增长了11.2%。

三是农村人居环境展现新面貌。启东所有行政村都建成了双车道四级公路，构成了城乡贯通、纵横交错、四通八达的农村路网体系。加强农村生态环境治理，规范畜禽养殖管理。确保化肥减量使用、农药零增长，制定主要作物施肥配方，加强病虫害防治测报，推进农作物病虫害统防统治。

四是乡村治理水平获得新提升。启东加强基层带头人队伍建设，结合村级"双向述职"机制，组织开展村级党组织及党组织书记"双星"评定工作。开展专项文明提升行动，加强群众性精神文明建设。积极开展平安村居系列活动。建立了综治、警务、调解"三位一体"的村级综治中心。

（二）推动产业振兴，培育乡村发展新动能

围绕做大做强做优农业主导产业，启东培育壮大了一批新型农业经营主

体，有效形成一批农业优质特色产业和产业集群，打造"沿江沿海现代农业创新发展引擎、区域农渔产品加工物流枢纽和江海特色休闲农业旅游度假区"的启东新名片。

1. 促进农业提质增效

一是优化农业产业结构。启东以菜篮子工程基地、现代农业园区、省部级园艺作物标准园为载体，推动蔬菜园艺新品种、新技术、新模式、新装备"四创新"。切实加强与上海蔬菜营销行业的合作，全力推进供沪蔬菜生产基地的建设，推动启东与上海大型蔬菜批发市场大数据共享，实现沪启信息和物流对接，打造上海优质农副产品供应保障基地。

二是强化农产品品牌引领。全市以"绿色、生态"引领启东现代农业品牌体系的创建，逐步打造在江苏省内外享有较高知名度和影响力的启东农产品形象。做优做强青皮长茄、洋扁豆、绿皮蚕豆、沙地山药、芦稷5个获农产品地理标志保护的启东市特色农产品品牌，以及"多吃点""HENGFULONG""王鲍地产三宝"3个列入江苏农产品品牌目录的农产品特色品牌。

三是注重农产品质量安全。全市加强产地环境监控，严格控制农业外源性污染。净化产地环境，从源头提升农产品质量安全水平。积极推行减量化和清洁生产技术，规范生产行为，控制农兽药残留。强化标准引领作用，实施"标准化+现代农业"工程。健全食品安全和农产品质量全链条标准体系，加强"从农田到餐桌"全过程监管，探索创建特色农业领域的"启东标准"。深入开展农产品质量安全县创建，全面加强农产品质量安全"三定一考核"网格化监管，建立市、镇、村以及企业四级农产品质量安全监管体系。

2. 筑牢农业产能基础

一是加强农业基础设施建设。加快推进高标准基本农田建设，严格保护耕地，提高耕地质量，提升粮食产能。将高标准农田项目区建设成为地平整、田成方、路相通、林成网、沟相连、渠通畅的高产稳产农田。

二是提升农业物质装备水平。启东以粮油三大作物、"四青作物"为主要对象，以设施蔬菜为重点，推动农业生产全过程机械化，促进农机、农艺融合。实施新一轮设施农业提升工程，大力推动连栋大棚、智能温室、两网一灌（遮阳网、防虫网、喷滴灌）、杀虫灯等现代设施装备的应用，逐步推进老旧设施更新换代。加强渔业标准化基地建设，推广应用微孔增氧、物联网等设施装备，加大设施渔业特别是工厂化设施养殖和池塘工业化循环水养殖等发展力度，提升水产养殖业"良种化、设施化、信息化和生态化"水平。

三是增强农业科技创新能力。全市不断加快农业主导产业新品种、新技术的引进和推广。组建"四青作物"、特色水产、食品加工等农业产业科技创新团队，每年推介发布一批农业新技术、新成果、新品种。大力推广池塘工业化生态养殖模式，积极推动海洋捕捞作业类型升级转型，引导近海渔船合理发展流刺网、桁拖等适合吕四渔场资源的作业类型。稳步推进稻田养蟹、养虾、养鱼等高效种养模式，提高综合效益。

3. 健全农业经营体系

一是巩固农村基本经营制度。启东充分结合"土地承包到期再延长30年先行试点"工作，探索直接延包、动账不动田、大稳定小调整等多种延包方式，分阶段落实第二轮土地承包到期后再延长30年的政策，推进农村承包地"三权分置"有序实施。按照依法自愿有偿原则，鼓励农民多形式流转承包土地的经营权。依托新型农业经营主体，发展多种形式适度规模经营。引导水稻种植向农民合作社、家庭农场和种粮大户集中。扶持社会化生产服务体系发展，降低服务成本。正确引导和规范渔业股份合作制，因地制宜推进渔业适度规模经营。

二是培育新型农业职业队伍。全市实施新型职业农民培育工程，整合各类新型职业农民教育培训资源，搭建新型职业农民教育培训的全方位平台，加大财政扶持力度，完善新型职业农民补贴机制。

三是推进农业社会化服务体系建设。启东积极培育和支持新型农业社会化服务组织，深入推进供销合作社综合改革，引导农民专业合作社、专业技术协会等社会力量，建立以土地流转、全托管、半托管、定制订单式服务为主要形式的农业社会化服务体系。加强"三个全覆盖"试点镇村建设，以

288

村集体或社会化服务组织为主体，扶持建设社会化服务联盟，带动提升全市农业社会化服务水平。建立和完善农村综合信息资源和服务平台，搭建三网融合的信息服务快速通道。鼓励新型经营主体扩大规模，支持各类服务组织开展土地托管、联耕联种、代耕代种、统防统治等直接面向农户的农业生产托管。

4. 推进农村产业融合发展

一是升级农产品加工流通业。全市大力实施农产品加工企业提质、品牌培育与产业升级工程，统筹推进初加工、精深加工、综合利用加工和主食加工协调发展，有序引导农产品加工企业产能向乡村转移。引导农产品加工企业建设本地原料基地，着力打造一批加工产业集群。促进水产品加工业向高端化迈进，做响"吕四海鲜""吕四紫菜"区域品牌。

二是培育乡村休闲旅游新业态。全市深入推进农业产业的功能拓展，促进农业与旅游、教育、文化、体育、健康、养老等产业深度融合，延伸农业产业链，提升农业价值链。利用农民住房、村集体用房、闲置农房、闲置集体建设用地等资源，发展乡村民宿。优先在基础设施配套较完善的美丽乡村示范村或房屋空置率较高的村落发展民宿示范点或民宿集群。打造"重个性、慢生活、深体验"的乡村旅游综合体，为旅游者休闲度假、体验当地风俗文化提供住宿、餐饮、农副产品展销等服务。

三是搭建产业融合发展新载体。启东大力推进农村一二三产业融合发展。支持地方农业龙头企业开展产业融合和农产品初加工试点，加快培育特色鲜明的农村一二三产业融合示范区，引导确立全产业链条的发展思路，拓展农业功能，探索产业融合发展新路径。

四是完善紧密型利益联结机制。通过鼓励农民以土地、林权、资金、劳动、技术、产品为纽带开展多种形式的合作与联合，启东突出农产品加工的龙头带动作用，鼓励以本地原料为主的农业企业建立"农业龙头企业+合作社+家庭农场"等形式的产业联盟，形成利益共享、风险共担的产业发展共同体。借助"三个全覆盖"试点工作的成功经验，加快推广"订单收购+分红""土地流转+优先雇用+社会保障""农民入股+保底收益+按股分红"等多种利益联结方式，支持农业企业为农户提供种养、产品营销、商品化处理等服务，增加农户参与产业融合的机会，让农户分享加工、销售环节收益。

（三）推动生态振兴，建设美丽宜居新家园

启东以"江风海韵北上海，生态文明新启东"为目标，统筹河沟田林路系统治理，推进乡村生态振兴，构建生态安全防护网络，彰显大美启东绿水生态底色。

1. 统筹乡村田园生态系统

一是构建生态安全防护体系。启东通过打造东部沿海、南部沿江、中部农业三大生态安全防护带，加强生态保障空间维护工作。东部通过恢复沿海生态岸线，建设生态隔离带，加强海滩湿地资源保护，合理有效利用渔业资源，加强主海堤、入海口、黄海湿地和长江口北支的管理和保护。南部着力打造由惠丰林场观赏区、城市滨江休闲区、启隆生态旅游区和崇启大桥展示区组成的南部沿江生态安全防护带。中部着力打造由多个农业示范园、生态高效农业种植区和花卉苗木基地等组成的中部农业生态安全防护带。完善农田林网建设，形成以河流、湿地、林地和农田为一体的生态防护带。

二是严格保护江海岸线资源。启东统筹岸线利用布局，加强岸线生态修复工作，提升生态岸线长度比例。创新岸线资源管理方式，加强资源存量管理和精细化配置，建立岸线占用总量控制、分区准入与合理退出、岸线资源保护红线等制度，提高岸线开发的投资强度和利用效率。加强以沿江沿海湿地为主的保护与修复。合理布局生产、生活、生态空间，严格禁止滩涂区域的非法围垦活动，促进沿海滩涂资源合理利用。加强陆源污染物的排放总量控制，禁止新建严重污染海洋环境的工业生产项目。适度进行滩涂养殖和海洋捕捞，避免过度养殖或捕捞所导致的养殖污染及生态环境失衡。

三是推进乡村绿色生态建设。启东加快道路绿网建设，完善提升宁启铁路和启扬高速、国省道、县乡、村主干道路、村普通道路的生态景观林带建设，形成绿色通道景观。在变电站、污水处理厂、工业用地与居住用地隔离地段，设置10~30米的防护绿地。启东立足沿江沿海生态保护格局，切实

推进造林绿化建设，大力实施防护林工程。提高造林绿化建设的质量和实效，确保林木覆盖率稳中有升，实现林业资源总量增加、林业质量和结构逐步优化、林业资源管护水平不断提高，生态环境持续改善。全市以道路、江海堤岸、河道沿线和水源保护地为重点区域，新增和改造成片林。推进绿化示范村创建工作。鼓励庭院绿化美化，因地制宜地组织开展植树绿化富民活动和农村河道轮浚工作。

2. 推进农业绿色发展

一是强化农业资源保护。落实最严格水资源管理制度。坚持以水定发展、以水定规模、以水定结构的原则，合理明晰农业水权。全市实施耕地质量提升综合示范区项目，加快实施轮作休耕，积极推进通过"埋青"（青秸秆还田）实现轮作休耕，每年休耕轮作1万亩，通过几年时间，把全市两季轮作地全面轮流休耕一遍。加强海洋渔业资源保护。统筹海洋渔业资源开发，推行减船转产，科学规划、严格控制、规范管理滩涂和近海养殖。强化渔业资源管控和养护，在长江流域水生生物保护区实施全面禁捕。严格执行海洋伏季休渔制度，加强休渔禁渔管理，高强度大力度打击非法捕捞行为。

二是推进农业清洁生产。深入推进国家现代农业可持续发展示范区建设。推广"1+X"秸秆综合利用模式，推进秸秆机械化还田，建立健全秸秆收储利用体系。开展化肥使用量逐年递减1%行动，实行测土配方施肥，推广精准施肥技术和机具。加大有机肥产业发展支持力度，逐步增加农田有机肥使用量。开展农药使用量零增长行动，推广低毒、低残留农药使用补助试点经验。全面提升农作物病虫绿色防控水平，有效保障农业生产安全、农产品质量安全和农业生态安全，进一步增强绿色优质农产品供给能力。加强农作物病虫害监测预警，试点开展农药零差率统一配供和包装废弃物集中回收处理。

三是控制农业面源污染。全市严治畜禽养殖污染。按照"种养结合、以地定畜"的要求，科学布局畜禽养殖，合理确定养殖场地点、总量、品种和规模，以充足的消纳土地将处理后的畜禽废弃物就近还田利用。严控水产养殖污染，调整渔业产业结构，对禁养区和限养区严格依法依规管理。在宜养殖区科学确定养殖地点、品种和模式，推广生态渔业、增殖渔业、循环渔业等。严防种植业污染，调整种植业结构，地下水易受污染地区要优先种植需肥需药量低、环境效益突出的农作物。

3. 持续改善乡村人居环境

一是改善乡村人居环境。启东深入推进美丽宜居村庄建设，持续改善提升乡村人居环境。实施农村清洁、水系沟通、河塘清淤、岸坡整治、生态清淤等工程，协同推进村庄环境整治和覆盖拉网式农村连片整治。扎实推进农村生活垃圾治理，实施农村垃圾减量分类收运，完善"组保洁、村收集、镇转运、市处理"的垃圾收集处置体系。

二是提升生态创建水平。深入开展国家生态文明建设示范市、示范乡镇和示范村等系列创建活动。发挥典型示范引领作用，推动绿色社区、绿色学校、绿色家庭等"细胞工程"建设。开展绿色生活"十进"（进家庭、进机关、进社区、进学校、进企业、进商场、进景区、进交通、进酒店、进医院）活动。

三是构建长效管护机制。全市加快完善以区镇集镇整治、农村沟河保洁、农村生活垃圾处理、农村道路管护、农路绿化养护、高标准农田基础设施管护"六位一体"为主要内容的农村环境长效管理机制。健全村规民约。规范村民行为，营造讲文明、爱清洁、保生态的风气，形成"人改造环境、环境改造人"的良性循环。充分发挥农民群众的主体作用，做好宣传工作，调动群众的积极性，引导农民群众自觉主动参与环境卫生管理。

（四）推动文化振兴，焕发江海文明新气象

启东以满足人民群众对美好生活的向往为目标，弘扬崇文重教、开放包容的江海文明，为乡村振兴提供精神动力。

1. 深入开展乡村精神文明创建

一是提升农民文明素养。启东坚持以文化人，不断提升农民群众的思想觉悟、道德水准、文化水平和文明素养，实现人的现代化。加强农村思想政治工作，宣传宣讲党的政策，将社会主义核心价值观融入农村生产生活中，

转化为农民的情感认同和行为习惯。开展品德培育工程，实现道德讲堂镇村全覆盖。开辟"空中讲堂""电视讲堂""网上讲堂"等新型载体，有效增强讲堂活动成效。持续开展"启东好人"推荐评选活动，彰显凡人善举。

二是树立乡村文明新风。推进"文明家庭"建设规范化和常态化。推进"五好家庭""星级文明户"创建，推广"传家训、立家规、扬家风"活动，开展寻找"最美家庭"等各类特色家庭创建活动，促进家庭和睦、相亲相爱、孝老爱幼，以良好的家风带动乡风民风。开展"农民新风行动"，提倡勤俭节约，反对攀比炫富和大操大办。坚持依法打击非法宗教、封建迷信活动。

三是积极创建文明村镇。全市深入实施"城乡结对、文明共建"工程。营造良好的政策环境，动员各级文明单位参与结对共建。持续开展生态文明建设示范镇（村）、美丽乡村建设示范村、水美乡村、诚信乡村等建设活动，夯实文明村镇建设基础。加强诚信教育，增强农民的诚信理念、规则意识和契约精神，深入开展"星级文明信用户（者）""诚信市场"推选活动，完善"红黑榜"发布制度。诚信用户可以优先享受贷款、培训等优惠，同时加大对失信行为的惩戒力度。

2. 加强农村公共文化体系建设

一是加强乡村公共文化服务载体建设。启东整合文体活动中心、道德讲堂、农家书屋、村史馆等现有载体，高标准打造新时代文明实践所（站）和镇（村）综合文化服务中心。给予乡村公共文化建设必要的建设用地和建设资金保障。推进农家书屋提升工程，实现与市级图书馆的共建共享、通借通还，试点开通"掌上农家书屋"。加快农村体育场地建设，加大彩票公益金支持乡村体育事业力度，在镇一级建设全民健身中心和多功能运动场，在村一级建设健身小公园和健身步道。坚持一院多能、一室多用，使相关载体能同时满足有组织的文化活动和邻里自发的休闲娱乐活动等多样性需求。建设"文化服务云平台"，把"一云四屏两播"整合起来，通过新的传播方式宣传党的政策、宣传新思想。

二是完善乡村文化服务供给。启东按照"7+N"的服务功能，围绕理论宣讲、书画传承、读书看报、文体活动、文艺演出、电影放映、教育培训等7个方面开展乡村公共文化服务。提高文化服务供给效率，提供"群众点单、政府接单、志愿送单、群众评单"的订单式、菜单式服务，精准对接农民群众的需求。深入乡间地头，通过到点服务、流动服务，确保文化服务"横向到边""纵向到底"。坚持内容为王、项目化推进，开展"核心价值观进农家""文明风尚进农家"等"五进行动"。做优版画、渔民号子、评弹北调等启东独有的非物质文化遗产，不断放大"共乐东疆""邻里守望·情暖夕阳"等群众文化活动的品牌效应。建立城乡一体化的公共文化服务供给体系，推动公共文化服务资源辐射、覆盖乡村，大力开展送戏、送书、送电影、送文艺演出、送培训"五送"工程。

三是培育壮大乡村文化人才队伍。扶持壮大文化活动积极分子队伍，培育挖掘民间艺人，增强农村基层文化的自我发展能力，传承好民俗文化。扶持乡土文化人才和文化文艺活动积极分子，支持农民自办文化团体，发展乡村文化"带头人"队伍，让沉睡的文化资源通过"带头人"的传播变成"活的"文化。吸引本地企业家和文化能人回乡，以良好的创业环境和丰厚的文化氛围留住他们，实现培育乡村企业家精神和壮大乡村文化人才队伍的目标。对文化专业人才、文化能人、民间艺人、非物质文化遗产传承人等开展培训辅导，提高农村文化骨干专业技能。

3. 传承发展乡村优秀传统文化

一是挖掘乡土文化。留住乡愁记忆，提升乡土文化感染力。启东深化"我们的节日"主题活动，发挥传统节庆文化的影响力。组织开展特色节庆民俗活动、群众性文化体育活动等，重点打造新时代"中国农民丰收节""启东开渔节"等节庆活动。开展"一镇一品"特色文化建设。汇龙镇建设生态度假外滩，东海镇创建协兴港加勒比航海主题小镇，南阳镇创建省级"水美乡镇"、元祥村创建省级"水美乡村"，王鲍镇打造"番茄小镇"，启隆镇建设"沪北生态养生运动度假区"和"乐享有机农业特色小镇"，吕四港镇打造国家级历史名镇和体现海洋渔业文化的"仙渔特色小镇"。

二是传承历史文化。启东持续加强对吕四渔民号子、色织土布技艺、洋钎说书、沙地灶头画等省级非物质文化遗产及本地特色文化的挖掘、保护和传承，促进衍生品的开发。传承民间技艺，收集整理传统技艺、乡村饮食、民俗文化、戏曲曲艺、歌谣谚语、民间故事等，丰富江海文化新内涵。引导村民从自身兴趣出发，成为本地历史文化的爱好者、拥有者、传承者、创造者和经营者。深入挖掘村史，全覆盖建设镇村史馆。加强沪启文化交流合作，开展沪剧、评弹、越剧等传统戏曲曲艺两地文化走亲活动，邀请上海著名作家来启东采风。

三是丰富文化地标。深入挖掘红色发祥地、千年港镇、百年老教堂、老街老建筑、吕四港区镇进士府等资源，建成启东文化地标，使之成为打造农旅乡镇的点睛之笔。巩固放大"中国版画之乡"的品牌效应，使其成为真正的"江海明珠"和江海文化的代表，推进版画创作进学校。挖掘洋钎说书、吕四渔民号子等文化遗产，建立非遗展馆（展厅）、传承基地、生产性保护示范基地。建设地方特色文化馆，集中展示分布在各村镇的特色文化景观、特色文化风情、特色文化艺术。把原生态村居风貌、历史文化遗存等与现代元素结合起来，在推进村庄建设中打造一批"乡土文化地标"。

（五）推动组织振兴，构建现代化乡村治理体系

启东按照《中国共产党农村基层组织工作条例》要求，加快推进乡村治理体系和治理能力现代化。持续推进基层党组织"六大先锋"建设，提升基层党组织的凝聚力、战斗力和号召力，营造和谐稳定的社会环境，打造新时代善治乡村。

1. 加强农村基层党组织建设

一是强化基层组织政治功能。在启东市乡村建立以农村党组织为领导核心，党群议事会为议事主体、村民委员会为执行主体、村务监督委员会为监督主体的"一核三体"运行机制。提高村民委员会、村民代表中的党员比例。强化思想融入，加强政治教育。持续深入推进"两学一做"学习教育常态化、制度化，扎实开展"不忘初心，牢记使命"主题教育，全面开展党员"政治生日"和"党性体检"活动，提高农村党员党性修养。严肃党

内政治生活,认真执行"三会一课"、主题党日活动、组织生活会、民主评议党员等基层组织生活制度。

二是全面提升基层组织力。启东坚持"抓两头带中间",持续深化农村党组织星级评定,精准整顿薄弱村、软弱后进村党组织,确保整顿提升率达100%。严格执行基层党(工)委班子成员党建工作联系点制度。推广"三提三知"群众工作法,持续开展"走帮服"系列活动,落实村"两委"班子成员包片联户制度,做到"四必到、四必访"。深化"支部+基地""支部+协会""支部+合作社"的企业党建新模式,培养壮大"双带"型党员队伍。每个乡镇积极创建1~2个党员创业示范基地,每个村培养1~2名农村党员创业示范户和党员经纪人,打造"党群致富共同体"。

三是深化农村干部队伍建设。全市实施农村党组织带头人整体提升工程。明确村党组织书记"一轴四轮"主要职责,推动村党组织书记以发挥党组织领导核心作用为"轴心",通过抓党建、抓富民、抓生态、抓稳定"四轮"驱动,实现农业强、农民富、农村美。注重把政治能力培训教育作为重点,分层分级开展轮训工作,确保村党组织书记每年至少参加1次市级以上培训、全年累计培训时间不少于7天。严格执行村党组织书记任前备案制度、"两委"成员资格联审和村干部"八带头八严禁"等制度规定。实施后备村干部培养"千人计划",按照与现职村干部1∶1的比例选拔培养,加强跟踪考察、动态管理和实践锻炼。

2. 深化村民自治实践

一是加强基层民主自治。启东坚持强化村民自治组织建设,赋予村民自我管理的权利,增强村民参与治理的能力,重建乡村公共生活和公共对话渠道。规范完善"四议两公开"民主决策机制,规范村级自治组织职责。完善村级财务管理制度,加强经济审计监督,村民委员会成员实行任期和离任经济责任审计。深化基层民主评议工作,坚持村民"直评"村官和村级"勤廉指数"测评制度。深入推进"村(居)微自治"工作,培育小组(邻里)自治示范点和"微自治项目"。

二是推进村级事务阳光工程。全市乡村坚持农村党务、村务、财务定期公开。创新村务公开的有效形式，推动村务从结果公开向全程公开转变。推进村务公开信息化建设。将村务事务数字化、数据化，将线下审核后的公开内容实时上传，提供实时查看、监督及内容检索功能。健全村务监督机制。村务监督委员会下设纪律监督、村务公开、资产管理、工程项目等监督小组。明确村务监督内容和程序，建立村民对村务执行的考评、监督、问责制度体系。

三是加强农村综合服务体系建设。推进党群服务中心建设，打造便民、利民、快捷、高效的服务管理新模式。推广"1+4+X"社会治理、"组团式服务"模式，依托党群服务中心为村民提供"窗口一站式"全程代理服务。整合优化村级公共服务和行政审批职责，所有村干部统一在服务大厅办公，确保"一门式办理""一站式服务"。推进乡镇信息系统整合，各乡镇公共服务中心均可直接接入市级社会管理平台，不断提高乡村治理现代化、智能化水平。

3. 推进乡村法治建设

一是提升镇村依法治理水平。启东深入开展"乡村振兴，法治先行"普法活动，培育农村法治文化，创新和丰富新农村法治文化产品，积极打造农村法治文化精品。加强农村普法宣传教育，结合农村农民实际，大力开展宪法宣传教育活动。推动综合行政执法改革向基层延伸，推动执法队伍整合、执法力量下沉，提高基层执法水平，强化司法监督。

二是深入开展平安乡村建设行动。启东深入推进网格化社会治理体制机制建设，配备网格长、专职网格员、网络联络员、网格信息员，健全"巡查、发现、上报、协处"工作机制，规范市镇村三级综治中心（网格化服务管理中心）建设，提升网格知晓率和满意度。开展农村警务室新一轮达标建设。推行"1（民警）+2（辅警）+N（网格员）"联勤联动的警务机制，落实"一张网、五统一"要求。完善矛盾滚动排查、动态预警、联动处置、多元化解机制。注重加强征地拆迁、环境保护领域的矛盾化解工作，及时回应群众对环保等领域的质疑，避免群体性事件的发生。完善人民调解、行政调解、司法调解、仲裁调解相互协调、衔接配合的"大调解"工作机制。

4. 重塑乡村德治秩序

一是提升村民行为规范意识。全市持续推进社会主义核心价值观宣传教育，融入文明公约、村规民约、家规家训，使其成为村民共同遵循的行为准则。以自律、互律、他律等方式，指导和规范村民的行为。弘扬新乡贤文化，充分发挥农村优秀基层干部、乡村教师、退伍军人、文化能人、返乡创业人士等新乡贤的作用。

二是重塑乡村社区道德规制力。启东深入挖掘村规民约、家规家训等乡村传统美德教育资源，大力开展社会公德、职业道德、家庭美德和个人品德教育，引导农民向上向善、孝老爱亲、崇文重教、勤俭持家。加强示范引领，充分宣传启东的"中国好人"模范事迹，开展"道德模范""文明家庭""感动启东人物"的评选，挖掘身边好人。结合睦邻建设，推进以村民小组为基本单位的"微自治"实践，培育农村地区党群睦邻点。培养公共服务精神，将党员活动与志愿服务相结合，打造"启东益家人"志愿者队伍，用好"江海志愿者服务平台"，开展"文明守望"系列志愿者服务活动。针对孤寡老人、留守老人、留守儿童、残疾人等困难群体，组织开展邻里守望志愿服务。

（六）保障和改善民生，实现乡村共同富裕

启东强化农村基础设施提档升级，拓宽就业创业增产增收渠道，统筹推进教育、卫生、体育、养老等民生事业发展，切实做好困难群众帮扶工作。大力推进共同富裕，彰显共建共享之美。

1. 大力推进农村基础设施建设

一是实施农村饮水安全巩固提升工程。启东坚持把饮水安全摆在优先位置，强化水源保护和水质保障。从 2020 年起全市集中式饮用水水源地水质达标率为 100%，重点水功能区水质达标率在 85% 以上。提高供水保障能力，控制水质质量，完善水质检测标准，农业供水合格率达到 90% 以上。实现城乡居民饮水"同源、同网、同质、同服务"。

二是加快农村电网改造升级。全市实施农村电网改造升级行动。将全市划分为 5 个网格共 39 个配电网单元格，根据单元格负荷现状、功能定位、发展目标差异性进行配电网再规划。推动新一轮农村电网改造升级，提高终端供电能力和供电质量。合理布局农村配电，逐步更换老旧设备，提高城乡电力保障均等化水平。

三是加强"四好农村路"建设。持续提升农村公路安全条件、通畅水平、沿线环境。完善农村公路网络、管养和运输体系，构建"四好农村路"建设长效机制。加快推进城乡客运公交化和城乡公交一体化建设，促进镇村公交与城市公交紧密对接，镇村公交开通率达到 100%。

四是建设新一代信息基础设施。全市推进"光网乡村""移动互联网"工程建设。逐步开展移动物联网建设应用和 5G 建设部署，实现广电网络、互联网在农村全覆盖，加快物联网技术在农村的广泛应用。实施数字乡村战略，全力搭建智能平台。实施信息进村入户工程，健全新型农村综合信息服务体系。在乡村信息化基础设施建设过程中落实网络安全工作，确保信息系统网络运行安全和数据信息安全。

五是完善农村物流基础设施体系建设。为构建覆盖广泛、布局合理、功能完善、双向高效、种类丰富、服务便利的"城市—乡镇—村庄"三级农村物流网络体系，启东加快推进农村物流网络节点建设，打通物流入村"最后一公里"。优化农村快递资源配置，健全以区级物流配送中心、街道配送节点、村级公共服务点为支撑的农村配送网络。鼓励快递企业在畅通农产品销售渠道、放大特色村镇资源优势方面发挥重要作用。

2. 全面提升农村基本公共服务水平

一是优先发展农村教育事业。启东市全面推动农村学前教育普惠发展、城乡义务教育一体化发展、农村职业教育提升发展，加快推进农村教育现代化。积极发展"互联网+教育"，构建数字教育资源公共服务体系。加强县域农村职业学校建设，评估认定一批优质特色职业学校。完善乡村义务教育经费保障机制，确保生均义务教育经费投入只增不减。建立健全乡村教师补充机制，全面推进"县管校聘"管理制度改革，拓展补足配齐乡村教师的渠道。

二是实施健康乡村建设。以江苏省深化医改先行先试县（市）为契机，启东积极探索构建以医疗管理集团为核心，市、镇、村一体，公共卫生管理与医疗服务有机结合的新型医疗服务体系。全面推进医疗集团实行"九合一"统筹管理，提升基层医疗卫生综合服务能力。实施卫生人才强基工程，在医疗集团内实施医疗卫生人才"县管乡用""乡管村用"的人才管理机制。加大基层卫生人才招聘力度，进一步改革完善人事薪酬制度。

三是构建城乡一体的社会保障体系。启东不断提高农村社会保障水平，推动城乡社会保障并轨，完善城乡一体的社会保障体系。按照"基本保障全面覆盖、补充保障协调发展、兜底保障无缝衔接"的要求，积极稳妥推进城乡居民医保待遇政策衔接，稳步提升农村各项社会保险覆盖面和保障水平。完善基本医疗保险、大病保险、医疗救助、精准扶贫和商业健康保险扶贫衔接机制，减轻农村重特大疾病患者政策范围内的医疗费用负担。

3. 拓宽农民增收致富渠道

一是多途径发展新型农村集体经济。启东支持农村集体经济组织创办合作农场，为农户和各类农业经营主体提供产前、产中、产后生产性服务。推广村办合作农场，引导村集体通过农业高效化生产、集约化经营实现稳定增收。鼓励支持村集体参与农贸市场、科技创业园、城镇综合体等新业态新载体建设，创新集体资产运营机制，提高集体经济组织负责人职业化、专业化水平。

二是增加农民就业渠道。全市进一步健全覆盖城乡的公共就业服务体系，推进村级人力资源和社会保障平台标准化建设。每村至少配备 1 名专职协理员，提供就业指导、就业援助和岗位推介等服务。全面推行多类型职业技能培育，实现农民技能培训和就业创业服务全覆盖。鼓励农民多种形式就业，扶持农产品经纪人职业技能培训，培育新型职业农民。

三是激发农民创业致富活力。持续加大对农民创业的财政支持力度，扩大创业补贴和税费减免政策覆盖范围。深入开展创业型乡镇和行政村建设，重点打造一批集创业孵化、政策咨询、开业指导、融资服务、跟踪扶持于一体的新型农民创业载体。因地制宜发展各类合作经济，积极引导农民以土地、资产、劳动力等要素参与和投入，有效增加租金、股息、红利等方面的收益。

三　在公共服务上下"细"功夫

（一）整合社会力量，全面提升社区治理水平

1. 推进社区治理创新

启东市出台了《启东市委市政府关于加强城乡社区治理与服务的实施意见》（启发〔2019〕15号）和《关于加强乡镇政府服务能力建设的实施方案》（启办发〔2020〕4号），全面推进乡镇政府服务能力建设，推进城乡社区"三社联动+"规范化。推动镇级社会工作服务站建设，召开专题部署推进会议，逐镇进行走访指导。督促乡镇整合现有便民服务窗口资源，落实基层服务场所、设施设备、配置专兼人员，以及完成挂牌、制度上墙等，实现全市镇级社工服务站全覆盖。

2. 深化群众基层自治

为做好村（居）委会换届选举工作，启东开展业务培训，加强调研辅导，指导镇（区、街道）严格依法依规组织选举。结合村（居）委员会换届选举，修订完善村规民约，推动移风易俗。制定村（居）务公开目录。印发启东市村（居）民委员会活动记录簿和村（居）民小组自治工作记录本，规范村居"四议二公开"落实。对各镇（区、街道）的村规民约、居民公约进行评比，选出优秀的村规民约和居民公约。做好新任村（居）委成员轮训。明确基层群众性自治组织依法履职和协助政府主要工作事项"两份清单"，签订双向评估协议，实现职责"清单化"。推进城乡社区议事协调机构"有事好商量"的全覆盖，建设社区议事协商示范点。建成运作规范、作用明显、起引领作用的自治示范点519个，其中社区协商示范点124个。打造具有启东特色的以村民小组为基本单元的"微自治"模式，培

育微项目 505 个，有效发挥村民小组在农村基层民主建设中的积极作用，畅通基层服务治理"最后一公里"。完善社会工作激励机制，积极培育社会工作专业力量。截至 2021 年全市共有持证社工师 1021 名，为"三社联动"奠定了坚实基础。

3. 完善基础设施建设

加强镇（区、街道）、城乡社区综合服务设施规划建设，按照镇（区、街道）综合服务设施不低于 1500 平方米，城乡社区综合服务设施每百户居民不低于 30 平方米、总面积不低于 400 平方米的标准推进党群服务中心基础设施建设。全市 313 个村（居）党群综合服务设施中，面积达 400 平方米的有 291 个，达省标占比 93%。下拨城乡服务建设奖补专项资金，优先安排对乡村振兴示范村、先进村党群服务中心提档升级。

4. 有序推动社会组织的培育和发展

全面推动"党建入章"，落实党建工作与社会组织登记、年检、评估"三同步"要求，全市 231 家社会组织采取独立或联合的方式，正式成立社会组织党支部或者指派党建指导员，覆盖率达 82.5%。充分发挥"启东市社会组织服务中心"对社会组织的孵化培育作用，支持慈善公益创投项目，着力实施"协力成长、共益社区——社区社会组织培育计划"。常态化抓好监督管理，及时清理注销"僵尸型"社会组织。专项部署打击整治非法社会组织活动，取缔非法组织。

（二）完善基本服务，持续推动社会和谐发展

1. 加强残疾人服务保障

启东全面落实残疾人"两项补贴"动态调整机制。自 2021 年 7 月 1 日起，困难残疾人生活补贴标准从每人每月 710 元提高到 750 元。全面落实残疾人"两项补贴"资格认定申请"跨省通办"要求。申请残疾人两项补贴不受户籍地限制，为在出行办事等方面存在诸多困难的残疾人提供越来越便捷、精准、温暖的民生服务。加快推进精神障碍患者社区康复服务工作。北新镇依托北新镇居家养老服务中心、北新镇残疾人之家建设成立了精神障碍

康复社区服务点，为精神障碍患者提供辅助性就业、日间照料、健康讲座、知识技能培训、心理疏导、精神慰藉等服务。

2. 加强困境儿童关爱服务

启东加快建设农村留守儿童关爱之家，在"关爱之家"里，儿童不仅可以学到更多的知识，也可以使他们加强彼此之间的沟通交流、增加感情。全面落实困境儿童基本生活保障标准动态调整机制。自 2021 年 7 月 1 日起，孤儿集中供养标准从每人每月 2650 元提高到 2760 元；社会散居孤儿供养标准从每人每月 1855 元提高到 2070 元。持续实施孤儿助学活动，全面落实好针对孤儿的助学优惠政策，保障孤儿学习生活。

3. 有效推进养老事业

为积极应对人口老龄化趋势，启东将养老服务体系建设作为政府民生实事项目的重头戏和民生幸福工程的关键点，重点加强农村养老服务，初步形成居家社区机构相协调、医养康养相结合的农村养老服务体系。加快推进居家适老化改造。2021 年启东为 1100 户经济困难的高龄、失能、重度残疾老年人家庭实施居家适老化改造。推进机构建设，提升全市养老服务水平。2021 年启东改建寅阳镇幸福岛托老院、近海基督博爱老年之家等 3 家养老机构，投入 84 万元，改建 118 张护理型床位。盛福养老护理院、颐瑞护理院、合作志良护理院等一批护理院即将投入运营。落实安全运营，保障老年人生命财产安全。启东每年多次对全市养老机构开展疫情防控及安全运营检查。同时聘请第三方安全事务所每季度对全市养老机构开展安全运营检查，对发现的问题及时交办、限期整改。

4. 建立健全殡葬公共服务体系

启东加快推进殡葬服务设施建设，部分乡镇已完成镇级守灵中心建设。全面落实惠民殡葬基本服务补贴，2021 年全市惠民殡葬受益总人数达 10497 人。深入推进殡葬改革。多部门联合印发《启东市殡葬业价格秩序、公益性安葬设施经营专项整治实施方案》，成立专项整治小组，在全市范围内开展殡葬业价格秩序、公益性安葬设施建设经营专项整治行动。

5. 提升社会事务服务效能

启东加快推进婚姻登记工作提档升级，深入贯彻《婚姻登记条例》，进一步规范婚姻登记行为。推行网上婚姻预约服务，保持登记合格率达100%。建立收养评估机制。按照"儿童利益优先"的原则，坚持依法办事，市民政局委托第三方机构对申请收养家庭进行评估，撰写评估报告。持续做好对生活无着落的流浪乞讨人员和流动困难人员救助工作，通过站内照料、站外托养、纳入特困人员供养等方式，予以妥善照料安置。充分利用公安户籍信息网、全国打拐 DNA 数据库等信息平台和技术手段，精准快速查询受救助人员身份信息，为寻亲人员提供查询便利和帮助。规范地名管理，加强地名标准化建设。严谨办理流程，通过地名办理告知单，精简流程，宣传推广标准地名，加强对地名使用的监督管理。

（三）聚焦"两创一争"，高标准推进教育事业发展

1. 把好方向，在践行立德树人上取得新突破

强化思想政治教育，引导学生扣好人生的"第一粒扣子"。提升德育工作水平，加快完善高初小幼一体化德育工作体系，扩大德育品牌成果。充分利用全市丰富的红色文化资源，开发特色课程，厚植爱国主义情怀，引导学生爱党、爱国、爱人民、爱家乡。加强心理健康教育，强化心理咨询辅导，关心学生成长中的烦恼，教育引导青少年树立正确的成长观、成才观和价值观。

2. 补齐短板，在促进普惠均衡上取得新突破

结合"十四五"教育发展规划，加强各类教育资源的顶层设计，提升区域教育的竞争力。持续巩固义务教育学校标准化建设成果，大力推行校长和名优教师交流轮岗制度，纵深推进集团化办学。统筹各类教育协调发展，不断完善纵向衔接、横向沟通的现代教育体系。结合"我为群众办实事"实践活动，扎实推进"太阳花""四位一体""爱伴童行"关爱项目，确保所有学子享有同等、公平、有质量的教育。

3. 争创一流，在提高教育质量上取得新突破

全面落实"双减"工作部署。作为全国"双减"政策首批试点城市，启东市开齐开足开好国家规定课程，提升学校课后服务供给品质，全面规范校外培训行为，确保学生学足学好。落实教学目标管理责任制，全面启动"启润课堂"建设，促进教育理念、内容手段和方法现代化。全面深化教育体制改革，纵深推进教师县管校聘制度，形成充满活力、富有效率、开放包容的教育体制机制。

4. 提升素质，在锻造过硬队伍上取得新突破

加强校长队伍建设，推动校长专业化职业化发展，不断激发校长队伍的主动性和创造性。加强教师队伍建设，坚持把师德师风放在首位，以名师（校长）工作室等为载体，引导广大教师争做"四有"好老师。深入实施英才计划，开辟优秀教育人才引进绿色通道，吸引更多优秀人才来启从教。加强行政管理队伍建设，在"德能勤绩廉"上提质增效，着力打造一支懂教育、善管理、德才兼备的行政管理队伍。

（四）建设"健康启东"，促进卫健事业发展

2021年底启东各类医疗卫生机构增加到437家，每千人拥有卫技人员6.02人，每千人口执业（助理）医师数为2.67人，每千人口注册护士数为2.86人，每千人拥有床位数为4.36张。基本公共卫生服务项目补助资金提高到人均100元。人均预期寿命达83.19岁。农村无害化户厕普及率达99.87%。全市标准化儿童预防接种门诊建成率达100%，65周岁以上老年人免费健康体检率达72.2%。市妇幼保健院全面运行，率先实现"所转院"，建成复旦大学附属儿科医院启东分院。市疾控中心建成南通地区首家县级PCR实验室，全市有具备核酸检测能力的医疗机构8家，全市最大日10∶1核酸混检容量达73万人次。

1. 重大疫情防控通过严峻考验

新冠肺炎疫情发生以来，启东市卫健委主动担责，精准落实"外防输入、内防扩散"的疫情防控措施，实施人员精准分类管理，加强重点场所

监管。面对突如其来的新冠肺炎疫情，启东第一时间紧急动员，在南通市率先启动应急响应，率先成立疫情防控领导组、专家组和疫情防控工作专班。落实"四早"措施，第一时间落实定点收治医院和后备医院，及时落实定点医院规范化配套设施。迅速启动三院平战结合医院建设，启东市疾控中心建成南通首家县级 PCR 实验室。在南通率先对来自国内中高风险地区的复工人员采用"集中隔离 7 天+核酸检测"的办法，为企业复工赢得一周先机。全市医护工作者用实际行动，兑现了守护全市百姓健康的庄严承诺。

2. 医药卫生体制改革迈向纵深

启东是国家首批县级公立医院改革示范县、紧密型医联体建设试点县、江苏省医改工作先进县、江苏省实施基本药物制度工作先进县、江苏省居民医保总额预付试点县。全市公立医院全部取消药品加成，分级诊疗制度全面推行，家庭医生签约服务质效逐步提升。全市组建两大医疗管理集团，所有公立医院机构纳入集团化管理。实施居民医保总额预付管理。两大医疗集团联合病房、结对专科门诊相继成立。2 家中心卫生院、1 家社会办医疗机构纳入二级综合性医院管理，新增省、市级重点专科、建设专科、特色专科 8 个。6 家乡镇卫生院启动标准化门诊部和医养结合护理院改造。实现基层医疗机构代谢病管理、慢阻肺分中心全覆盖。严格落实实名制挂号就诊制度，建立医保基金积余考核留用及合理超支分担机制。推进药品供应保障制度改革，开展医疗集团药品耗材带量采购，实现集团内处方可流通、药品耗材可共享。

3. 医疗服务能力全面提升

启东市人民医院在江苏省三级公立医院绩效考核工作中位列 A 等，列江苏省县级医院第五，南通市同级医院第一，在江苏省公立医院综合改革满意度调查中，其医疗卫生服务体系建设、公立医院管理体制等方面均达 100%，被国家卫健委确认为"达到县级医院综合服务能力推荐标准县医院"。中医院高分通过第二轮三级中医院复评。妇幼保健院高质量启用，为江苏省内目前单体规模最大、首家通过"所转院"能力提升项目验收的县级妇幼保健院，纳入三级专科医院管理。二院成功创建二级甲等综合性医院，三院成功创建江苏省级"社区医院"，四院、七院纳入二级综合医院管理。二院、三院、四院达到"优质服务基层行"省级推荐标准，二院、三院被确认为省农村区域性医疗卫生中心基本建成单位。胸痛、卒中、创伤、新生儿和孕产妇危急重症救治五大中心带动卫星医院实现一体化联动。胸痛、卒中两大中心取得国家级认证，实现院前院后急救无缝衔接。卒中救治DNT 时间最快 27 分钟，胸痛救治 PCI 时间最快 45 分钟，新生儿和孕产妇危急重症救治成功率 100%。中医药服务能力全面提升，顺利通过国家基层中医药先进县市复评，建成中医馆 11 个、中医阁 11 个，乡镇卫生院中医药服务提供率 100%，村级医疗机构中医药服务覆盖率超过 90%。拥有省级中医重点专科 1 个、名老中医专家传承工作室（站）2 个，拥有南通市名中医 5名、南通市基层名中医 4 人。

4. 公共卫生服务提至新能级

启东市人均基本公共卫生服务项目补助资金提高到 100 元，免费为城乡居民提供 14 类 55 项基本公共卫生服务。居民电子健康档案建档率提高到97.35%。老年人免费健康体检实现扩面提质，体检项目比国家标准增加了甲胎蛋白、尿酸、癌胚抗原、HIV 病毒抗体检测及老年人疑似肺结核症状者胸部 X 光摄片筛查，体检对象增加了建档立卡低收入人员、严重精神障碍患者、失独家庭人员三类特殊人群。慢性病管理逐步实现精准化。创建省级慢病综合防控示范区。家庭医生签约服务有序开展，全市常住人口签约率达81.9%，重点人群签约率达 87.5%，首诊签约全市全覆盖。妇幼健康服务能力不断提升，孕产妇系统管理率达 90% 以上，孕产妇保健管理率达 99% 以上，住院分娩率达 100%。全市 11 家预防接种门诊全部符合标准化建设要求，全部通过本级和南通市验收，标准化建成率达 100%。5 岁以下儿童死亡率持续低于 5‰，婴儿死亡率低于 4‰，3 岁以下儿童系统管理率达 95%以上。

5. 健康启东建设迈上新台阶

启东成功创建国家卫生城市，顺利通过国家卫生城市两轮复审，继续蝉联"国家卫生城市"荣誉称号。建成国家卫生镇 7 个、省级健康镇 4 个，省级卫生镇村实现全覆盖。城乡居民健康素养水平显著提升。农村无害化卫生户厕普及率提高到 99.87%，连续五年居南通第一。健康教育和健康促进工作规范有序，全市拥有健康指导员近 900 名。全市各社区、机关、企业、学校、医院等单位均设有健康教育宣传栏，市区宣传橱窗达 500 多块。每年开展以"三减三健，全民行动"为主题的健康教育知识竞赛活动，并通过《启东日报》公布获奖人员名单，活动期间有 2000 名市民积极参与。全市实现无烟党政机关全覆盖。积极开展建设"健康促进学校""健康促进医院"工作，全市获得"健康促进学校"金牌 5 所、银牌 24 所、铜牌 36 所。建成省级健康促进医院 8 所。新建健康步道 12 条，15 条健康步道和 1 个健康主题公园完成提档升级。

6. 卫生信息化建设扎实推进

启东通过打造全民健康信息平台、基本公共卫生服务综合管理系统和乡镇紧密型医联体信息系统，实现区域内医疗健康大数据实时互联互通和综合监管分析。在市人民医院建立心电诊断平台，全市基层医院及急救车辆全部接入。完成区域影像系统建设，在两大集团龙头单位分别建立影像诊断中心，下属成员单位全部接入。基本建成"基层检查、上级诊断"服务模式，实现医学影像检查结果互认和人才资源共享。初步建成启东市便民就医综合服务平台，先看病后付费诊疗服务、乡镇紧密型医联体信息系统建设（体检系统）覆盖市级医院及各乡镇中心卫生院，减少了排队等待环节和时间，提高了医疗机构服务效率。全市所有公立医院及民营非营利性医疗机构全部完成医疗电子票据改革，建立医疗电子票据信息共享和应用机制，实现信息实时共享和全过程监督，开启"源头可溯、全程可控、风险可防、责任可究、公众可查"的监管新模式。

（五）推进城乡基本公共服务均等化

近年来，启东在推进城乡基本公共服务均等化方面主要有以下举措。

1. 推进城乡基础设施均等化

统筹城乡基础设施建设，强化城乡基础设施连接，实施农村公路提档升级和危桥改造工程，推动水电路气等基础设施城乡联网、共建共享。探索实施数字乡村战略，推进乡村网络设施升级，持续推进农村地区移动和固定宽带网络建设，推进 5G 网络在农村地区的建设部署，推动千兆网络全覆盖。构建农村数字化生活场景，使其应用在智慧教育、智慧养老、智慧医疗等领域。

2. 推进城乡就业社保均等化

建立健全城乡统一的人力资源市场，落实城乡劳动者平等就业、同工同酬制度，促进农村劳动力转移。完善政策体系，引导高校毕业生到乡镇、村（社区）任职，鼓励城镇人才到农村建功立业。逐步缩小城乡最低生活保障标准差距。

3. 推进城乡生态文明一体化

深入推进乡村清洁工程，加强农村农药、化肥、薄膜和生活垃圾的污染治理。针对作物需水规律和农业水资源特点，综合运用工程、农艺、生物、管理等办法，大力发展节水农业。推进秸秆综合利用，提高秸秆能源化、饲料化、基料化程度。

4. 推进城乡资源市场化配置

坚持市场运作、行政引导，推动资金、技术、信息、人才等要素在城乡之间自由流动和平等交换。全面落实中央关于金融支持"三农"发展的政策措施，完善农村金融服务体系，发展农村小型金融组织和村镇银行、小额信贷业务，扩大农村有效担保物范围，健全农业保险制度，建立农业保险与农村信贷相结合的银保互动机制。

四　在社会文明上下"真"功夫

启东坚持强化先进文化引领，建设新时代江海文明城市。深入推进文化强市、文化树人，提升文化软实力，引领文明新风尚，加快建设更加开放包容、更富创新活力、更具江海特色的文化强市。

（一）全面提升社会文明

1. 强化核心价值引领

启东持续深化习近平新时代中国特色社会主义思想宣传教育，持续深入开展"不忘初心、牢记使命"主题教育活动，推动理想信念教育常态化、制度化。开展纪念中国共产党成立 100 周年系列活动，加强党史、新中国史、改革开放史、社会主义发展史教育，加强爱国主义、集体主义、社会主义教育，打牢共同奋斗思想根基。深化革命精神实践教育，进一步丰富和传承革命精神谱系，加强抗大九分校纪念馆、启东烈士纪念馆等爱国主义教育基地建设，推进数字化发展，健全动态管理、免费开放保障机制。

2. 提高社会道德风尚

启东组织开展新时代文明实践"共乐东疆"活动，高水平建设新时代文明实践中心（所、站），探索形成具有推广价值的启东路径、启东模式。健全"东疆志愿者"志愿服务体系，持续打造品牌活动，推进志愿服务制度化建设。实施新时代公民道德教育引导行动、公民道德实践养成行动、网络空间道德建设行动和公民道德建设融入社会治理行动。擦亮"启东好人"名片，积极开展"道德模范""身边好人"等示范活动。完善"道德讲堂"活动，加强家庭、家教、家风建设，凝聚向上、向善、向美的力量。加强未成年人思想道德建设，深化"扣好人生第一粒扣子"主题教育，丰富提升"童"字系列美育活动，深入实施劳动和社会实践教育。弘扬诚信文化，健全社会信用体系，推进诚信制度化建设。

3. 深化精神文明建设

启东深入开展群众性精神文明创建活动，建设高水平文明城市。深化"文明健康、有你有我"教育实践，广泛动员群众参与爱国卫生运动，持续推进文明交通、文明旅游、文明餐桌、文明观赛观演等专项行动。坚决制止餐饮浪费，在全社会营造浪费可耻、厉行节约的社会风尚。深入推进移风易俗，倡导婚事新办、丧事简办，推进婚俗、殡葬改革。推动行政村制定履行村规民约、建立红白理事会，有效整治农村封建迷信、子女不孝、厚葬薄养、高额彩礼等陈规陋习。深化融媒体中心建设。加强网络文明建设，推进文明办网、文明上网，加强网络综合治理，建设风清气正、正能量充沛的网络精神家园。提升新时代巾帼文明实践水平，发挥妇女在思想政治引领、家庭文明建设中的作用。

专栏 19　德润东疆：新时代的风尚

2022 年 3 月 1 日，启隆镇久西村 500 亩鸡爪槭嫩芽初上。林间木屋内，年逾八旬的郭中良正不停刷屏，细看有关启东渔船勇救福建落水渔民的新闻和评论。"启东历来崇文重教，民风淳朴。最新的这个海上救援案例，再次印证自己的判断：救人于危难、助人于困境，已成为启东人的特质和标签。"

郭中良，身旁这个鸡爪槭种植基地的主人。退休以后，他历尽波折，成功实现从教书育人到种树育林的转变。可贵的是，他不仅造福乡梓，还默默地坚持捐资助学。郭中良告诉记者，半月之前，经远在长沙的刘崇艳女士推荐，湖南通道一中高中生李兴儒成为他每年固定资助的该校第 8 位贫困学生。作为郭老当年的首批捐助学生，刘崇艳如今已成长为国防科大附中的一位名师。2 月 28 日她寄来书信，表达对郭中良这位"中国好人"的感恩之情。

启东渔民的义举，同样让戴庆贤激动不已。提及 20 年前自己海上救人的往事，这位启东首名中国道德模范提名奖获得者觉得这一切恍如昨日。戴庆贤家住与大海相邻的启隆镇家禄村。他干过海洋捕捞，也从事过滩涂养殖，对启东沿海乡风民俗如数家珍。"由于滨江临海，早年间这里常有海难发生。启东渔民见死必救、援手相助应该是一种习惯和信念。"启东本土作家李先勇曾以此为题，创作小说《老大的海》。他认为，大海无偿提供丰富的物质资源，也衍生出无数传奇故事。海难的出现，对应的便是救援。"见死必救"是这片海域渔民的传统，也是一种文化行为，是一种拥有终极关爱情怀的人才会拥有的智慧。

正因为此，中央电视台、《新华日报》、江苏卫视等数十家主流媒体集中予以报道。再上热搜的启东好人好事，在社会上引发强烈反响。

看似偶然实为必然。启东好人现象持续涌现，这既是启东独特的地理位置、文化基因造成的，更是制度设计、典型引路共同作用的结果。"虽是个体行为，其实是一种社会现象。"

统计显示，启东现有省级及以上道德模范及提名奖7人，中国好人25组26人。其中，见义勇为道德模范和中国好人达9人，道德典型人数居南通第一、江苏省前茅，是一座名副其实的"好人之城"。启东市文明办主任顾永辉说，启东渔民救助福建渔民的事件"看似偶然，实为必然"。据他介绍，为擦亮"好人之城"这个城市品牌，启东的制度安排精细且健全。比如，设立善行义举榜、最美人物榜，尊重和礼遇各级"好人"与"道德模范"等，凡此种种，皆为全民育德、全城尚德、全力润德、全域弘德搭建精神平台。

让好人得到实惠。启东成立美德基金，通过为生活困难的道德典型开通医疗绿色通道、年终给予资金帮扶等措施，激励更多市民存好心、做好事、当好人。

戴庆贤深情回忆，启东市委、市政府每年给予其1万元的补助金。2022年1月24日南通市政协主席黄巍东，南通市副市长、启东市委书记李玲还登门慰问、嘘寒问暖。

让榜样感召社会。启东每年举办好人交流活动、道德模范事迹巡讲、身边好人展览，好人群体成为城市上空"最亮的星"；300多个"善行义举榜"遍布城乡，"好人公园""好人长廊""好人桥"成为城乡寻常风景。走进汇龙镇长江新村社区，20根景观柱醒目位置张贴着好人照片、好人故事，连成一条"好人街"。在繁华闹市，记者还发现公益广告——"中国好人"为城市文明代言随处可见，在暖阳下熠熠生辉。

对于启东打造"好人之城"的氛围，被称作"板凳姑娘"的江苏省道德模范提名奖获得者苏晓琳感受颇深。她认为，追求至善的传统美德，一旦融入人们的血液，就会自觉转化成为责任担当，会让最质朴的感情成为城市的基因和品格。苏晓琳身高只有1.1米，凭借板凳"走路"，曾被医生断言

"活不过 15 岁"。然而，她不断挑战自我，不仅奇迹般地生存了下来，还用奋斗、奉献书写了属于自己的人生篇章。2021 年 11 月她在自己的门市部开设"启创残疾人之家"，组织 13 名残疾人生产自救，这里被人们亲切地誉为承载希望的"幸福车间"。

从戴庆贤到郭中良到苏晓琳……他们仿佛真善美的种子，在启东大地处处生根发芽，汇聚成闪耀着道德光芒的最美群像，撑起启东这座"好人之城"的道德高地。

打造全新城市品牌。一个好人感动一座城市。如今，救人于危难的大爱义举在东疆大地俯首可拾。来自启东的年轻水手宋陶在海外勇救落水难民；吕四港镇巴掌村村民陈鹤飞在火灾来袭时守望乡邻、严重负伤；南阳镇佐鹤村村民张彐辉、姚永平、姚永生在邻居命悬一线之时奋不顾身跳入水中救人等。

2020 年 11 月启东摘得"全国文明城市"桂冠，实现"创则必成、高分创成"的承诺。启东市委常委、宣传部部长崔晓勇告诉记者，目前启东正加快推进新时代公民道德建设，"德润东疆"以与时俱进的丰富内涵，成为启东全新的金字招牌。

德润东疆，这就是启东的文明密码。而文明，必将赋予这座"窗口城市"更为深沉的魅力。

（二）强化优质文化产品供给能力

1. 加强文化精品创作生产

启东全面推进新闻出版、广播影视、文学艺术、哲学社会科学事业创新发展。加强文艺精品创作规划引领，完善文艺创作生产激励机制，激发创作活力。深入推进版画、文学、书法、摄影、舞台艺术、影视剧、少儿文艺等精品创作工程，推出更多体现江海特色、具有时代特征的精品力作。持续开展"感知启东"主题创作采风、红色采风活动，出版《沙地》杂志和《感知启东》采风作品集，精心打造沙地文化。支持文化艺术原创精品和重大题材创作，力争在国家和省市精神文明建设"五个一工程"评奖中有新收获。积极引进和培养文艺人才，推进基层文艺社团建设，建强"文艺铁军"。

2. 构建现代公共文化服务体系

启东加快推进公共文化设施建设，建成少儿图书馆、市博物馆，完善版画艺术中心功能，打造更多群众家门口的"文化客厅""健康驿站"。优化公共文化资源配置，推动公共文化基础设施向乡村延伸，推进重点镇区图书馆、文化馆建设，推进基层综合文化服务中心标准化提档升级，完善总分馆制。实施基层公共文化服务效能提升示范工程，创新"互联网+"公共文化服务。推动"共乐东疆""正能量加油站"等群众文化活动品牌向融合化、精品化发展，深入实施送戏、送电影、送书、送展览、送培训文化"五送"工程。促进全民阅读，深化"书香启东"建设，推广"24小时书房"。

3. 提升文化产业和消费水平

启东坚持把文化发展的社会效益放在首位，实现社会效益和经济效益相统一。深化文化体制改革，加强文化市场体系建设。推进"江海印记"文化产业工程，着力打造有江海特色的文化品牌，支持文化产业龙头企业创新发展，推动文化产业载体提档升级。探索推动版画艺术市场化创新发展，全力推动"启东国际木版画双年展"创办落地，提升版画艺术附加值。加快新型文化业态的发展，改造提升传统文化业态，打造一批"互联网+"文化产业园区（基地）、数字文化产业创新集群。创新文化市场消费机制，培育夜间文旅消费集聚区。推进文旅服务智慧化、管理智慧化、营销智慧化，提升游客消费体验感。

专栏20　文化赋能：激荡东疆精气神

沙地文化植入新基因。2022年3月1日是启东分治设县的94年，撤县建市的33年。那一天，很多启东人在朋友圈里深情地说，"启东是一座诞生在春天的城市"。

启东地域文化具有鲜明的个性。提起启东人，第一印象就是精明能干。

"这和启东独特的地理位置有关"，对地方史颇有研究的启东市文联主席张建昌说。受自然资源、条件所限，启东人民以前主要从事农耕和渔业。在与风雨潮的长期抗争中，启东人经受住残酷的考验，逐步造就精明能干的性格特点，血脉相承、代代沿袭。张建昌认为，"开拓"是启东最具价值的文化传承，浓缩了启东历辈先民辟吾草莱、牧渔垦荒的奋斗经历；而"包容"更是启东的胸襟气度，移民融合的历史进程，培育了启东人的开放心态。

改革开放以后，启东人闯荡世界，果敢拥抱市场经济的大潮。特别是崇启大桥开通后，启东与上海的交往日益频繁，逐步吸收了很多海派文化的优秀基因。张建昌认为，沙地文化是一笔宝贵的精神财富，其蕴涵的独特魅力，在"强富美高"新启东建设中发挥着越来越强大的感召力和引领力。

启东孜孜以求的是，让居者舒心，让来者倾心；既讲规则秩序，又显澎湃活力；既可触摸历史，又能拥抱未来。这正是这座城市描绘的现实模样。

2011年山东人房茂亭来到启东高新区投资，如今在园区已经拥有3个厂区，裁剪、拉布、缝纫等现代化设备一应俱全。启东的投资软环境令房茂亭十分满意，"我们一心一意谋发展，有信心成为全球最大的宠物窝生产企业。"

启东商务局严圣博认为，营商环境是完整的生态系统。除了基础设施建设、产业配套外，法治意识、文化底蕴、市民素养等都是"生态链"上不可或缺的。这一观点也得到了一些在外启东籍人士的认同。前不久，江苏格蓝威智能装备公司正式落户启东。总经理茅林飞是启东人，大学毕业后在外打拼、事业有成。目睹家乡的变化，他毅然决然回到启东投资兴业。茅林飞说，吸引他返乡创业的，既有政府部门服务效率高，还有浓厚的重商文化、高素质的技工群体等因素。

启东市委书记李玲在启东全市机关作风建设大会上指出，近年来启东各项工作之所以保持良好的态势，关键是有一支作风优良、勇争一流、能打胜仗的干部队伍。"这是过去取得良好成绩的重要法宝，也是制胜未来、走在前列的根本保证。"长江入海口，激荡精气神。从道德模范的刷屏成势，到志愿服务的遍地开花；从抗击疫情的众志成城，到项目建设的如火如荼。启东这座"好人之城"和"活力之城"，以高昂的斗志一路疾行，向着春天进发！

（三）加强历史文化传承创新

1. 加强文化遗产保护传承和合理利用

启东推动优秀传统文化创造性转化、创新性发展，深度挖掘传统文化、民俗文化、地域文化，把文化资源转化为文化产品。加强博物馆标准化、数字化建设，促进文物展示利用方式融合创新。推动文化遗产与现代化城镇功能有机融合，加强独具自然生态与地域文化风貌特色的名镇名村和传统村落的整体性保护。加强市级及以上文物保护单位的保护和利用，加强非物质文化遗产活态保护和产业化传承，精心打造具有浓郁本土特色的启东非遗标志性项目。重点推动"吕四渔号""洋钎说书"申请国家级非遗项目，推动"评弹北调"等申请省级非遗项目，推动"启东版画"等特色门类进行非遗立项工作。实施非遗传承人培养计划，持续开展非遗项目现场展示表演等活动，深度开发具有启东特色的非遗文创产品。

2. 树立启东江海文化城市形象

启东充分发挥沙地文化、垦牧文化、吕祖文化等优势，传承崇文重教、实业报国、明礼诚信等优良传统，厚植"开放、包容、创新、争先"的城市精神。加强文化资源的开发利用，持续提升"版画之乡"等特色文化的知名度和影响力，打造对外文化交流品牌。积极推动传统文化、红色经典元素融入城市发展，促进文化遗产保护、文艺精品创作和现代人文景观的有机融合，展现江海文化之美、社会风尚之美、城市文明之美。突出江与海、潮与闸、岸与堤、水与陆、荡与苇等文化符号，涵养水韵启东和鱼米之乡的精神气质，彰显江风海韵和江海文化的交融之美。

分报告八

固本培元，走好党建引领之路

习近平总书记强调，"办好中国的事情，关键在党""要积极推进党建工作思维理念、运行模式、指导方式、方法手段创新，提高党建工作信息化、法制化、科学化水平"。近年来，启东市深入贯彻习近平新时代中国特色社会主义思想，以高质量党建引领高质量发展，持续打造党建工作亮点，抓实"强基铸魂"党建工作，创新高质量发展路径。

一 推进"沿江沿海最美党建带"工程

（一）"沿江沿海最美党建带"的基本内涵

启东市委突出党建引领、融合共创，全域打造"沿江沿海最美党建带"，以高质量党建引领高质量发展，构筑党建强、发展强的"双强"示范新高地。

"沿江沿海最美党建带"全域创建工程，包括江海扬帆领航工程、江海先锋示范工程、江海堡垒锻造工程、江海清风涵养工程等江海党建四大工程。推进"沿江沿海最美党建带"工程，有以下四层内涵。

一是完善基层党建体系。思想政治建设是党的建设的灵魂工程，启东市各级党组织和广大党员干部深入学习习近平新时代中国特色社会主义思想，坚定理想信念、加强党性修养、树牢"四个意识"、坚定"四个自信"，始终同党中央保持高度一致。通过加强对各领域基层组织的政治领导，引领各类组织坚持在党的领导和中国特色社会主义旗帜下行动，把党组织意图变成各类组织参与基层治理的有效举措，引导各类组织做好群众工作。把党员群众动员起来、组织起来，确保党的路线方针政策和决策部署在基层落地生根。

二是迸发基层党建活力。基层党组织强不强、党建工作开展好不好，关键要看有没有好的"带头人"，有没有充满活力的党员队伍。坚持把政治标准放在首位，通过释放"三项机制"驱动效应、深化"五位一体"知事识人体系，进一步激发干部人才担当活力，提升头雁队伍干事动力，彰显党员骨干先锋魅力，不断激发先锋队伍的精气神，凝聚推动发展的正能量。

三是提升基层党建服务民生水平。党的根基在人民、血脉在人民、力量在人民。人民是党执政兴国的最大底气。把"为民服务有温度"的"沿江沿海最美党建带"建设贯穿经济社会发展的全过程、各领域，从价值观和方法维度上把握"人民至上"的理念，是新时代赋予基层党建工作的历史重任。基层是社会治理的重心所在，也是为民办实事的"最后一米"。通过"沿江沿海最美党建带"建设构建区域统筹、多方联动的城市基层区域化党建新格局，实现党建品牌创优、基层治理共建共享、便捷服务纾解民忧等多项功能。

四是强化基层党建引领发展。通过全域打造"沿江沿海最美党建带"与加快建设长三角一体发展新高地、沪苏通融合发展新样板、长江口绿色发展新示范有机结合，推动党建工作与业务工作互促共进、融合发展。有效引领产业发展"转型升级"、引领文明创建"提档升级"、引领生态环境"美丽升级"，实现党组织的政治领导力、思想引领力、社会组织力和行动执行力显著提升，书写启东高质量发展新篇章。

（二）以江海扬帆领航工程筑牢思想根基

坚定的理想信念是立身之本、成事之基。跑好第一棒、奋进新征程，以筑牢思想根基为首要任务。为此，启东市委以实施江海扬帆领航工程为抓手，系统制定《沿江沿海最美党建带全域创建工程实施意见》，分类细化17项重点任务，推行组织联建、党员联管、服务联动、发展联抓的"四联"机制，完善跟踪问效和定期检查机制，筑牢团结奋斗的思想根基，切实以党建"先手棋"激活发展"一盘棋"。

深入开展学习宣讲。启东市委全面贯彻落实中央和江苏省委、南通市委的部署要求，高标准高质量推动党史学习教育走深走实。大力开展党史宣讲进基层活动。组建市级机关党史学习教育宣讲队伍，培训宣讲骨干。通过示范宣讲、分片宣讲等形式组织各类宣讲，推动党的创新理论飞入寻常百姓家。通过大力弘扬伟大的建党精神，强化党性锤炼，勇于自我革新，永葆政治本色。深入培育和践行社会主义核心价值观，严格落实意识形态工作责任制，全力构筑思想舆论引领高地、道德风尚建设高地。积极回应南通市委提出的"万亿之后怎么办"这一命题，迅速在机关党组织中开展"万亿再出发、机关走在前"大讨论。以思想大解放带动理念大提升，把"过万亿"作为新起点，以"再出发、从头越"的精神全力跑好新赛程第一棒。

创新打造学习平台。坚持学深悟透习近平新时代中国特色社会主义思想，以新思想引领新征程、指导新实践。近年来，启东市东南中学内的中国人民抗日军政大学第九分校，前来学习参观的党员干部络绎不绝。开发"忆峥嵘岁月、记使命担当""从党史中汲取奋进力量"等新课程，紧扣江海党建领航工程，结合深化"不忘初心、牢记使命"主题教育和深入开展党史学习教育，建立基地、载体、师资、教材、案例等"五个一批"党员教育工作体系，建成党性教育基地、"带头示范、带动群众"教育基地。

多措并举，深入理论学习。各级党组织深入学习贯彻习近平新时代中国特色社会主义思想，充分发挥"学习强国"、"双争"学堂、书香机关、"悦读讲思"等学习载体作用，推进全方位立体化多层次理论武装，不断提升机关党员干部政治纯度、思想深度和理论高度。创新提炼意识形态工作"四协助、四主抓"闭环机制，各级党组织严格落实意识形态责任清单，常态化开展思想动态问卷调查，筑牢意识形态主阵地。机关单位广泛建立青年理论学习小组，构建形式多样的青年学习载体，打开机关青年理论武装崭新局面。启东市各级党组织充分发挥示范引领作用，以政治建设为统领，把"两个维护"作为最根本的政治纪律和政治规矩，打"桩"补"钙"，涵养机关政治生态。

（三）以江海先锋示范工程打造干部队伍

通过实施江海先锋示范工程，以高质量发展、乡村振兴为平台，不断激发党员先锋队的活力，凝聚干部队伍积极向上的力量。

传承好辟吾草莱、牧渔垦荒的垦牧精神，打造一支敢打敢拼、勇争一流的干部队伍。通过激发党员干部的责任意识，发挥"三个机制"的驱动作用，深化"五位一体"的"知人"制度，建立"链接性"高质量发展评价机制。强化典型引领，评选"有作为好干部"，让敢为、善为、勤为的好干部有奔头、得褒奖。统筹构建长三角地区的人才引进机制，集中力量构建"1+X"的政策体系，支持"启创无忧"项目，为人才创新和创业提供强有力的支持。

实施干部专业能力提升计划，营造一级带着一级干、一茬接着一茬拼的浓厚氛围。依托江海先锋培育工程，抓好村书记"专职化"、社区书记"职业化"、"两新"党务工作者"专业化"建设，建设一支过硬的基层党组织带头人队伍。分层分类举办机关基层支部书记、理论宣讲骨干、党员发展对象培训，使广大党员干部的思想、党性、作风得到浸润洗礼，信念更加坚定。出台党组（党委）、直属党组织和基层支部"三级书记"抓机关党建工作责任清单，以清单明责、督责、考责、问责，"三级联述联评联考"持续开展，督查指导全覆盖，牢牢牵住机关党建责任制这个"牛鼻子"。

提高选贤任能的精准性，突出德才兼备、事业为上，坚持重用"狼性"干部的用人导向。结合党史学习教育，以"第一棒、奋进新征程""三比三争"为主题，开展"领航领航，赛马东疆"业绩竞赛，推进"五比五拼"，努力在全市形成一种"赶超"的良好氛围。注重统筹联动、精准施策，完善"三化"管理体制，完善村（社区）干部定级定档的工资增长机制，营造实干担当的良好心态。

建立领导干部科学评价机制，推动形成干部为事业担当、组织为干部担当的良好局面。大力开展党员"一亮三诺"活动，分批次评选身边好党员，展现党员干部的先锋风采，引导广大党员干部先人一步学榜样、快人一拍优服务，不断激发向上、向善、向美的新动能。新冠肺炎疫情期间，全市3500名党员组成了"党员攻坚团"，助力打赢防疫阻击战。"双带"党员培养工作不断深入，197名优秀党员示范户成为了启东农村振兴的旗帜和标杆。

（四）以江海堡垒锻造工程夯实基层基础

基层组织强，人心就能凝聚，发展就有活力。启东实施江海堡垒锻造工程，夯实坚强有力的基层基础。不断拓展党建工作的触角，优化党组织结构，探索建立行业党建委员会，细化区域党建、商圈党建、网格党建等具体举措。在重大项目工程、老旧小区改造等攻坚一线，建立指挥部、项目部、党支部"三部一体"的运行机制，让党旗在发展的主战场上高高飘扬。

做优基层党建品牌。最靓党建品牌与高质量发展互动融合、交相辉映。推动从"盆景"到"风景"的阵地建设，按照"点上抓示范，面上抓规范"的原则，在16个乡镇"红色驿站"中聚力推进305个村级党组织，引领站点的扩容和提升。与江海文化的"红色步道"等景观标志相结合，统一党建工作的"坐标系"。开展基层党组织"创新争优"活动，以民生为重点，以"一镇一特"和"一村一品"为重点，打造226个有影响、可推广的便民品牌。

深入开展绩效比拼行动，推进"党建微家""党员中心户"示范创建活动。围绕提高党组织的组织和工作覆盖面，按照"标准+示范"的要求，深入推进"六大先锋"。在城市、镇、村、机关、国企、"两新"等方面进行"五个集中"，分类推进、规范达标、星级联评、创先争优。以提高政治、服务效能为目标，规范建设便民服务中心等基础设施，着力构建"一刻钟为民服务圈"，把党建服务阵地延伸到"最后一米"。实现从"驱动"向

"联动"的工作机制转变。制定《沿江沿海最美党建带全城创建工程实施意见》，明确了 17 个重点工作。实行组织联建、党员联办、服务联办、发展联办"四联"，健全跟踪问效、定期督查机制，用党建"先手棋"激活"一盘棋"。

深化"四责协同"机制。全面落实党建工作联系点制度，建强党群服务中心等阵地。分类创建流动党员"e 家庭"，发挥其线上线下相辅相成的优势，把"磁铁"的工作方法做好，真正做到凝聚人心、凝聚力量。以党建为依托，整合社区治理资源，不断完善城市街道"五联五融合"共驻共建模式。建立"街道吹哨、部门报到"工作制度，着力构建区域统筹、多方联动的城市基层区域化党建新格局。推进"六方共管"、协调会商、"红色物业"创建活动、社区党小组、党员中心、"爱心邻里"、"红心小院"等特色阵地，参与微心愿、丰富微活动，为基层社区提供服务，不断增强群众安全感。

（五）以江海清风涵养工程营造良好氛围

良好的政治生态，是凝心聚力、共创大业的重要保障。作风建设永远在路上。启东市委实施江海清风涵养工程，下大力气优化高效廉洁的政务环境，营造廉洁从政的良好氛围。激励党员干部争先进位、扛旗夺杯，坚决杜绝"不作为""慢作为""虚作为"现象。以务实作风推动改革再深入、实践再创新、工作再抓实，在新赛程中跑出加速度、拼出精气神、干出新作为。

高站位部署谋划。正风肃纪反腐事关民心所向。启东市委从根源上解决群众身边的腐败和作风问题，积极探索一体推进"三不"新方式新途径。推动"两个责任"贯通协同，强化对公权力的监督制约。以清廉建设为抓手，推动广大党员干部自觉躬身入局、主动担当作为，让新风正气充盈龙都大地。将清风涵养工程作为基础性、引领性、突破性工程，努力推动清廉思想、清廉制度、清廉纪律、清廉文化融入经济社会发展各方面，持续推动全面从严治党向纵深发展。

高标准实施推动。坚持既用全局观点、系统思维谋划部署，又聚焦重点、扭住关键、靶向发力。坚持强化政治监督，确保习近平总书记重要指示落实、保证党中央重大决策部署落地、推动"十四五"规划、督促落实全面从严治党责任等，服务保障启东现代化建设。坚持以人民为中心，深化整治群众身边腐败和作风问题，剑指群众的"肉中刺""心头痛"。督促推动巩固拓展脱贫攻坚成果与乡村振兴有效衔接，让群众在全面从严治党中感受到公平正义，厚植基层基础。聚焦权力运行，抓住权力关键节点，科学制权，实现有权必有责、用权必担责、滥权必追责。公开明权，确保权力始终在阳光下运行。推进清廉单元建设，关注权力集中、资金密集、资源富集的重点领域，聚焦群众关心关切的焦点、难点、痛点问题，集中打造廉洁机关、廉洁乡村、廉洁社区、廉洁家庭、廉洁企业、廉洁医院、廉洁学校、廉洁政法、清廉文化等清廉单元，以点带面、抓纲带目，全域推进、全面共进。

高质量机制保障。建立目标导向机制，牢固党员干部纪律规矩意识，自觉扛起各级党组织管党治党责任意识，规范党内政治生活，净化党内政治生态。统一标准机制，无论是试点先行、重点突破，还是聚焦单元、整体推进，均建有统一的标准化体系，便于总结提升推广。建立系列推进机制。制定定期研判、督导检查、追责问责、舆论引导等一系列机制，及时发现解决存在的问题。对工作落实不力、搞形式走过场的党员干部严肃问责，确保各项工作健康有序推进。启东市机关工委坚持把群众满意度作为衡量机关作风的最高标准，历经20年的发展，从邀请"千人评议"到"万人评议"，再到现在的"服务对象指向评"，构建"问题清、整改严、开门评"的社会评价意见整改机制，推动整改率年年攀升，2020年达96%，社会各界对机关工作的总体满意率始终保持在94%以上。

二 抓实"强基铸魂"党建工作

启东市全方位打造"沪苏通一体融合发展窗口城市"，围绕"沿江沿海最美党建带"全域创建工程推动各领域党建全面过硬，逐步构建上下贯通、执行有力的组织体系。

（一）善治理，整合资源、做优网格

启东市以党建引领基层治理为抓手，以凝聚和服务群众为出发点，最大限度整合资源，将群众的身边事解决在网格中，提升群众的满意度和获得感。

织密党建服务网。探索开展在职党员进网格服务活动，持续推进"支部建在网格上"。社区党委和在职党员党组织协商制定资源清单、需求清单、项目清单。服务情况与民主评议党员、最强党支部创建、党建工作考评、评优选先四个方面挂钩。发挥在职党员进网格的示范作用，不断夯实网格服务力量。

优化党组织设置。组织专兼职网格员、在职党员、物业公司人员等对群众身边事进行化解调处，不断提升群众对社区服务、物业服务的满意率。深化信息服务网。全市网格通过公开招聘和转化原有工作人员、网格员实现"一格一专"。灵活吸纳志愿力量担任民情员、物业保安等群防群治力量担任巡防员、业委会人员等力量担任协调员，实现"一格多兼"。

构建党群服务圈。围绕党群服务中心功能定位，构建党群服务中心联盟。城市街道社区全部建成党群服务中心，打造"15分钟党群服务圈"。创新开展社区党组织领导下的居民委员会、业主委员会、物业公司、机关事业单位、非公企业和社会组织、社会团体等共建共享的议事协商新模式，搭建协商议事平台，共同协商解决社区服务管理问题。对涉及物业服务管理的重大事项、重点问题，组织居民参与事前、事中、事后的全过程监督，增强居民群众的参与度与归属感。

打造实用制度链。制定"网格管理、连心服务、责任捆绑、激励保障"四项制度（试行）和网格管理基础信息采办、工作事项采办、重点对象重点场所走访排查"三项清单"，为网格运行提供基础制度和长效运行的保障。全面实施"走、议、办、回、评"网格"五步工作法"，作为网格化工作服务基本载体，结合每月主题党日推行"网格服务日"，推动机关党组织组团服务力量下沉网格，实现联系服务群众常态化、规范化。

（二）惠民生，服务群众、办好实事

启东市委坚持把"沿江沿海最美党建带"全域创建工程作为践行"争当表率、争做示范、走在前列"重大使命的务实举措，与"攻坚有我"显担当行动、"我为群众办实事"实践活动、"三比三争"主题实践活动等结合起来。重点攻坚群众集中反映的共性问题、发展亟待解决的难点问题、长期未能解决的历史遗留问题，推出一批惠民利民的政策措施，确保服务群众、办好实事。

从服务"漫水灌"到为民"精准滴"。坚持从群众需求出发，以"点亮微心愿"项目为抓手，打通为民服务"最后堵点"。为高效精准服务群众，启东市坚持以党建引领服务党员群众为主线，依托全市 532 个党建微家、2000 多个新时代文明实践中心（站、所）等群众身边的服务阵地，设立2400 多个线下"微心愿"征集点。通过启东"12345 在线"微信小程序线上收集群众"微需求"，关心关爱帮助行动不便、年老体弱、困境儿童等弱势群体，有效解决了一批应急救助、政务代办等群众生活中的"急难愁盼"问题，真正让群众在家门口就能享受到便捷服务。

从党建"独角戏"到共建"大合唱"。坚持"党建引领、多方参与、提升质量"的总体思路，聚焦群众"微心愿"，强化"插旗意识"。把党建工作前移到老旧小区改造一线，通过成立项目改造临时党支部，将社区、物业公司、业主代表、施工及监理单位等相关方党员纳入其中。把原有的社区党组织"一头热"变成共抓共建的大家"齐发力"，真正让党旗在基层一线高高飘扬。坚持从小处着眼、细处着手、实处着力，成立以村（社区）两委班子、青年党员、乡贤能人等为主体的"红色帮扶"志愿队伍。围绕"微心愿"清单，不断优化服务架构，确定立刻办、限期办、分期分批办等三类事项，一对一设计帮服提升计划。把问题解决在基层、矛盾化解在一线，用心用力用情解决好群众身边的"关键小事"。

从红色"微服务"到治理"大动能"。启东将"乡村振兴—红色帮扶"工作纳入年度创新工作考核项目，从责任落实、问题化解、服务成效等方面开展综合考评工作，全面激发社会治理新动能，切实让基层治理的难点、堵点变成特点、亮点。把广大党员干部紧紧团结凝聚在党的旗帜下，在"点亮微心愿"的行动中"唱主角、当主力"。推动形成党组织凝心聚力、党员干部积极行动的良好局面，探索打造"党建+微心愿"引领社会治理的善治新样本。

（三）创品牌，树立标杆、打造特色

全面提升党建工作质量，启东市不断挖掘党建工作亮点，扩大党建工作影响力。牢固树立党建品牌理念，倾力打造"沿江沿海最美党建带"党建工作品牌，设计发布品牌标识 LOGO。图形整体为圆形，由金黄色党徽和红、蓝、白三种底色构成，融汇党徽、朝阳、浪花、头雁等元素。党徽居中，突出党建主题，凸显党建核心引领作用，带领广大党员干部不忘初心、砥砺前行。一轮朝阳，象征初升红日，寓意启东在党的引领下，如同一轮喷薄而出的红日，充满着朝气和活力。三朵浪花，彰显江海文化，勾勒出启东三水交汇的地域特色，也展现了启东全域创建的"沿江沿海最美党建带"。头雁领航，寓意乘势而上、锐意进取，跑好第一棒，奋进新征程，全力谱写"强富美高"启东现代化新篇章。该品牌标识体现了启东党建将"环境美"与"党建红"融为一体的生动画面：聚焦固本强基，塑造组织形态之美；聚焦创先争优，彰显先锋形象之美；聚焦党建为民，展现温情服务之美；聚焦融合协同，释放发展质态之美。

重结合，精准创建主题。确保主题特色鲜明、定位准确。把职责职能与党建相融合，推动党建工作与业务工作有机结合，既充分体现业务工作品牌内涵，又集中反映党建水平，体现党建工作的理念、创新和成效。凝聚党建资源，推动党建创新，全力开展党建品牌培育。紧扣中心工作，服务大局、与时俱进、求真务实，进一步提升定位，展示党建和管理能力，让党组织生活不流于形式。

强宣传，发挥示范引领作用。以科学模式推动党建品牌亮起来。结合全市党建工作的实际，通过选树对象、培育对象、锻造典型、建立标杆等四个

阶段，打造有特色、有亮点的品牌，强化对品牌的宣传推介力度，建设一个叫得响、过得硬、站得住、立得久的"最美党建带"，不断推进机关基层党支部建设工作深入。通过树立先进模范、建立工作标杆、打造看齐意识、发挥示范作用，以科学化的模式推动党建品牌亮起来。

充分发挥党建品牌作用，带动业务工作整体提升。利用好新媒体力量，建立党组织和党员干部工作群，定期发布上级实时党建信息，反馈全市各党（总）支部建设工作动态。为各基层党组织、党员干部提供学习、沟通交流平台，增进各党组织之间、各党员干部之间的互动，增强党组织凝聚力、创造力和战斗力。多渠道、多层次、多形式、多方式开展党务学习、党建工作，打造与时俱进的科技化党建平台，打造一支党识强、党性过硬、智慧型的党建体系，推动党建工作提质增效。

（四）勇担当，明确责任、狠抓落实

启东市委注重统筹结合，切实将党建资源转化为发展资源、将党建优势转化为发展优势、将党建活力转化为发展活力。深化现场推进机制，实施党建责任清单制度，推动各项工作任务有效落实。

明确"三项任务"。一是增强抓落实的政治自觉。对于党员干部来说，只有讲政治，才能深刻领会党的路线方针政策的内涵和精神实质，才能在正确的方向下更好地贯彻执行并取得良好成效。讲政治不是抽象的，而是具体的，是否具有忠诚干净担当的政治品格，最终要体现在抓落实的具体成效上。二是培养抓落实的责任担当。重点是贯彻新时代党的组织路线，坚持严管和厚爱相结合，旗帜鲜明地选用善抓落实、勇于担当的干部，努力形成干部为事业担当、组织为干部担当的良好局面。三是完善抓落实的保障机制。主要是完善目标责任机制、监督检查机制、考核奖惩机制。坚持"全员抓落实"，以更全面的视角谋划抓落实，形成抓落实整体合力。整合高质量发展指标监测、巡视巡察、督查检查、经济责任审计等结果，统筹实施综合考核，强化考核结果运用，有效推动落实。

突出"两大重点"。一是全力推动习近平总书记重要指示批示落实。把

贯彻落实习近平总书记重要指示批示作为首要职责。坚持"全面覆盖、全员参与、全程跟踪"的工作原则，形成"建立台账、专人盯办，学习传达、研究部署和调研督查、现场核实"的闭环工作机制。尤其是加强实地抽查核查，切实防止层层批转、文来文往、发文空转。二是全力推动国家大政方针和全省重点工作的落实。实行重要文件落实情况月报告制度，对所有党中央、国务院文件，均纳入跟踪督办范围，防止出现"政策悬空""中梗阻""卡在最后一环"等问题。

创新"一种方法"。创新督查方法，推动落实。开展暗访式督查。暗访是发现问题、揭露矛盾、推动整改的有效形式，既简化了大量的环节，又易于掌握第一手资料和不落实的真实原因，对于推动落实具有不可替代的作用。积极开展调研式督查，坚持督查和调研紧密结合。在督查中调研、在调研中督查，撰写有情况、有分析、有建议的督查报告，对发现的问题提出务实管用的解决方案，努力增强督查参谋辅政作用。优化提升网络式督查。以网络增强督查广度，运用"互联网+"拓宽开门督查渠道，"键对键"常态化地察民情、听民意。构建启东纪委、监委"大督查平台"，推进全市重点工作、适应数据化、政务信息化。通过该平台，有效避免了重要项目信息脱节，倒逼各单位主动抓牢重点项目时间节点。推动全市重点工作进度实现分层、分级、分类管理，打破部门壁垒和信息孤岛，实现信息资源共享，不断提高督查实效。

三 构筑"党建+"治理新模式

"党建+"是新时代加强党建工作、推动党建工作与时俱进、密切联系群众的创新举措，具体是指把党的建设融入党的各项事业、各项工作。通过构建以党建为引领、统筹推进各项工作的新机制，推动党建工作与中心工作深度融合，充分发挥党的领导核心作用、基层党组织的战斗堡垒作用、党员的先锋模范作用，更好地推动党的事业发展。

（一）"党建+社会治理"

加强党委领导，深入开展"星级综治中心"建设。基层社会治理是国家治理体系的基础组成部分，是社会建设和发展的基石，启东市以党的建设为引领，筑牢基层治理"战斗堡垒"。在市委大网格下构建基层党组织网格，定期收集社情民意，逐级抓治理抓落实。以网格管理为依托，构建联防联治"安全屏障"。

推动综治中心融合网格化管理一体运作，探索政府政务数字化改革。充分发挥网格化服务管理信息系统、视频监控联网系统等平台作用，构建"一中心一网格多平台"的社会治理架构，全天候不间断查看网格内人、事、物等有关情况，流转网格事件，为群众提供更精准的服务。加强以视频监控为主的技术防范体系建设，实现重点地段、路口、部位技防全覆盖，不断提高群众获得感、幸福感、安全感。以平安建设为驱动，绘就和谐稳定"平安画卷"。

积极创新工作机制，全力推进综治中心规范化建设。启东以"我为群众办实事"实践活动为契机，探索建立"项目联推、活动联办、服务联抓"的"三联"机制，优化"区镇（企业）—村居—网格—群众"的"四位一体"服务架构。围绕既定项目清单，确定立刻办、限期办、分期分批办等三类事项，"1对1"设计帮服提升计划，把问题解决在基层、矛盾化解在一线。全面启动"党建+微心愿"服务项目，健全群众参与制度，充分发挥网格员兼任评理员作用，全面梳理、掌握本辖区社情民意动态，推动信访积案各个突破。进一步推动"治重化积"工作，通过民意交流、信访评议，推动问题症结消化在萌芽初期。健全片区会议制度，深入学习"枫桥经验"，整合平安办、信访办、派出所、司法所、应急办等部门力量，围绕辖区信访、矛盾纠纷、交通安全隐患、治安形势等方面工作，及时进行梳理总结汇报，形成闭环管理，不断提高为民服务水平。

（二）"党建+融媒体"

持续推进"党建+融媒体"工作，探索融合媒体党建新模式。以政治导向、受众导向和载体导向为抓手，不断扩大基层党建宣传教育受众面。

坚持政治导向，筑牢党建舆论阵地。坚持做到"各个方面、各个环节都要坚持正确舆论导向"。在推动"党建+融媒体"融合发展中，强化导向思维，坚持政治引领，充分发挥党组织核心作用。参照省市网络平台运行机制，安排专人每天更新"启东党建网"党建内容，每期"启东组工在线"公众号头条内容主要推送上级党建信息，传达党的理念。坚持把党的政治宣传、政治工作贯彻到基层，进一步筑牢阵地之基。

坚持受众导向，打造党建特色。将"给谁讲""讲什么""怎么讲"有机地统一起来，针对各类受众进行分众化、差异化传播。依托"红色基地""红色微家""红星小院"等阵地，征询受众需求，创新推出有声党课和视听党课。高标准建设全市受众身边的"红色驿站"，升级改造抗大九分校纪念馆等6个党性教育基地和党员创业示范基地。联合市融媒体中心摄制100集《村史馆里讲党史》微党课，构建"党建+融媒体"新格局。

坚持载体导向，丰富党建资源。搭建党建"微阵地"，依托200多个村史馆，整合村级远教广场、农家书屋等站点资源，开展"4+N"情景式党课活动。以"党课开讲啦·江海先锋"主题活动为契机，与专业影视公司联合摄制了全国离退休干部先进个人郭中良在苗木基地的党课《丹心如械晚晴浓》。该视频被中组部共产党员网"党课开讲啦"专栏展播。与专业技术公司合作，共同探索蓝牙、二维码等信息技术在党性教育基地参观活动中的运用，集成运用"云直播""党建联盟""i启东"等载体，充分发挥载体效用，营造良好党建氛围。

（三）"党建+乡村振兴"

启东坚持党建引领，聚集示范引领，开创乡村振兴新局面。

"党建+服务"夯实乡村振兴战斗堡垒。创新党组织服务载体、服务方式、服务机制。以党支部为单位，综合党员民主评议，做实做细党员评比"定级"。设立"党员示范岗"，营造"时时处处争先锋"的良好氛围。培育党建品牌，推动党建工作树立精品意识，做到工作在哪里，党组织就建在哪里，服务就跟进到哪里。

"党建+制度"载体破解乡村振兴难题。以"三会一课"、主题党日、组织生活会、民主评议党员等制度为载体，增强党内生活的政治性、时代性、原则性和战斗性。组织党员干部开展党史学习教育、两学一开、"节日（纪念日）里的党史教育"、"红色经典献礼百年"阅读等活动；举办专题培训，解决基层干部"一口清"问题；进行专项督导检查，解决重点工作短板弱项问题；入村入户走访，解决农户及企业痛点难点问题，以实际行动推进"进、知、解"活动向纵深开展。

"党建+重点"凝聚乡村振兴力量。着眼于重点工作，凝聚乡村振兴的磅礴力量。抓项目"定位"，通过加强政策对接、组织培训交流、提供技术指导等方式，帮助镇、村发展项目。通过典型引路、以点带面，共促发展，持续健全常态化联农带农工作机制，持续推进定点帮扶和驻村帮扶，形成齐抓共管格局。加强动态监测，坚守防止返贫"底线"。

"党建+成效"确保"源头活水"。结合"进万家门""知万家情""解万家难"等活动，纵深推进"我为群众办实事"实践活动，建立便民惠民长效机制。开展党员领导干部"访民情察民意"活动，及时进行支部换届选举工作，充实党员干部后备力量，用"源头活水"激活党建"一池春水"。

（四）"党建+公共服务"

启东推动党建圈与经济圈、服务圈、文化圈"多圈融合"。

政务领域。充分发挥党员先锋模范作用，开设党员先锋岗，提升服务便捷度。坚持以群众需求为导向，深化"放管服"改革，积极推行不见面服务，让数据多跑路、让群众少跑腿。

金融领域。深入开展"党建+金融"知识宣讲活动，创新宣讲形式、丰富宣讲载体、充实宣讲内容，增强基层群众金融风险防范意识，提升基层群众运用金融的能力水平。

交通领域。践行为民宗旨，以"优质服务"为主要内涵的党建子品牌的创建，北沿江高铁、洋吕铁路、新出海口起步港区疏港公路、航道等重大工程建设的加速推进，沪崇启城际铁路项目、S11通沪高速、433省道路面改造前期工作的有力推进，"四好农村路"建设、交通安全发展等各项工作的高效推进，均有党建的引领作用。

（五）"党建+基础教育"

在 2018 年 9 月召开的全国教育大会上，习近平总书记指出："加强党对教育工作的全面领导，是办好教育的根本保证。"启东加强党对学校工作的全面领导，把党建工作融入"办好人民满意的教育"全过程、各方面，以此推动区域教育高质量发展。

健全制度机制，着力提升学校治理力。一是健全议事决策制度。启东市各中小学校结合实际，制定党组织会议和校长办公会议的议事决策规则，明确决策事项和范围，规范决策程序，严格会议纪律。涉及学校发展的重大问题，都由学校党组织按照"集体领导、民主集中、个别酝酿、会议决定"的原则集体讨论决定。二是完善协调运行机制。中小学校实行党组织领导的校长负责制，核心是党组织领导，关键在校长负责，出发点和落脚点是要形成党政合力。各学校高度重视制度的规范和保障作用，建立健全党组织统一领导和党政分工合作、协调运行的工作机制。三是落实有效监督机制。启东学校严格执行党务、校务双公开制度，加大对权力的监督，确保学校始终在党组织领导下朝着正确的方向发展。

建强基层组织，着力提升支部组织力。一是强基固本筑堡垒。启东设立市委教育工委，将原隶属于乡镇党委的中小学幼儿园党组织关系整建制转入市委教育工委。统一更改原党组织名称，统一刻制和发放印章，并及时完成换届选举工作。制定出台《启东市中小学校党支部工作标准（试行）》，推进学校党组织标准化建设。二是先锋引领作表率。启东开展"亮党员身份，展教师风采"党员教师示范岗创建活动，充分发挥党员教师先锋引领作用。成立"红烛先锋"党员工作室，开发特色党课 30 余节，开展"师说百年"情境党课展示活动，坚持送教下基层，带领广大党员教师重温党史筑党魂。三是深入推进"一校一品"党建文化品牌建设。截至 2021 年底，启东市建成省市区级"一校一品"党建文化品牌 23 个，一大批有亮度、有温度、有深度的党建品牌不断涌现。例如，启东中学的"党员引领 追求卓越"、启东折桂中学的"同心圆"、启东实验小学的"三心三领航"、和睦幼儿园的"和之韵"等，形成"一学校一品牌，一支部一特色"的学校党建文化品牌建设格局，有效激发了学校党建活力。

加强队伍建设，着力提升干部担当力。一是加强党组织书记队伍建设。建立中小学校党组织领导的校长负责制，迫切需要一大批高素质专业化的优秀党员干部担任党组织书记。二是提升校长队伍能力水平。启东市打造校长队伍培养平台，通过举办校长培训班、开设校长论坛等，提升校长队伍能力水平。2021年1月起，启东市开展"轮值校长"试点工作，提供真实的岗位情境，促进校长在党组织领导下履行担当使命。三是促进青年干部快速成长，构建有序衔接的干部梯队，加大年轻干部培养力度。启东市实施学校管理干部"889"培养工程，即加强"80后"校级领导、"85后"中层干部、"95后"后备干部人才梯队建设。制定出台《启东市教育系统优秀年轻干部成长工程实施办法》，并在2021年成立启东市未来学校发展书院，聘请专业导师每月基于不同研修主题，对后备干部和年轻干部进行高规格、系统化培训，全力打造高素质、专业化的学校干部队伍。

促进融合发展，着力提升学校发展力。一是将党建与师德师风建设深度融合。切实加强师德师风建设，建立中小学教职工政治学习制度，编印师德教育学习材料。组织新教师入职宣誓，开展优秀党员、最美教师、优秀班主任、师德楷模评选活动，引导广大教师争做"四有"好教师。二是将党建与学生德育工作深度融合。启东围绕"培养什么人""怎样培养人""为谁培养人"等问题，紧抓德育和思想政治工作，制定出台《中小学幼儿园德育工作实施方案》等文件，优化高初小幼一体化德育工作体系。三是将党建与教育高质量发展深度融合。启东市围绕"争当教育排头兵"的目标定位，深入实施中小学党建"双融双引双培养"工程，全面助推基础教育高质量发展。

图书在版编目（CIP）数据

拥江而立，向海而兴：启东市高质量发展之路 / 中
国中小城市发展道路研究课题组，国信中小城市指数研究
院编 .--北京：社会科学文献出版社，2022.11
（中国中小城市科学发展研究丛书）
ISBN 978-7-5228-0988-5

Ⅰ.①拥… Ⅱ.①中…②国… Ⅲ.①区域经济发展
-研究-启东 Ⅳ.①F127.534

中国版本图书馆 CIP 数据核字（2022）第 205611 号

·中国中小城市科学发展研究丛书·

拥江而立，向海而兴
——启东市高质量发展之路

编　　者 / 中国中小城市发展道路研究课题组
　　　　　国信中小城市指数研究院

出 版 人 / 王利民
责任编辑 / 陈　颖
文稿编辑 / 侯曦轩
责任印制 / 王京美

出　　版 / 社会科学文献出版社·皮书出版分社（010）59367127
　　　　　地址：北京市北三环中路甲 29 号院华龙大厦　邮编：100029
　　　　　网址：www.ssap.com.cn
发　　行 / 社会科学文献出版社（010）59367028
印　　装 / 三河市龙林印务有限公司

规　　格 / 开　本：787mm×1092mm　1/16
　　　　　印　张：21.5　字　数：326 千字
版　　次 / 2022 年 11 月第 1 版　2022 年 11 月第 1 次印刷
书　　号 / ISBN 978-7-5228-0988-5
定　　价 / 168.00 元

读者服务电话：4008918866